Vom Schicksal gevögelt & vom Himmel geliebt

Mein Ausstieg aus dem Rotlichtmilieu

Wer zu lesen versteht,
besitzt den Schlüssel zu großen Taten,
zu unerträumten Möglichkeiten,
zu einem berauschend schönen,
sinnerfüllten und glücklichen Leben.

Aldous Huxley

Inhalt

Vorwort

s war im Herbst 2020, die ganze Welt stöhnte unter den Auswirkungen der Viruskrise und viele Unternehmer und Angestellte machten sich große Sorgen um ihre Existenz. Es war nicht abzusehen, wie sich die Lage weiter entwickelt und es gab in vielen Bevölkerungsgruppen Existenz- und Zukunftsängste.

Als Unternehmer seit 30 Jahren ist mir dieses Thema nicht neu, es gab in meinem Leben auch immer wieder „Achterbahnfahrten" durch die rasante Entwicklung der Technik, Änderung der Märkte, persönliche Fehleinschätzungen und gesundheitliche Probleme.

Daß dies aber nun ganze Bevölkerungsgruppen und Staaten betrifft, ist eine neue Dimension.

Ich selbst bin seit vielen Jahren im Vertrieb medizinischer Produkte und der Naturheilkunde tätig und schreibe seit einigen Jahren eigene Bücher zu diesen Themen, inzwischen auch für renommierte Ärzte, Heilpraktiker und andere Therapeuten.

Einige dieser Bücher wurden auch schon „Bestseller" bei Amazon und sehr viel gelesen.

Ich überlegte mir, daß es an der Zeit wäre, auch einmal ein Buch zu schreiben über Lebenskrisen und die Ängste und Sorgen, die damit zusammenhängen.

Dann lernte ich Ende 2020 das Unternehmerehepaar Anja und Alexander Knebel aus Hamburg kennen, wo jeder für sich schon eine sehr spezielle Geschichte zu erzählen hatte.

Alexander Knebel war damals schon einige Zeit auch als Coach und Mentor für andere Menschen tätig und war gerade dabei, sein eigenes Buch zu veröffentlichen.

Die Geschichte von Anja hat mich sehr berührt, da Lügen und Heuchelei in der Gesellschaft auch heute noch große Probleme sind, wo kaum jemand hinschauen möchte.

Aber irgendwann muß sich JEDER diesen Themen stellen, deshalb sind Ratgeber von Menschen, die diese Erfahrungen gemacht haben und sich aus extrem schwierigen Situationen befreit haben, sehr wertvoll für Andere.

Ich habe höchsten Respekt vor den körperlichen und seelischen Leistungen, die Anja in den letzten Jahrzehnten vollbracht habt, noch mehr, daß Sie auch sehr weitreichende Erkenntnisprozesse durchlaufen hat, um nun damit aus Ihren eigenen Erfahrungen auch anderen Menschen helfen zu können.

So entstand die Idee, Ihr Buch bei Amazon zu veröffentlichen, als Lebenshilfe und Beispiel dafür, wie man mit Lebenskrisen umgeht.

Dieses Buch ist zwar in einer Art Romanform geschrieben, aber es enthält fast auf jeder Seite wichtige Hinweise, die auch für andere Menschen sehr nützlich sein können.

Die heile Welt der meisten Menschen bröckelt jetzt und fällt zusammen und man sieht deutlich, daß jeder Mensch auf dieser Erde mehr oder weniger Probleme hat, mit denen er umgehen muß.

Egal ob im Geschäft, Beruf oder im privaten und partnerschaftlichen Bereich.

Hier ist es wichtig, sich von Anfang an professionelle Hilfe zu holen, nicht von Theoretikern, sondern von Menschen, die sich Wissen angeeignet haben und durch ihre persönliche Erfahrung auch in der Lage sind, dies weiterzugeben.

Anja und Alexander Knebel sind solche Menschen, mit sehr viel Lebenserfahrung als Unternehmer und auch als Ehepaar in Krisensituationen.

Insofern freuen Sie sich auf dieses Buch nicht nur als spannende Lebensgeschichte, sondern auch als   Anleitung für die Bewältigung eigener Krisen.

Die hier vorliegende Erstausgabe von Anja Knebel ist aus meiner Sicht sehr gut geeignet, um zu lernen und Lehren für die Zukunft zu ziehen aus den Erfahrungen anderer Menschen.

Das Buch soll und kann auch Mut machen, egal in welcher Situation sich der Leser im Moment befindet.

Letztendlich sind wir hier auf dieser Erde, um uns zu weiterzuentwickeln in allen Bereichen des Lebens. Dafür kann man aus den nachfolgenden Zeilen sehr viele Anregungen mitnehmen.

Ich wünsche allen viele neue Erkenntnisse und auch die Kraft, diese ins tägliche Leben zu übertragen und letztendlich auch umzusetzen.

Uwe Rechenbach / Therapeut und Buchautor
Bad Dürkheim im Februar 2021

Einleitung

Herzlich Willkommen in meiner Welt und meine Welt heißt: „Weglaufen wird nicht belohnt, zulassen ist die Devise."

Mein Name ist Anja Knebel, ich wohne in Hamburg und erzähle dir meine Geschichte, wie ich es trotz mehrerer Traumata und Fausthieben des Lebens geschafft habe, immer wieder aufzustehen, nie den Lebensmut verloren habe und nach 50 Jahren auch endlich vollkommen zu mir und meiner Lebensgeschichte stehe und in jeder Situation das Geschenk dahinter gefunden habe.

Ich bin durch sehr viele „Erfahrungswerte" gegangen, die mich fast gebrochen haben und doch hatte ich immer die Kraft in mir, die das nicht zugelassen hat. Diese Kraft kam ganz tief aus meinem Inneren. Es gab allerdings auch Zeiten, in denen habe ich mir erstmal meine Wunden geleckt, aber anschließend bin ich wieder aufgestanden und habe mit einem offenen Herzen weiter gemacht. Denn ich wusste immer, dass dieses Leben ein Geschenk ist und Aufgeben nicht zu mir gehört.

Ich habe im Laufe meines Lebens mit Bedauern feststellen müssen, dass es so viele Menschen gibt, die „hinfallen" und nicht wieder aufstehen, was mich unfassbar traurig macht, weil es so ja nicht sein sollte. Es gibt immer mehrere Betrachtungsweisen, auf die „ Erfahrungswerte" zu blicken, auch wenn es meist leichter fällt, nur die negativen Seiten zu sehen, zeigt es von wahrer Stärke den Segen, das Geschenk und das Positive in allem zu erkennen.

Das kannst du aber nur, wenn du aus dem Leiden raus trittst und du die Erfahrung von mehreren Seiten betrachtest. Dann kannst Du dein Verhalten, dein Denken und dein Handeln auch verändern, denn das ist immer notwendig, um deinem Leben eine positivere Richtung zu geben.

Es gibt da diese wundervolle Aussage" Wer immer nur das gleiche tut, wird auch immer nur das gleiche ernten". In diesem Satz liegt meiner Meinung nach sehr viel Weisheit. Nur das Bewusstsein dafür, wenn man in einer Herausforderung steckt, ist oft nicht vorhanden, weil wir uns dann meistens in der Opferrolle befinden und dadurch blind sind für die dahinter liegenden Geschenke.

Ich schreibe dieses Buch in erster Linie für mich selbst, weil ich unglaublich stolz und dankbar bin für den Menschen, der ich heute bin. Dieses Buch ist eine Wertschätzung an mich selbst und jede Situation, in der ich wieder aufgestanden bin.

Ich habe mich aus dem Oberbewusstsein befreit und bin zum Schöpfer meines Lebens geworden. Denn ich habe nach sehr vielen extremen Erfahrungen begriffen, daß,   wer sich als Opfer sieht die eigene Macht über sein Leben abgibt in die Hände von anderen Menschen, dem Schicksal, seinen Eltern, oder, oder, oder.

Diese Entwicklung hat zwar gut 50 Jahre gedauert, aber besser ist es doch spät, als nie. Das sollte dir jetzt Mut machen, dass es auch für Dich möglich sein kann.

Außerdem dient dieses Buch vielleicht dazu, dich dazu zu inspirieren, dein eigenes Leben einmal aus einer anderen Perspektive zu betrachten und die Geschenke in deinen eigenen Erfahrungen und Herausforderungen zu finden.

Alles was ich in diesem Buch schreibe, sind meine eigenen Erfahrungen und mein persönlicher Weg. Du bist eingeladen, mit auf die Reise durch mein Leben zu kommen und von meinen gemachten Erfahrungen zu lernen. Allerdings erteile ich keine Ratschläge oder Lebensweisheiten, ich teile nur meine Lebensgeschichte mit dir.

Wenn du dich in von mir beschriebenen Situationen wieder findest und/ oder ähnliches erlebt hast, dann scheue dich bitte nicht davor, nach Hilfe zu fragen. Du bist mit dieser Situation nicht allein. Ich musste durch die meisten Situationen alleine gehen und ich hätte so oft jemanden gebraucht, der mir die Hand hält und wieder aufhilft und diese Person, kann ich vielleicht für Dich sein, du musst dich nur trauen zu fragen. Meine Kontaktdaten findest du hier: anja@knebel.li

Der geplatzte Gummi
Das Kindheitstrauma

Ich bin auch heute noch, mit meinen 56 Jahren, immer wieder sehr erschrocken und traurig, wenn mir bewusst wird, wie sehr ein Leben auch schon in sehr jungen Jahren in Schieflage geraten kann, ohne Selbstliebe, eigene Wertschätzung und Urvertrauen.

Ich kann mich nicht an meine ganz frühen Jahre erinnern. Ich weiß nicht, ob es bis zu meinem 4. Lebensjahr anders war, aber ich bin davon überzeugt, dass der Grundstein dort schon gelegt worden ist.

Meine Mutter hat mir erzählt, dass ich als Baby auf dem Sofa lag und mein Vater betrunken einen Wasserboiler von der Wand riss, der dann in meine Richtung flog und neben mir auf dem Sofa landete. Wieviel ich davon als Säugling mitbekam kann ich nicht sagen, aber erschrocken habe ich mich mit Sicherheit. Genauso hat meine Mutter mir erzählt, dass mein Vater sich nach meiner Geburt und dem Wissen, dass ich nur ein „Mädchen" bin betrunken hat. Mein Vater wollte einen Sohn und keine Tochter bekommen.

Das Wissen darum, hat mich schon klein gemacht und ich fühlte mich auch dafür verantwortlich. Was ich ja objektiv betrachtet gar nicht war. Es ist nicht leicht, auf den Ursprung des Ganzen zu kommen, da ich mich an vieles nicht erinnern kann und ich kenne es nur von den Erzählungen meiner Mutter. Daß sie mir diese Begebenheiten erzählte, war für meine Entwicklung mit Sicherheit kontraproduktiv und stark schädigend, ihre Beweggründe dafür kenne ich bis zum heutigen Tag nicht. Es würde mir ja auch nicht wirklich weiter helfen.

Ich weiß heute, dass wir als Babys voller Vertrauen und Liebe auf diese Erde kommen und im Grunde genommen alles mitbringen, um ein wundervolles Leben zu führen.

Das heißt nicht, dass wir nie eine Herausforderung meistern müssen, denn das Leben geht immer in Wellen vor sich. Es kommt doch darauf an, wie du mit den Tiefschlägen des Lebens umgehen lernst. Ich bin davon überzeugt, mit Selbstliebe und Selbstvertrauen schaffst du vieles leichter und kreierst dir nicht andauernd neue Dramen. Mein Leben ist bestimmt nicht das schwerste Schicksal, es gibt so vieles was schief gehen kann, mach dir dein eigenes Bild von mir.

Der Startschuss meines Lebens!

Die Bedeutung eines „geplatzten Gummis" aus zwei Blickwinkeln.

Alles fing damit an, dass das Kondom meines Vaters platzte, damit ich entstehen konnte.

Anja, das "ungewollte" Kind, nur ein geplatztes Gummi, diese Tatsache sorgte schon vom Beginn meines Lebens an, dass ich das Gefühl hatte, keine Berechtigung auf dieses Leben zu haben. Denn ich war ja schließlich nur ein „Unfall", ein ungewolltes Kind und dann auch noch nur ein Mädchen.

Ca. 50 Jahre später durfte ich erfahren, dass, gerade weil ich ein geplatztes Gummi bin, ich immer die Kraft in mir hatte, wieder aufzustehen, denn diese Kraft habe ich bereits in meiner Entstehungsnacht unter Beweis gestellt. Hier kommt die Geschichte meiner Kindheit aus zwei Blickwinkeln.

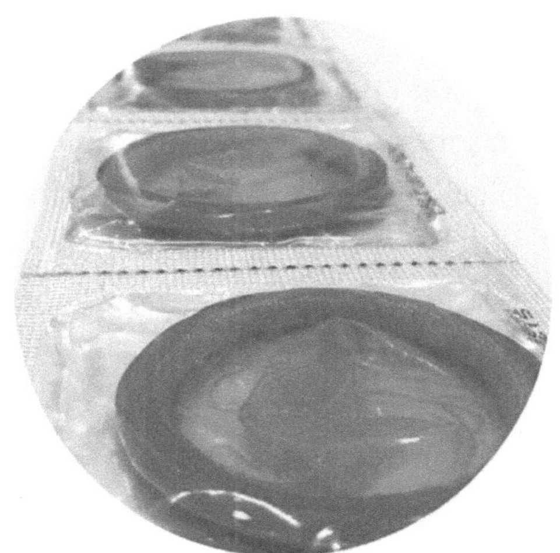

Meine Familie
Die nächste Herausforderung

Dass ich ein geplatztes Gummi bin, hat mir meine Mutter bereits schon in meiner frühesten Kindheit ständig unter die Nase gerieben. Sie sagte dies niemals böse, sondern immer lustig und ins lächerliche ziehend.

Sie fand das immer OK darüber zu sprechen, ich aber ganz und gar nicht. Auf diversen Familientreffen war diese Geschichte" Anja das geplatzte Gummi" der „Runing Gag". Das fühlt sich, wenn man ein Kind ist, kein Bewusstsein für die eigene Persönlichkeit und den eigenen Wert hat, gar nicht gut an. Ich fühlte mich nicht willkommen und schon gar nicht geliebt.

Die Traurigkeit, welche ich damals verspürte, ist kaum in Worte zu fassen.

Ich war ja nur das Kind und hatte sowieso nichts zu sagen, also ließ ich das immer irgendwie über mich ergehen und schwieg. Auch wenn ich oft in diesen Situationen die Tränen runter schlucken musste oder meine entstehende Wut verbergen musste. Ich habe einfach nicht verstanden, warum meine Mutter das immer wieder aussprechen musste. Als Kind versteht man so vieles nicht, was Erwachsene sagen oder tun, dass ist bestimmt nicht nur mir so gegangen.

Jedoch hat es mich in meiner tiefsten Kinderseele verletzt und es hat dazu geführt, dass ich überhaupt keinen Selbstwert, geschweige denn so etwas wie Selbstliebe entwickeln konnte. Das Bewusstsein der Verantwortung für die kleinen Seelen, war bei den meisten Erwachsenen nicht vorhanden.

Damals haben die meisten Eltern sich keine Gedanken über „Kinderseele", oder die Psyche der Kinder gemacht. Kinder waren halt Bestandteil einer Familie und mussten irgendwie groß werden, egal wie. Ich war nur ein „geplatztes Gummi" und hatte keine Berechtigung auf dieser Erde zu sein, geschweige denn auf ein glückliches Dasein, das waren die Glaubenssätze meiner Kindheit. Das hätte ich meinen Eltern niemals so deutlich sagen können, dazu fehlten mir der Mut und auch das notwendige Bewusstsein. Ich war ja auch noch jung, unerfahren und ohne notwendiges Rückgrat.

Ich hatte auch niemanden, dem ich das hätte sagen können, oder Fragen stellen können.

Ich war ein Gefäß voll mit Ängsten und Selbstzweifeln.

Es ist für mich im Nachhinein immer noch sehr bedrückend, dass es wirklich keine erwachsene Person gab, mit der ich darüber hätte sprechen können. Warum niemand da war, liegt mit Sicherheit auch an den Elternhäusern meiner Eltern, eigentlich im Nachhinein betrachtet alles kaputte und auch zum Teil traumatisierte Menschen. Denn sie hatten den Krieg erlebt und mit hoher Wahrscheinlichkeit schlimme Erfahrungen gemacht und dadurch waren sie abgestumpft und in meinen Augen auch herzlose Menschen geworden. Doch das kannst du als Kind natürlich auch nicht erkennen, geschweige denn, es begreifen, dass das alles nichts mit einem selber zu tun hat.

Warum die Natur das so eingerichtet hat erschließt sich mir leider bis heute nicht.

Wozu hat nun dieser eine Satz in meinem Leben geführt?

Ich war in mir so klein und unwürdig, ich verdiente schon mal gar nichts. Alle Menschen auf dieser Erde waren ja gewollte Menschen, nur ich nicht.

Anja - das „geplatzte Gummi". Das ist schon ein ziemlich erniedrigendes Gefühl. Es ist auch nicht so gewesen, dass ich dieses schlechte Gefühl in mir nur ab und zu einmal hatte, nein es war mein ständiger Begleiter und es sorgte auch dafür, dass sich da oben drauf noch mehr schlechte Gefühle, viele Ängste und Gedanken setzten.

Die dafür sorgten, dass ich auch noch extrem empfindsam und leicht beeinflussbar war. Wenn erst einmal die negative Gedankenspirale und Angstspirale in Gang gesetzt war, gab es kein Halten mehr. Mein Kopf und meine Empfindungen machten mit mir was sie wollten und das waren immer negative Zustände. Es führte dazu, dass ich immer überängstlich reagierte, auf die Äußerungen, oder Blicke von dritten. Wenn jemand unfreundlich zu mir war, hatte das natürlich mit mir zu tun, ich bin nicht auf die Idee gekommen, dass dieser Mensch einfach nur schlechte Laune hatte, oder sich über etwas geärgert hat, was überhaupt nichts mit mir als Person zu tun hatte. Ich war in meiner Welt immer die Schuldige.

Zum Beispiel waren auch alle Männer dieser Welt in meinen Augen eine Gefahr für mich, was mit Sicherheit an den Eskapaden meines Vaters und seiner Brüder lag. Es gab für mich nicht viel Positives, an dem ich mich hätte orientieren können.

Das Leben war für mich in meinen Augen gefährlich, was dazu führte, dass ich immer mehr Ängste entwickelte. Ich war klein und all den Widrigkeiten schutzlos ausgeliefert. Mir war nicht klar, dass ich auch einen freien Willen habe und die Dinge, dass Leben und die Menschen mit anderen, offenen Augen betrachten könnte, aber woher sollte diese andere Denkweise auch her kommen ?

Wie falsch meine Denkweise damals war, zeigt die folgende Begebenheit.

Ich weiß noch wie heute, wie ich in der ersten Schulklasse saß und mal auf die Toilette gehen musste. Ich habe mich nicht getraut mich zu melden, ich wollte immer im Hintergrund bleiben, am besten unsichtbar. Ich meldete mich auch nicht, als der Blasendruck unerträglich wurde und ich nicht mehr anhalten konnte und somit pinkelte ich in die Hose. Meine Klamotten waren naß, der Stuhl schwamm voll Urin und unter mir hatte sich eine große Urinpfütze gebildet. Ich wäre am liebsten auf der Stelle tot umgefallen, so habe ich mich geschämt.

Das Gelächter meiner Mitschüler war groß und meine Lehrerin schimpfte mich aus und ich schämte mich in Grund und Boden.

Ich wäre am liebsten gestorben oder unsichtbar geworden.

Da habe ich mich als Kind schon unbewusst zum Opfer gemacht, was mir damals natürlich nicht bewusst war.

Ich hätte einfach den Mut aufbringen müssen, mich zu melden, doch ich war schlicht weg zu feige, weil ich davon ausgegangen bin, dass die Lehrerin mich ausschimpfen würde. Woher diese Gedanken kamen weiß ich nicht, es war immer diese große Unsicherheit und Angst in mir.

Dass ich feige war, hört sich jetzt vielleicht hart an, aber es hatte mir bis zu diesem Zeitpunkt keiner in der Schule etwas Böses getan. Ich hatte eine ältere liebevolle Lehrerin und nette Klassenkameraden. Es gab also keinem ersichtlichen Grund, mich so zu verhalten. Die Gründe dafür spukten nur in meinem Kopf umher und trieben immer weiter ihr Unwesen, nur wegen eines unüberlegten Satzes meiner Mutter.

Es waren nur meine eigenen Gedanken und meine eigenen Vorstellungen und Glaubenssätze, die ich durch diesen einen Satz abgespeichert hatte. Das macht mich auch heute noch unsagbar traurig.

Ich traute mir überhaupt gar nichts zu! Nach diesem Erlebnis noch weniger, weil mir da das Bewusstsein fehlte, dass der Fehler in dem Fall nur bei   bei mir lag.

Ist es möglich, dass, wenn man bis zum 7. Lebensjahr schon solche falschen Muster abgespeichert hat, diese zu ändern? Ich glaube ja, wenn das richtige Umfeld dafür da ist. Da das bei mir ja nicht der Fall war, ging es also genauso weiter.

Wenn ich in der Schule eine schlechte Note schrieb, war der Grund natürlich auch, dass geplatzte Gummi. Ich habe gar nicht in Erwägung gezogen, dass ich schlicht weg zu wenig gelernt hatte, um eine bessere Note zu bekommen. Die Grenzen waren alle nur in meinem Kopf.

Ich war schlecht und das nur zu Recht!

Ich war eine sehr gute Turnerin im Sportunterricht, aber wenn Ballspiele dran waren, habe ich kläglich versagt. Es wurden immer zwei Kinder bestimmt, die sich jeweils eine Mannschaft wählen durften. Ich wurde immer als letzte genommen, selbst wenn eine Freundin von mir die Mannschaft bilden durfte, weil ich echt eine Niete war, beim Ballspielen. Da kann ich heute allerdings echt drüber lachen.

Mein Selbstwert sang ins Bodenlose und so habe ich dann auch gespielt. Ich hatte richtig Angst vor dem Ball und wenn es jemanden aus meiner Mannschaft gab, der sich traute und mir den Ball zuspielte, habe ich ihn garantiert nicht gefangen oder bekommen.

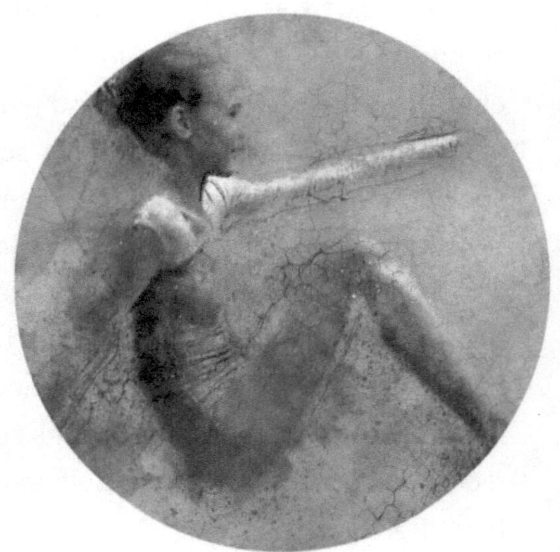

Dass meine Talente nun mal im Turnen lagen und dass das auch vollkommen in Ordnung ist, kam in meiner Gedankenwelt auch nicht vor. Es gab ja auch Mitschüler, die beim Turnen nicht gut waren, aber das habe ich natürlich auch nicht gesehen.

Ich machte mich von Jahr zu Jahr immer weiter zum Opfer dieses einen Satzes.

Meine wachsenden Selbstzweifel und Ängste und die immer größer werdenden Traurigkeit in mir bekam zu Hause keiner mit, da meine Mutter alle Hände voll damit zu tun hatte, die Eskapaden meines Alkoholiker-Vaters zu beseitigen und irgendwie die Familie zusammen zu halten. Das war schon für meine Mutter ein hartes Stück Arbeit und hat ihr auch alles abverlangt. Das habe ich schon als kleines Mädchen erkannt, doch mit zunehmenden Alter hatte ich dafür immer weniger Verständnis.

Ich konnte es einfach nicht begreifen, warum meine Mutter so handelte, oder besser gesagt nicht handelte, obwohl sie offensichtlich sehr unter

 Meine Familie – die nächste Herausforderung

den Eskapaden meines saufenden Vaters litt. Warum verhält sich ein Mensch so, ich fand dafür keine Antwort, zumal mein Vater mit den Jahren immer schlimmer und schlimmer wurde.

Es gab bei uns z.B. Heilig- Abende, an denen mein Vater betrunken im Bett lag und meine Mutter mit mir und meiner Schwester allein war und sie wieder mal retten musste, was zu retten war. Dass meine Mutter allerdings sehr traurig war in solchen Situationen konnte sie auch vor uns nicht verbergen.

Für mich war das alles irgendwie normal, denn ich kannte ja auch nichts anderes. Ich habe mir auch als Kind keine Gedanken darüber gemacht, wie es meiner Mutter damit ging. Heute bin ich schon immer wieder erschrocken, über die Zustände bei uns zu Hause und über die fast unmenschliche Kraft meiner Mutter, dagegen zu halten.

Wenn mein Vater an Weihnachten nüchtern war, hat er sich allerdings auch nicht mit seiner Familie beschäftigt. Dann lag er auf dem Sofa und schaute irgendeinen Film im Fernsehen. Im nüchternen Zustand sprach mein Vater kaum ein Wort mit uns oder mit unserem Besuch, wenn wir welchen hatten. Mein Opa, der Vater meiner Mutter bedankte sich jedes Mal beim Gehen ironisch bei meinem Vater für die nette Unterhaltung mit ihm.

Es gab allerdings einen Zustand bei meinem Vater, da war er sehr gesprächig, dann, wenn er einen Schwips hatte. Das habe ich dann sehr genossen, wenn er fast niedlich mit uns sprach. Das kippte dann allerdings meistens dann irgendwann, denn mit seinem zunehmenden Alkoholpegel kam die Aggression wieder hoch und das Theater ging dann wieder von vorne los, was mich immer weiter verängstigte und unsicherer machte.

Und somit ist meine kleine Kinderseele immer ein Stückchen weiter gestorben und verkümmert.

Ich habe dann irgendwann angefangen zu GOTT zu beten und ihm meine Ängste und Nöte erzählt. Ich bin alleine in den Kindergottesdienst gegangen, weil ich mich in der Kirche irgendwie sicher gefühlt habe.

GOTT wurde mein Vertrauter, dem konnte ich alles erzählen. Es hat zwar leider nicht dazu geführt, dass ich in meinem Leben sicherer wurde, aber es hat mich getröstet und mir geholfen weiter zu machen. GOTT ist für mich auch heute ein fester Bestandteil meines Lebens. Ich gehe nicht in die Kirche, weil die Kirche meiner Ansicht nach nichts mit GOTT zu tun hat, aber ich bete täglich zu ihm.

Es sind allzu häufig unüberlegte Sätze von Eltern oder anderen Erwachsenen, die kleine Kinder vernichten können. Das machen sich auch heute noch die wenigsten Eltern und auch Lehrer bewusst. Es ist schon sehr beeindruckend und auch erschreckend, welche Macht Worte haben und wie vernichtend Worte sein können. Dazu kommt heute noch die Technik, vor denen die Kinder viel Zeit verbringen. Wie oft beobachte ich im Restaurant Gruppen mit Erwachsenen und Kindern. Die Erwachsenen unterhalten sich und die Kinder spielen am Handy oder Tablett. Ich finde diese Entwicklung einfach nur traurig und erschreckend.

 Meine Familie – die nächste Herausforderung

Der Pastor und die Kinderseele

Der Pastor meiner Tochter hatte da schon vor 23 Jahren ein ganz anderes Bewusstsein.

Als Alicia vor 23 Jahren getauft wurde, hat unser Pastor jedem Gast in der Kirche ein leeres Blatt Papier in die Hand gegeben. Dann hat er sich vor alle gestellt und hat ein leeres Blatt hoch gehalten, mit den Worten : So weiß wie dieses Blatt ist, ist die Seele dieses Kindes und alles was da später darauf geschrieben steht, habt ihr darauf geschrieben. Achtet auf Eure Worte, die ihr diesem kleinen Mädchen sagt, denn die bleiben, wie ein Fußabdruck in der Seele dieses Kindes. Ich war sprachlos und sehr glücklich über seine Worte. Ich konnte auch unter unseren Gästen ein deutliches Erstaunen feststellen. Meine Eltern waren damals nicht anwesend, da wir zu der Zeit mal wieder keinen Kontakt miteinander hatten. Ich hatte mit unserem Pastor niemals über die traurigen Erfahrungen meiner Kindheit gesprochen und darum war ich umso mehr erstaunt und wirklich sehr überrascht über seine weisen Worte.

Dieses Beispiel meiner Zeugung, dass ich ein „geplatztes Gummi" bin ist ein wunderbares Beispiel, um deutlich zu machen, wie unsere eigenen Bewertungen uns unser Leben schwer und kaputt machen können.

Da für mich ein geplatztes Gummi damit gleich zu setzen war, dass ich ungewollt war und nicht hierher gehöre, habe ich viele Situationen in meinen ersten Lebensjahren negativ bewertet und mich immer kleiner gemacht.

Ein neuer Blickwinkel

Doch wie schon am Anfang geschrieben, kann man ein geplatztes Gummi auch aus einer ganz anderen Perspektive betrachten. Nach ca. 50 Jahren durfte ich meine Entstehung aus einer völlig neuen Perspektive betrachten.

Auf einem Seminar hatte ich ein sehr interessantes Gespräch mit einem Teilnehmer namens Steve, mit dem ich dort zusammen gearbeitet habe. Als ich ihm von meiner Zeugung erzählte breitete sich ein strahlendes Grinsen in seinem Gesicht aus und er sagte mir voller Freude: "Wie geil ist das denn!!! Hast du schon mal überlegt wie kraftvoll du auf diese Welt gekommen bist?

Du wolltest so dringend auf diese Erde kommen, so dass Du ein Kondom zum platzen gebracht hast, das ist doch großartig!!!

Wieviel Kraft da schon von Anfang an in dir gesteckt hat, wie krass ist das denn!"

Du kannst dir sicherlich vorstellen, dass ich Steve angesehen habe, wie eine Kuh wenn es blitzt. Aus dieser Perspektive habe ich das Ganze noch nie betrachtet.

Mich überkam ein unglaubliches Glücksgefühl. denn mittlerweile weiß ich ja auch selbst, was für ein starker Mensch ich durch alle meine gemachten Erfahrungen geworden bin. Wobei ich jetzt auch einmal anmerken möchte, dass ich es als sehr anstrengend empfinde, immer stark sein zu müssen.

Raus aus diesem Opferden-
ken und rein in das Kraftvolle, was dahinter steht. Das
ist doch mal toll, ich habe
mich riesig gefreut.

Durch Steves spielerische
und lebensbejahende Per-
spektive durfte ich meine
Zeugung und Entstehung
aus einem völlig neuen,

kraftspendenden Blickwinkel betrachten. Dies zeigt, wie wichtig es ist im
Leben, zu lernen, die Dinge aus verschiedenen Perspektiven zu betrachten und Menschen mit dem richtigen Bewusstsein um sich zu haben, die
einem helfen neue Perspektiven zu entwickeln.

Das ist mir in dem Moment wieder einmal klar geworden. Auch wenn es
immer wieder eine Herausforderung ist, um zu denken und nicht in die
Opferfalle zu tappen. Wenn wir es alleine nicht schaffen, gibt es viele
Menschen, die einen dabei unterstützen können.

Es ist nicht immer einfach, bestimmte herausfordernde Situationen aus
einem positiven Licht zu betrachten, jedoch ist es, um aus der negativen
Endlosspirale und dem Opferdasein rauszutreten und das Leben wieder
in eine positive Richtung zu lenken, unumgänglich.

Ich kann dir nur aus meinen gemachten Erfahrungen sagen, dass es,
ohne das Betrachten der eigenen Themen von mehreren Seiten, nicht
klappen wird, aus deiner Negativspirale zu kommen und du dann dein
eigenes Leben in eine positive Richtung lenken kannst.
Jedenfalls werde ich Steve ewig dankbar sein, dass er mir wieder die eine
oder andere Lampe in meinem Hirn angemacht hat.
Es ist wie ein „wach werden", wenn man die Erfahrungen rückblickend
anders betrachtet. So kann denn auch tatsächlich Heilung geschehen.

Meine Eltern- die Ursache allen Übels?

Haben meine Eltern Schuld an all meinen Ängsten und Selbstzweifeln?

Sind meine Eltern die Ursache für alles Negative, was mir in meinem weiteren Leben passiert ist? Und tragen sie damit auch die Verantwortung dafür?

Die Antwort ist Nein!

Alles was uns in unserem Leben passiert haben wir uns selber ausgesucht. Unsere Eltern, unsere Umgebung, unsere Kindheit, unsere Erfahrungen etc.

Somit liegt auch die Verantwortung von alle dem, was wir erleben, bei uns selbst.

Unsere Eltern geben immer das Beste, auch wenn es manchmal nicht reicht.

So haben auch meine Eltern alles in ihrer Macht stehende getan, um mich groß zu ziehen.

Doch auch sie hatten, jeder für sich, ihre Päckchen zu tragen und mussten mit großen Herausforderungen umgehen.

Wo liegt das Geschenk in den Erfahrungen, die ich in meinem Elternhaus gemacht habe?

Meine Eltern haben mir beide, jeder auf seine Art, Stärke vorgelebt und dass es keine Option im Leben ist, hinzufallen und nicht mehr aufzustehen. Es gibt immer einen Weg aus schwierigen Situationen wieder heraus zu kommen, auch wenn dieser Weg schwer sein kann.

Ich habe auch durch beide begriffen, dass es auch Situationen gibt im Leben, wo es wichtig ist, Entscheidungen zu treffen, die nicht immer leicht sind. Es ist wichtig, bei sich zu bleiben und vor allem in der Selbstliebe zu sein. Dadurch, dass meine Eltern mir das krasse Gegenteil vorgelebt haben und dadurch sehr schwere Lebenswege hatten, ist mir die Wichtigkeit, die dahinter steckt, bewusst geworden. Ich habe durch mein Elternhaus eine immense Stärke bekommen und sehr viel Durchhaltevermögen. Weiterhin habe ich gelernt, dass es im Leben nicht ohne

Selbstverantwortung geht. Wir sind für unser Leben selbst verantwortlich und es ist in meinen Augen ein großer Fehler, alles was einem im Leben passiert, auf eine unglückliche Kindheit zu schieben. Da schiebt man dann die Verantwortung ein Leben lang auf die Eltern und hat somit keine Möglichkeit, das Blatt zu wenden und dem Leben eine neue Richtung zu geben.

Die traumatisierte Generation

Meine Eltern entstammen beide aus der Kriegsgeneration, mein Vater hatte noch 8 Geschwister und meine Mutter war die Älteste von 6 Kindern.

Das Elternhaus meines Vaters war ohne Liebe und Nestwärme und das meiner Mutter war auch nicht viel besser.

Mein Vater wurde beispielsweise mit seinen Brüdern in der 5. Schulklasse aus der Schule genommen, um das Elternhaus zu bauen.

Heute ist das so zum Glück nicht mehr möglich.

Dadurch hatte mein Vater keine wirklich gute Schulbildung, was wiederum für seinen Selbstwert eine Katastrophe war. Mein Vater war immer sehr fleißig und definierte sich und sein ganzes Sein über seine Arbeit, seine Körperkraft und der Alkohol war seine Krücke, denn im nüchternen Zustand war mein Vater eher schüchtern und zurückhaltend, wie ich schon angesprochen habe.

In der Herkunftsfamilie meines Vaters war ein Mann ein Mann, wenn er viel Alkohol vertrug, körperlich kräftig war und dieses auch in Form von Schlägereien und Zweikämpfen unter Beweis stellte. Für Gefühle und Gespräche war da kein Platz.

Wenn mein Vater nüchtern war sprach er so gut wie kein Wort mit mir und den Rest unserer Familie. Ich war, genau wie meine Schwester, einfach unsichtbar für ihn. Vielleicht wäre es anders gewesen, wenn wir Söhne gewesen wären, wer weiß das schon. Wenn mein Vater sich betrank, was leider ziemlich häufig vorkam, dann baute er jede Menge „Scheiße".

Wie zum Beispiel: betrunken Auto oder Moped fahren oder er prügelte sich gemeinsam mit seinen Brüdern durch Hamburgs Kneipen und „tobte" zuhause fröhlich vor sich hin. Er riss sich z.B. bei einem Moped Unfall fast sein Ohr ab, er kam ins Krankenhaus und schlug dort dann kurzerhand den OP kurz und klein. Meine Mutter musste mitten in der Nacht mit ihren kleinen Kindern dorthin kommen, um ihn zu beruhigen, damit man ihm sein Ohr wieder annähen konnte. Meine Mutter war die einzige Person, die meinen Vater einigermaßen beruhigen konnte.

Mein Vater hat im Suff mal zu mir gesagt, dass ist nicht deine Mama, sondern meine Mama. Denn mein Vater hatte ja als Kind keine Mutterliebe bekommen und hat all dieses in meiner Mutter gesucht. Doch was dir als Kind von deinen Eltern nicht gegeben wurde, kann dein Partner dir nicht im Nachhinein geben und es ist auch nicht die Aufgabe des Partners. Das Bewusstsein, dass mein Vater in meiner Mutter seine nicht bekommene Mutterliebe suchte, fehlte meinen Eltern damals. Es waren einfach generell für viele Menschen damals so.

Diverse Gerichtsprozesse und Strafen, bis hin zu einer Gefängnisstrafe wegen Trunkenheit am Steuer, es war alles drin. Er war mit lieben, netten Worten einfach nicht zu stoppen.

In ihm muss immer so etwas wie Krieg stattgefunden haben, ein Krieg gegen sich selbst. Schrecklich für ihn und für unsere ganze Familie. Er hat sich und seiner Familie das Leben nicht gerade einfach gemacht. Ich hatte immer sehr große Angst vor meinem Vater, die später, dazu komme ich noch, in Verachtung umschlug.

Für mich war er wie ein wildes Tier, vor dem man sich am besten in Acht nimmt. Wenn mein Vater bis 16.00 Uhr nicht von der Arbeit zu Hause war, wussten wir, dass er wieder in seiner Stammkneipe versackt war und wir konnten immer nur hoffen, dass es nicht allzu schlimm wurde. Dazu kam noch, dass einer der Brüder meines Vaters ihn ständig gegen meine Mutter aufhetzte, denn in den Augen meines Onkels war meine Mutter eine Emanze. Dass es einzig und alleine meine Mutter war, die durch ihre Stärke und Kraft dafür sorgte, dass mein Vater nicht total abrutschte, sah mein Onkel natürlich nicht und mein Vater natürlich auch nicht. Mein Onkel schlug und erniedrigte seine Frau und seine Kinder aufs Schlimmste.

Wie und warum meine Mutter das alles durchgestanden hat, ist mir bis heute unergründlich geblieben.

Es hat unendlich viele verständliche Gründe gegeben, meinen Vater zu verlassen und ein besseres Leben zu beginnen, aber sie blieb bis zum Schluss bei ihm.

Es hat meine Mutter allerdings hart und krank gemacht und sie hat sich auch, meiner Ansicht nach, in der Opferrolle des Lebens verloren, was sie allerdings bis heute so nicht sieht. Bei meiner Mutter sind auch immer alle anderen Schuld, sie sieht ihre eigene Verantwortung nicht und auch nicht, dass sie es gewesen ist, die nicht anders gehandelt hat, obwohl auch sie anders hätte handeln können. Sie sagt immer, dass, als sie endlich soweit war, sich von meinem Vater zu trennen, er dann krank geworden ist und so konnte sie nicht mehr gehen. Es hätte mit Sicherheit auch dafür eine andere, vernünftige Lösung gegeben.

Meiner Ansicht nach, hätte sie sich schon viele Jahre vorher von ihm trennen müssen, um ihr eigenes Leben in eine bessere Richtung zu lenken. Aber davon will sie nichts wissen und wir können über all diese Dinge nicht wirklich gut sprechen, da sie wie schon gesagt, ihre eigene Verantwortung dafür ablehnt. So kann man dann meiner Ansicht nach auch keinen Frieden mit seinem Lebensweg schließen. Was für meine Mutter und ihre Gesundheit sicher gut wäre. Ich habe es allerdings aufgegeben, mich heute damit zu beschäftigen, da auch sie da unbelehrbar ist und ich mich daran nicht mehr aufreiben möchte. Das hört sich jetzt vielleicht hart an, aber ich habe nach über 50 Jahren aufgehört, meine Zeit für Menschen, die nur jammern wollen und mir meine Energie damit rauben, zu verschwenden.

Mein Vater hat seinen sehr ungesunden Lebenswandel dann auch bitter bezahlen müssen, denn er bekam mit 47 Jahren einen schweren Schlaganfall und war anschließend halbseitig gelähmt.

Seine Körperbehinderung führte jetzt auch noch dazu, dass nun auch noch das letzte bisschen Selbstwert vernichtet war.

Er konnte nicht mehr arbeiten und seine Körperkraft war auch nicht mehr so vorhanden, wie er es gewohnt war. Er musste das Sprechen wieder erlernen und das Laufen neu lernen und viele andere Dinge kamen noch dazu. Nur sein Dickschädel und seine Unvernunft waren genauso geblieben, wie vor dem Schlaganfall. Die ersten Jahre nach seinem Schlaganfall, hat mein Vater im Grunde genommen so weiter gemacht wie vorher. Was noch mehr gesundheitliche Schäden nach sich zog. Mein Vater hatte Arterienverkalkung und er bekam in seinem gesunden Bein eine Metallvene eingesetzt, da seine Venen dicht waren.

Diese Vene war nach einem Jahr wieder verstopft und sie wurde im Krankenhaus wieder sauber gemacht. Leider setzte die Vene sich innerhalb von wenigen Tagen wieder zu und die Ärzte teilten meinem Vater mit, dass sie ihm sein Bein amputieren müssen. Das wiederum wollte mein Vater nicht, denn dann wäre er im Rollstuhl gelandet. Seine Aussage dazu war, dann springe ich lieber aus dem Fenster.

Jetzt lag er für ein dreiviertel Jahr im Krankenhaus, er bekam alle 12 Stunden Morphium gespritzt, denn Durchblutungsstörungen sind sehr schmerzhaft. Aber er hatte Glück, denn sein Blut hatte sich neue Wege gesucht und somit konnte er sein Bein behalten, nur ein Zeh musste ihm amputiert werden. Was für eine Willenskraft dahinter steht, ist schon enorm, ist mir allerdings auch erst viele Jahre später bewusst geworden, wie willensstark mein Vater doch war.

Oder, er ist betrunken gestürzt und hatte, weil er ja Blutverdünner einnehmen musste, am ganzen Körper Blutergüsse und lag dann damit im Krankenhaus. Nicht nur für ein paar Tage, sondern immer wochenlang, mit immer starken Schmerzen. Ich kann das bis heute nicht nachvollziehen, wie man sich selbst so gesundheitlich ruinieren kann.

Und so hat mein Papa also ständig weiter für Probleme gesorgt. Immer frei nach dem Motto, was mich nicht umbringt, macht mir nur härter.

Mich hat das zu dem Zeitpunkt allerdings alles ziemlich kalt gelassen, denn in mir überwog die Verachtung und ich glaubte zu dem Zeitpunkt auch, dass ich meinen Vater nicht lieben würde. Ich war nur immer wieder sprachlos, wie meine Mutter das alles so schaffte. Aber auch da hielt sich mein Mitgefühl in Grenzen, denn aus meiner Sicht hätte sie sich ja schon vor Jahren trennen können und weil sie es nicht tat, hatte sie in meinen Augen selber schuld an ihrem Elend.

Doch meine Mutter hatte sich nebenbei eine kleine eigene Welt mit einem Lover erschaffen. Dafür habe ich Verständnis gehabt, nur nicht für ihre Männerwahl, denn dieser Mann war in meinen Augen kein Deut besser als mein Vater, auch wenn Alkohol nicht sein Thema war. Es ist ja auch nicht mein Leben gewesen und somit habe ich mich damit auch nicht weiter beschäftigt.

Die Brüder meines Vaters, zu denen meine Eltern Kontakt hatten, waren auch nicht besser.

Für mich war das schon normal, dass Männer so sind und die Familie unter ihnen zu leiden haben. Einer meiner Onkel schlug sogar seine Frau, wie ich ja schon erwähnt habe, die habe ich dann auch immer mal wieder mit blau geschlagenen Augen gesehen. Aber noch schlimmer als die blauen Augen meiner Tante, war die Verzweiflung und Traurigkeit, die von ihr ausging. Ich konnte das ganze Ausmaß als Kind ja nicht erfassen, aber dass das so nicht richtig war, das habe ich immer gespürt.

Das muss ich meinem Vater allerdings echt zu Gute halten, er hat uns niemals körperlich angerührt. Wir haben zwar Messer, Scheren und spitze Gegenstände vor ihm versteckt, wenn er mal wieder betrunken wütete, aber uns gegenüber ist er niemals handgreiflich geworden. Dafür bin ich sehr dankbar!

Ich sehe ihn allerdings heute noch volltrunken und schlafend im Flur auf dem Fußboden liegend, mit eingenässten Hosen. Für mich war das irgendwie alles normal, ich kannte ja auch nichts Anderes. Ich wünschte es mir allerdings anders. Ich hätte gerne einen liebevollen Vater gehabt, auf dessen Schoss ich mich sicher gefühlt hätte.

Im Fernsehen, bei den „Waltons" gab es so einen Papa. Ich habe diese Fernsehsendung so geliebt und mir so sehr gewünscht, auch so eine Familie zu haben.

Das Leben meiner Mutter sah nicht besser aus.

Meine Mutter ist eine sehr starke Frau, aber meiner Meinung nach an ihrem Leben zerbrochen. Auch sie ist in einem lieblosen Elternhaus aufgewachsen.

Ihr Vater musste ihre Mutter heiraten, weil meine Oma mit meiner Mutter schwanger war.

Auch keine guten Voraussetzungen für eine glückliche Ehe. Aber als Soldat blieb meinem Opa damals nichts anderes übrig.

Mein Opa war ein Kölner und Leichtfuß, er betrog meine Oma nach Strich und Faden und setzte nach Aussage meiner Mutter viele uneheliche Kinder in die Welt.

Meine Mutter wurde nach ihrer Aussage mit, ich glaube 19 Jahren, vor die Tür gesetzt, ohne eine Erklärung.

Vorher hat mein Opa ihr noch ihre Beziehung zu ihrer großen Liebe kaputt gemacht. Warum auch immer, konnte meine Mutter mir auch nicht sagen.

Sie bekam als ältestes Kind immer den ganzen Ärger ab und auch keinerlei Liebe und Fürsorge. Sie hat dann einen anderen Mann geheiratet und mit ihm einen Sohn gezeugt. Sie hatte wohl auch den Traum von einer eigenen kleinen, heilen Familie.

Mein Halbbruder steckte 48 Stunden im Geburtskanal fest und er kam mit einen Wasserkopf und Sauerstoffmangel auf die Welt. Ob er eine festgestellte geistige Behinderung hatte,entzieht sich meiner Kenntnis.

Sehr viel weiß ich aus der Zeit nicht, nur, dass dieser Mann meine Mutter auch betrogen hat.

Mein Bruder hat wohl auch viele Schwierigkeiten gemacht und er war viel bei der Mutter seines Vaters.

Die Oma soll aber auch schlecht zu meinem Halbbruder gewesen sein, er musste nach Aussage meiner Mutter dort unter anderem auch in der

Badewanne schlafen. Ich habe leider, oder vielleicht ist es auch besser so, über diese Zeit keine zuverlässigen Informationen.

Aber was das anscheinend für herzlose Zustände waren, da krempelt sich echt alles in mir um und es macht mich auch sehr traurig, wieviel Leid es nur in meiner Familie gab.

Ich denke die meisten Menschen aus der Zeit waren alle vom Krieg traumatisiert und total unbewusst im Denken und Handeln und nicht mehr so wirklich in der Lage, Gefühle wie Güte, Liebe, Wertschätzung und Mitgefühl zuzulassen.

Jedenfalls trennte meine Mutter sich von diesem Mann, da sie meinen Vater auf ihrer Arbeitsstelle kennen gelernt hatte und so konnte die nächste Tragödie entstehen.

Heute wissen wir ja, dass wir unsere inneren Themen lösen sollten, damit wir dann auch in der Lage sind, eine glücklichere Partnerschaft zu erleben. Doch all dieses ganze Wissen ist ja erst in den letzten Jahren so in die Breite getragen worden, dass im Prinzip jeder, der sich dafür interessiert, an dieses Wissen gelangen kann. Vor 40, 50 Jahren war das für die meisten Menschen gar nicht greifbar und viele haben Worte wie „Selbstliebe" noch nicht einmal irgendwo zu hören bekommen.

Die Mutter meiner Kindheit hat bis zu meiner Pubertät ihr Bestes gegeben. Sie war mit Sicherheit meistens mit allem überfordert, aber sie hat durchgehalten. Was für sie und auch für mich ganz sicher nicht optimal war.

Sie hat immer die Kohlen wieder aus dem Feuer geholt und zu meinem Vater gestanden, egal wie groß die Scheiße war, die er mal wieder gebaut hatte.   Ich kann dieses Thema meiner Mutter immer wieder in meinem Kopf hin und her denken, die einzigen zwei Begründungen, die mir dazu einfallen sind: 1. sie hatte keinerlei Selbstliebe und 2. sie hat meinen Vater doch tatsächlich tief in ihrem Herzen geliebt, wovon ich heute auch tatsächlich ausgehe, aber dazu komme ich später noch zu sprechen.

Warum tut man sich das an ?

Bis vor ein paar Jahren habe ich das unter „Zu feige zum Gehen" abgetan, heute bin ich doch davon überzeugt, dass meine Eltern sich wirklich geliebt haben. Sie waren nur dummerweise durch die gemachten Erfahrungen aus ihren Elternhäusern nicht imstande, ein anderes Leben zu führen.

Das macht mich nach wie vor alles unglaublich traurig, denn ich denke, wenn sie die richtigen Menschen in ihrem Leben gehabt hätten, hätte man das Blatt wenden können.

Aus meiner heutigen Sicht hatten meine Eltern auch kein förderliches Umfeld, in dem so etwas wie „Umdenken und anders Handeln" hätte stattfinden können. Es braucht Menschen, die einem auch mal unangenehme Dinge sagen, damit man auch die Möglichkeit hat, das eigene Handeln zu überprüfen und sich vielleicht anders zu entscheiden und lernt umzudenken und anders zu handeln.

Ängste und Dämonen

So wuchsen meine Ängste und Dämonen in mir weiter, während meine Eltern nichts davon mitbekamen. Beide hatten genug eigene Probleme zu lösen. Meine Mutter beispielsweise hat damals bereits Vollzeit gearbeitet und sich am Wochenende um den Haushalt gekümmert. Ich kann mich nicht erinnern, dass sie aktiv jemals etwas für sich getan hat, oder sich auch mal etwas gegönnt hat. Sie war da kein gutes Vorbild, wenn es um Selbstliebe geht. Es war ein Leben der permanenten Aufopferung.

Wie man nicht schwer erkennen kann, hatten meine Eltern beide kein leichtes Leben und jeder mit eigenen Herausforderungen zu kämpfen. Beiden mangelte es an Selbstliebe, Selbstwert und guten Vorbildern für ein liebevolles Miteinander. Sie konnten gar nicht anders, als meine Schwester und mich, basierend auf ihren eigenen Erfahrungen großzuziehen. Daher bin ich weder meiner Mutter, noch meinem Vater böse, sondern sehe, dass sie ihr Bestes getan haben und konnte ihren Fehlern vergeben.

Nicht das Du denkst, dass das für mich ein leichter Weg war, es war ein jahrelanger Prozess, der mir auch nicht immer leicht gefallen ist. Bei meinem Vater, du wirst es jetzt vielleicht nicht für möglich halten, ist es mir sehr leicht gefallen. Warum das so war, wirst du im Laufe meiner Geschichte verstehen, denn ich habe durch meinen Vater in seinen letzten Lebensjahren tiefe Liebe erfahren dürfen und dafür bin ich unendlich dankbar. Dass ich das Erleben durfte, ist eines meiner größten Geschenke meines Lebens !

Bis zu meinem 15. Lebensjahr ging mein Leben so weiter.

Ich ging ungern in die Schule, ich mochte meine Lehrer nicht und das immer „irgendwo dazugehören müssen" stresste mich sehr. Am liebsten habe ich im Sommer auf der Wiese geturnt, denn das konnte ich gut und das hat mir viel Spaß gemacht. Ich habe auch viel mit Puppen gespielt und mir da meine eigene kleine Welt erschaffen bis zu meinem 15. Lebensjahr. Im Puppenspielen konnte ich mich so richtig verlieren und für eine Zeit, die negativen Dinge in meinem Leben vergessen.

Die Eskapaden meines Vaters steigerten sich immer mehr, da sein Alkoholkonsum stetig stieg. Die Spirale des „unglücklich sein" drehte sich immer weiter, ohne eine Hoffnung auf Besserung. Es ist für mich auch heute noch unfassbar, wie das Leben eines Familienmitglieds eine ganze Familie ins Unglück stürzten kann. Diese Dinge gibt es auch heute noch in vielen Familien.

Fehlende Vaterliebe und ein leeres Kinderherz – Der Anfang der ewigen Suche nach Liebe.

Wie man klar erkennen kann, wurde Zuneigung und Liebe in meiner Familie nicht sehr groß geschrieben. Schon als kleines Mädchen träumte ich davon auch so eine liebevolle Familie zu haben, wie beispielsweise bei den „Waltons" im Fernsehen. Als ich dann in die Pubertät kam und anfing mich für Jungs zu interessieren, begab ich mich auf die Suche nach Liebe, Zuneigung und Aufmerksamkeit.

Ein in sich wertloses und auch irgendwie hilfloses Wesen auf der Suche nach Rettung, egal in welcher Form auch immer. Das Loch in mir war so groß und leer, da brauchte es sehr viel, um das auch nur ansatzweise füllen zu können. Das weiss ich heute, aber damals wusste ich das natürlich nicht. Auch während ich das hier schreibe, kann ich dieses Loch in mir immer noch spüren, aber heute macht das nichts mehr mit mir. Es tut nicht mehr so weh und mir ist bewusst, dass nur ich es in mir füllen kann, ohne einen anderen Menschen oder irgend ein Pflaster im Aussen. Die Heilung kann nur in mir statt finden, nirgends sonst.

Die erste Liebe

Mit meinem 15. Lebensjahr lernte ich dann Max in meiner Schule kennen. Max war ein Jahrgang über mir und wir begegneten uns auf dem Schulhof.

Als ich merkte, dass Max sich für mich interessierte, ging ich dann mit einem Mal auch gerne in die Schule, nur um Max in den Pausen zu treffen, nicht weil ich mit einem Mal Spass an der Schule hatte.

Max kam leider auch aus nicht so tollen Verhältnissen. Seine Eltern waren geschieden und er lebte bei seiner Mutter, die eine schwere Alkoholikerin war.

Auch wir waren zwei verletzte Kinder, die glaubten, jetzt erwachsen zu sein und wir suchten beide in dem Anderen halt. Nur, den konnten wir uns gegenseitig auch nicht geben, was wir natürlich auch nicht wussten. Woher auch!

Es begann wie so viele Teenagerlieben, einfach himmlisch und es hat mich in eine völlig andere Welt katapultiert. Wir hatten nur 3 Hindernisse zu überwinden: 1.Zeit zu finden, um für die Schule zu lernen, denn die war ja jetzt zur absoluten Nebensache geworden. 2. Max`s betrunkene Mutter, die eifersüchtig war und gerne Theater machte und 3. meine Mutter. Meine Mutter mochte Max überhaupt nicht, er durfte niemals zu mir kommen und sie verbot mir ziemlich viel und machte mir dadurch mein Leben schwer, was ich ihr echt verübelte.

Ich durfte nie so lange weg bleiben, wie die anderen in meinem Alter, ich bekam nie die Klamotten, die ich gerne gehabt hätte. Ich bekam häufig Stubenarrest, in der Hoffnung, dass sich das Problem „Max" so lösen ließe. Ich durfte nicht auf alle Feten gehen und wenn ich gehen durfte, musste ich um 22.00 Uhr zu Hause sein. Ich fand das alles einfach nur spießig und kleinkariert.

So eine blöde Kuh, die mir mein Glück nicht gönnte. Aus meinen Augen betrachtet, war meine Mutter nur eifersüchtig auf meine Liebesbeziehung und auch auf meine Jugend. Also fing ich an zu lügen, was das Zeug hielt.

Bei welcher Freundin ich angeblich immer übernachtete, nur um bei Max sein zu können. Natürlich war ich immer die Nächte bei Max und nicht bei XY.

Ich musste mir ständig irgendwelche neuen Geschichten ausdenken, nur um etwas Freiheit zu bekommen. Das war schon eine Herausforderung für mich. War ich doch bis dato ein braves Mädchen gewesen.

Einmal hat sie mich zu unserer damaligen Ärztin geschleppt, da meine Mutter wissen wollte, ob ich wirklich noch Jungfrau war. Was zu dem damaligen Zeitpunkt auch tatsächlich noch der Fall war. Denn ich war total verklemmt und von zuhause nicht auf eine normale Sexualität vorbereitet worden. Männer waren in den Augen meiner Mutter alles nur Schweine und Jungs wollten eh alle nur „das Eine".

Die Beziehung zu Max, so romantisch wie sie auch begonnen hatte, wurde auch nicht schöner mit der Zeit. Max hatte fast immer etwas an mir auszusetzen. Ich hatte nie die richtige Kleidung an, hatte die falsche Frisur oder meine Nase war zu groß und meine Waden waren zu kräftig. Was auch immer, ich war mal wieder nicht richtig. Ich weiß noch, wie wir im Bus saßen und ein junges Mädchen dastand und Max mir von ihrer wunderschönen Nase vorschwärmte und wie süß die denn aussehen würde. Das wollte ich also ganz und gar nicht hören, denn für mich war es mal wieder gleichbedeutend, dass ich ja so wie ich war, nicht in Ordnung bin. Das ich das alles gar nicht mit mir in den Zusammenhang hätte bringen müssen, war mir nicht klar zu dem Zeitpunkt. Ich habe all diese Sätze persönlich genommen und immer mehr an mir und meiner Persönlichkeit gezweifelt. Ich war zwar in einer Beziehung, aber trotzdem ein unglaublich unglücklicher Teenager.

Ich hatte auch nicht genug Taschengeld, um ständig ins Kino zu gehen, oder den Eintritt für die Disco zu bezahlen. Also trug ich Zeitungen aus und putzte die Treppenhäuser unserer Nachbarn, klaute im Kaufhaus Make up, oder Geld aus dem Portmonee meiner Mutter, um irgendwie an Geld zu kommen. Für die Schule tat ich auch nur ein Minimum, zur großen Freude meiner Mutter.

Ich muss jetzt noch dazu sagen, dass in meiner schlimmen Zeit mein Vater auch noch seine extreme Zeit am „Scheiße bauen" hatte und meine Mutter wahrscheinlich gar nicht wusste, wo ihr der Kopf stand und womit sie zuerst anfangen sollte.

Es war nämlich die Zeit, in der mein Vater mal wieder wegen Schlägereien und Trunkenheit am Steuer vor Gericht stand und am Schluss eine, ich glaube 6- monatige Gefängnisstrafe auf ihn wartete.

Was mich nicht im Geringsten in irgendeiner Form störte, denn dann war er erst mal raus aus dem Haus und ich musste keine Angst davor haben, wie und wann er nach Hause kam.

Ich führte nach wie vor eine ungesunde Beziehung mit Max und ich weiß heute, dass ich auch für ihn eine ziemliche Herausforderung war, denn ich war eine ziemlich klammernde Partnerin und ich wollte immer zu 1000% Beweise für seine Liebe. Das war schon ziemlich anstrengend, denn wenn ich Alkohol trank, ging bei mir die Post ab und ich machte ihm eine schlimme Szene, das hatte ich von meinem Vater   blind übernommen.

Es war Weihnachten und mein Vater hatte für ein paar Tage Hafturlaub.

Schwanger

...und nun?

Ich war gerade 16 Jahre alt und schwanger. Meine Eltern und auch Max waren natürlich alles andere als erfreut.

Ich war die Einzige, die sich darüber freute. Ich hätte meinen Realschulabschluss zeitlich auch noch geschafft und in meiner Vorstellung wäre ich dann mit Max zusammen gezogen und ich hätte meine eigene kleine Familie gehabt. Mit einem Mann, der auch immer etwas an mir aus zusetzten hatte. Ich wurde von allen Seiten ziemlich unter Druck gesetzt, dass ich eine Abtreibung machen solle. Das kam aber in meiner Vorstellung nicht vor, ich wollte, dass Max sich zu mir und unserem Baby bekennt und sich auch noch darüber freut. Ein bisschen viel verlangt, wie ich schnell zu spüren bekam.

Mein Leben und meine Träume lagen vor mir wie ein Trümmerfeld, es war nicht so wie in meiner Phantasie, wie bei den Waltons. Ich war so unglaublich traurig darüber, dass sich keiner mit mir über das Baby freute. Ich habe von meiner Mutter immer nur zu hören bekommen, dass ich mir mit einem Kind so früh meine Zukunft kaputt machen würde.

Ich wurde nie gefragt was ich denn möchte, oder wie ich mich denn fühle. Es hat niemanden interessiert, die Hauptsache für alle war, dass Kind muss abgetrieben werden, egal was ich dazu denke und wie ich mich mit einer Abtreibung fühlen würde. Denn ich war zu jung, um eine Entscheidung zu treffen in den Augen meiner Mutter und aller Anderen. Ich habe mich von allen verraten gefühlt und ich fühlte eine unerträgliche Leere in mir. Natürlich habe ich mir damals keine Gedanken über meine berufliche Zukunft gemacht, denn ich wollte nur meine eigene kleine „ heile" Familie haben. Mehr interessierte mich nicht. Ich wollte weg aus meinem Elternhaus, weg von meinem Vater und weg von meiner immer übergriffigen und vorwurfsvollen Mutter. Einfach nur weg von allem.

Es war Heiligabend und ich feierte gemeinsam mit Max bei einem älteren, schwulen Freund mit noch anderen Menschen aus unserer Klicke bei ihm zu Hause.

Ich bin nicht zur verabredeten Zeit nach Hause gegangen, sondern ich schluckte einiges an Schlaftabletten, mit einer ordentlichen Menge an Alkohol, denn mir war mein Leben mittlerweile unerträglich geworden und ich wollte und konnte das alles so nicht mehr aushalten. Was war das denn auch für ein Leben, wo das, was ich wollte und fühlte, für niemanden eine Rolle spielte. Es fühlte sich alles falsch an in meinem Leben.

Es wäre wahrscheinlich gut für mich gewesen, man hätte mich damals in eine Klinik eingewiesen für psychisch erkrankte Jugendliche, aber darüber hat wohl keiner nachgedacht.

Unter den anderen Gästen, war ein Rote- Kreuz- Helfer, der mich zum Übergeben brachte und so den Großteil der Tabletten wieder raus holte.

Ich kann mich an nichts mehr erinnern, ich weiß nur, das meine Mutter mich am nächsten Tag ziemlich komatös daraus holte und ich den Rest zu Hause ausschlief.

Als ich wieder so einigermaßen ansprechbar war, war es der Tag, an dem mein Vater wieder in den Knast zurück musste. Jetzt kam mein Vater zu mir, um mit mir zu sprechen.

Mein Vater jetzt!!!!, auf gar keinen Fall wollte ich mit ihm sprechen, es war zu spät für ihn und für mich, denn mittlerweile hasste ich ihn, so glaubte ich, aus tiefstem Herzen.

Ich schaute ihm mitten ins Gesicht, ich war mutig!!! und sagte zu ihm:

WAS WILLST DU DENN VON MIR; DU BIST DOCH NUR EIN VERKOMMENER SÄUFER UND KNASTBRUDER!!

Das saß, ich bekam von meinem Vater eine geknallt und anschließend heulte er sich bei meiner Mutter aus. Es war mir scheißegal, dieses Arschloch, was fällt ihm eigentlich ein, zu glauben, dass er mir irgendetwas sagen dürfte. Ich konnte es nicht fassen. Er war zu dem Zeitpunkt der letzte Mensch, mit dem ich hätte reden wollen und das habe ich ihm auch sehr deutlich zu verstehen gegeben. In mir stand alles auf Krieg und ich war bereit zu kämpfen, denn meine inneren Qualen waren einfach nicht mehr zu ertragen und ich suchte mir Ventile, um meinen inneren Dampf abzulassen.

Ich wollte dieses minderoptimale Leben so nicht mehr weiter leben, ich wollte einfach nur noch weg, weg von allem. Aber ich wusste nicht, wohin ich gehen könnte und so blieb mir nichts anderes übrig, als dort zu bleiben, wo ich war.

Mein Vater fuhr zurück in den Knast, ohne dass wir noch einmal miteinander sprachen.

Ich war froh, als er endlich das Haus verlassen hatte.

Während der Zeit, als mein Vater im Gefängnis war, kam auch einmal mein Opa, der Vater meiner Mutter zu uns, um mit mir zu sprechen, das heißt mich wieder zur Vernunft zu bringen. Nun fragte ich mich, was soll mir ein Mensch sagen, oder vorhalten, der seine Familie schlecht behandelt hat, seine Frau mit 6 Kindern- wobei das jüngste Kind noch ein Baby war- sitzengelassen hat und dann noch diverse uneheliche Kinder gezeugt hat. Das kann für mich kein guter Ratgeber sein, also ließ ich auch seine Predigt, ohne das es auch nur irgendwas in mir ausgelöst hat, über mich ergehen. Ich habe angefangen alles und jeden um mich rum wegzubeissen. Mein Schmerzpegel war mittlerweile so hoch, dass ich es nicht mehr ertragen konnte und ich wusste mir auch nicht anders zu helfen.

Es gab da damals allerdings ein Ehepaar, kinderlos, zu denen ich gegangen bin, um mich auszuheulen. Sie haben mir zugehört, aber wirklich helfen konnten sie mir auch   nicht, ausser mir immer, wenn ich es brauchte, zuzuhören und für mich da zu sein.

In der Zeit, als mein Vater im Gefängnis saß, schrieb er meiner Mutter unzählige Briefe, in denen er ihr schwor, sich zu ändern und nicht mehr zu trinken. Es waren nur leere Worte, leider.

Wenig später hatte ich dann einen neuen Termin beim Gynäkologen und ich erzählte ihm, was in Zwischenzeit passiert war. Nun riet mir mein Arzt auch zu einer Abtreibung, weil man nicht ausschließen konnte, dass die Medikamente eine Fruchtschädigung verursacht hätten und ich ja auch noch sehr jung sei. Zur großen Erleichterung für alle, außer mir, machte ich einen Schwangerschaftsabbruch. Ich habe mich so erbärmlich und schuldig gefühlt und mit diesen Gefühlen stand ich dann auch wieder alleine da. Nun war ich auch noch die Mörderin meines eigenen Kindes. Da alle anderen allerdings so glücklich darüber waren, hatte ich wieder niemanden, der Verständnis für mich und meine Nöte hatte. Der Traum von meiner eigenen kleinen Familie war ausgeträumt.

Auch wenn der Gynäkologe, der bei mir die Abtreibung gemacht hat, sehr liebevoll und verständnisvoll mit mir gesprochen hat und mir Mut gemacht hat, habe ich mich nicht besser gefühlt. Max hatte mir doch in den Monaten, in denen wir zusammen waren genug Anlass gegeben, um zu erkennen, dass er auf gar keinen Fall der richtige Freund für mich war, aber das erkannte ich nicht. Ich suhlte mich mal wieder in meiner Opferrolle, dass alle Menschen so mit mir umgehen durften und ich, so wie es aussah, nichts dagegen tun konnte.

Ich machte nichts anderes, als das, was meine Mutter mir vorgelebt hatte.

Die Beziehung zu Max wurde immer schwieriger und ich klammerte mich immer mehr an ihn und machte ihm ständig irgendwelche Szenen. Dieses Gefühl in mir kann ich heute noch nachempfinden, es ist der ewige Schrei nach männlicher Liebe und Aufmerksamkeit. All das, was mein Vater mir nicht geben konnte. Es schrie in mir in einer Lautstärke, die alles andere übertönte und abtötete.

Dass Max mir das alles nicht geben konnte und es auch gar nicht seine Aufgabe war, konnte ich nicht sehen. Es muss für ihn einfach nur unerträglich gewesen sein und er wollte sich von diesen Ketten befreien. Das führte dann dazu, dass Max die Beziehung nach 1,5 Jahren beendete. Auch das ging nicht ohne eine große Szene von mir zu Ende. Am Ende lief ich heulend nach Hause, völlig aufgelöst. Ich war am Boden zerstört. In meinen Augen war ich ohne einen Freund ein Niemand, unvollständig und wertlos. Ich musste doch das große leere Loch in mir füllen durch die Liebe eines Mannes. Ich war so unendlich traurig und einsam, der Schmerz hatte mich voll im Griff und umnebelte mein ganzes Dasein. Ich habe nicht erkannt, dass ich jetzt die Zeit nutzen könnte, um meine Verletzungen zu heilen, mir Hilfe von außen zu holen, eine Therapie zu machen und mich mal wieder um die Schule zu kümmern. Ich war verzweifelt und allein. Es ist wirklich schlimm, so einen Zustand auszuhalten und im Grunde genommen nicht zu wissen, wie man dieses leere Loch füllen kann, dass der Schmerz dann auch nachlassen kann.

Inzwischen war mein Vater auch wieder aus dem Gefängnis raus. Anfänglich sah es tatsächlich so aus, als ob er sich wirklich geändert hätte, aber das war nur von kurzer Dauer. Mein Elternhaus hat sich nicht angefühlt wie ein Elternhaus sondern für mich war es mittlerweile auch eine Art Gefängnis geworden. Ich kann die Enge in meinem Körpergefühl heute noch spüren und während ich das hier schreibe, wird mein Herz so schwer und meine Augen füllen sich mit Tränen. Ich bin gerade fassungslos, was diese Erinnerungen heute noch für Emotionen in mir auslösen.

(Für dich zur Info , dass schreiben dieses Buches hat 3,5 Jahre gedauert und vieles brauchte die Zeit, da ich mich damit sehr intensiv auseinander gesetzt habe. Manche Sätze habe ich nach 3,5 Jahren hinzu gefügt) Ich verstehe immer noch nicht, warum es keinen Menschen in meiner Nähe gab, der mir helfen hätte können. Wie ihr gerade merkt, falle ich gerade ins Opferbewusstsein, aber es tut immer noch weh. Heute, am 13.11.2020 überarbeite ich meine Texte und ich darf dir heute sagen, es tut nicht mehr weh, aber als ich diese Sätze geschrieben habe, vor ca. 3 Jahren, tat es mir noch sehr weh. Was sagt dir das jetzt ? Heilung ist tatsächlich möglich.

Wie ging es denn nun weiter.   Ich habe mir meine langen Haare kurz schneiden lassen und nahm bestimmt 10 Kilo zu. In meinen Augen war ich jetzt zusätzlich auch noch häßlich.

Auf einer Fete lernte ich" Peter" kennen. Ein neues Drama konnte sich zeigen.

Peter kam auch aus sehr schwierigen Verhältnissen, hatte schon im Jugendknast gesessen, trank zu viel Alkohol und war für mich natürlich auch gar nicht gut. Wenn ich schreibe, trank zuviel, meine ich immer „richtiges Betrinken", bis nichts mehr geht, auch bei mir.   Ich habe durch das trinken von zu viel Alkohol versucht, meinen Schmerz zu töten, genauso, wie es mir mein Vater vorgelebt hatte. Ich kannte damals keine anderen Mittel oder Methoden , meinen Schmerz zu erlösen. Dieser Schmerz ist nach wie vor in meinem ganzen System präsent und trotzdem tut er mir nicht mehr weh und macht heute (mit 56 Jahren) nichts mehr mit mir. Ich weiß, dass er da ist und ich nehme ihn regelmäßig in meine Arme und stille ganz bewusst diesen Schmerz.

An dieser Stelle eine kurze Info zu meinem heutigen Leben:

Mein Mann ist schwer krank und ich bin die Person, die ihm ständig auf die Füsse tritt, damit er irgendwie aufwacht und der Realität genau in die Augen schaut. Es ist für mich nicht leicht, diese Rolle zu übernehmen, aber leider zeigt sich gerade kein anderer Weg und so übernehme ich die Rolle des „ Arschloches" , auch wenn mein Herz blutet.

Ich bin ein Mensch, der im Laufe seines Lebens gelernt hat ganz genau hinzuschauen, weil das Wegschauen keine Lösung ist. Das ist der Grund, warum ich auch eine sehr unangenehme Partnerin sein kann. Es tut weh, dass kann ich dir sagen, aber ich gebe niemals auf und dazu möchte ich dich ermuntern. Ich hole mir all das Wissen, was für mich und meine Lieben notwendig ist und schaue meinem Feindbild mitten ins Gesicht und dann fange ich an, all meine Energien zu bündeln, um diese minderoptimalen Dinge zu stemmen. Ja, auch ich bin manchmal sehr müde und auch erschöpft, aber ich gebe niemals auf, niemals!

Ich bin so dankbar, dass ich dazu heute in der Lage bin, auch ein Grund für dieses, mein Buch(heute 2021, nicht gleich zu Beginn des Schreibens)   Ich möchte eine Kerze sein in Deinem Leben, Dir sagen, Du bist ein wundervolles Wesen und ich bin immer für Dich da. Ich weiss so genau , was Du vielleicht gerade durchlebst, oder wie Du dich fühlst und mein ganzes Herz brennt dafür, dir Mut zu machen und Dir zu helfen. Ich liebe die Frauen, auch wenn ich nicht lesbisch bin, aber ich weiss, wie leidensfähig wir Frauen sind und das darf und muss sich ändern.

Männer und Wolke 7

Weiter geht es in meiner Geschichte:
Ich hoffe, Du meine liebe Leserin oder Leser bist noch nicht gelangweilt von mir.

Max hat über diese neue Beziehung auch nur gelächelt und sich negativ geäußert, was mich natürlich anspornte, an dieser Beziehung festzuhalten, ich war so naiv und leider auch emotional verkrüppelt, unfassbar. Jetzt erst Recht!

Max war so erhaben und beäugte uns von oben herab, was mich mal wieder erniedrigte und mir ein Gefühl von eigener Unfähigkeit gab. Mein Leben hatte gefühlt nichts Schönes, es hätte auch zu Ende sein können. Ist auch wieder aus dem Opferbewusstsein, aber es fühlte sich damals genauso an. Ich habe immer nur emotional gehandelt und dabei nicht in Betracht gezogen, mal mein Gehirn zu benutzen. Dass ich im Grunde genommen genauso gehandelt habe wie mein Vater, nämlich meinen nicht vorhandenen Selbstwert im Alkohol zu ertränken, ist mir damals nicht bewusst gewesen und warum meine Mutter mich nicht in eine Fachklinik gegeben hat auch nicht. Ich bin selbst Mutter von zwei Kindern, da hätte ich mit Sicherheit anders gehandelt. Das soll jetzt kein Vorwurf gegen meine Mutter sein, denn mein Vater hat sich ja eh nicht um mich gekümmert, aber verstehen kann ich das nach wie vor nicht, zumal ich zu dem Zeitpunkt noch minderjährig war und ich mich ja gar nicht dagegen hätte wehren können.

Mit Peter trank ich zusammen und es gab viele unschöne Szenen. Peter hat im betrunkenen Zustand sehr viel geweint, er war, glaube ich sehr unglücklich, gepaart mit noch mehr Hoffnungslosigkeit, als es bei mir der Fall war. Ich wollte ihm irgendwie helfen, aber dazu war ich nicht in der Lage, was ich nicht erkannte. In einer Nacht hielt er mich, mit körperlicher Gewalt bei sich in der Wohnung fest. Am nächsten Morgen konnte ich dann nach Hause gehen und ich erzählte meiner Mutter was passiert war. Sie ging mit mir zur Polizei und ich zeigte Peter an. Was dazu führte, dass es eine Gerichtsverhandlung gab und Peter bestraft wurde.

Ich erinnere heute nicht mehr, ob er wegen seiner vorhandenen Vorstrafen ins Gefängnis musste. Das Ende dieser Beziehung hat mir nicht wehgetan. Ich war froh, dass es zu Ende war.

Ich habe niemals wieder etwas von ihm gehört. Ich hoffe heute, dass er irgendwie seinen Weg gefunden hat und nicht völlig abgerutscht ist.

Jetzt hatte ich doch tatsächlich erst mal die Nase voll von Männern. Ich ließ mir meine Haare   wieder abschneiden und nahm dann auch noch etwas mehr an Gewicht zu, so dass ich noch pummeliger wurde. In meinen Augen war ich jetzt wirklich häßlich. Mädchen sollten in meinen Augen einen schönen und schlanken Körper haben und schöne lange Haare, beides hatte ich jetzt nicht mehr. Mein Inneres war jetzt auch im Aussen für jedermann sichtbar.

Ich war, so glaube ich ca. 6 Monate mit Max auseinander, als wir uns dann zufällig wieder trafen. Es war Sommer und wir begegneten uns an einem Badesee wieder. Ich war deutlich übergewichtig, im Bikini und hatte kurze Haare, das passte überhaupt nicht in Max`s Beuteschema , dessen war ich mir voll bewusst. Denn dazu kannte ich ihn ja genug.

Doch jetzt machte Max seltsamer Weise wieder Annäherungsversuche, die ich mir erst nicht erklären konnte. Aber wir kamen uns wieder näher und kurze Zeit später auch wieder zusammen und er sagte zu mir: „jetzt müsse ich mir doch sicher sein, dass er mich liebt, weil ich sei ja zur Zeit zu dick und habe dazu auch noch kurze Haare." Das sind doch mal nette Worte, oder ?

Spätestens jetzt hätte ich mich umdrehen müssen, um zu gehen, denn auch das war wieder eine Aussage die mich erniedrigte und mir sagen sollte, dass ich, so wie ich bin, nicht richtig bin.

Aber immer noch im Opferbewusstsein tat ich das natürlich nicht und somit war ich froh und dankbar, dass Max mich zurück nahm. Mir laufen gerade meine Tränen über mein Gesicht, weil ich es überhaupt nicht fassen kann, wie ich damals gedacht und auch noch gefühlt habe.

Wir führten nach wie vor eine schwierige Beziehung, mit zu viel Alkohol und unschönen Szenen, die meistens von mir ausgingen. Dazu kam noch, dass es in unserer Klicke zu diversen Unfällen mit Todesfällen kam und wir auch um unsere verstorbenen Freunde trauerten. Es wundert mich heute noch, dass ich meine Jugend überlebt habe, aber es warteten ja noch viele andere Erfahrungen auf mich. Es ist für mich heute noch sehr erschreckend, wieviel Unglück unvernünftige Jugendliche über ihre Familien bringen können. Wie wichtig es doch ist, als Eltern das Vertrauen der Kinder zu behalten, um sie liebevoll zu lenken. Es nützt nichts, verbal draufzuhauen und über die Kinder zu bestimmen, das macht es immer nur noch schlimmer. Auch ich bin immer mehr in die Anti- Haltung gegangen und meine Eltern waren mein Feinbild Nummer 1.

Nach ca. weiteren 1.5 Jahren   schwieriger Beziehung mit Max merkte ich in mir und meiner Gefühlswelt eine Veränderung. Ich spürte ganz deutlich, dass ich Max nicht mehr liebte, trotzdem machte   ich allerdings nicht Schluss. Denn in meiner Welt, war ich ja ohne einen Partner an meiner Seite „WERTLOS", ein Niemand und unwürdig.

Oh man, ist das alles schwer, hier zu Papier zu bringen, ohne ständig in Tränen auszubrechen.

Ich kann diese unglückliche Anja so sehr heute noch spüren, dass tut so richtig weh, aber ich kann auch die kleine Anja fühlen, die etwas in diese Welt tragen möchte und dieser Stimme folge ich blind, denn diese Stimme hat mir immer geholfen , meinen Weg immer weiter zu gehen und nicht aufzugeben und immer weiter zu machen, frei nach dem Motto: Du liebe Anja hast hier auf dieser Welt einen Auftrag zu erledigen und das werden wir beide gemeinsam tun und ich hoffe, dass dir die kleine zauberhafte Anja auch helfen wird. Sie ist kraftvoll und ohne Angst, mit unfassbar viel Mut und Energie, ich kann wirklich jeden Tag durch sie spüren, warum ich hier, in dieser Art und Weise dieses Leben angetreten bin.

Weiter geht es. Zu der Zeit arbeitete ich nebenbei im Kino.

An einem Abend ging ich ohne Max, mit einigen Freunden in die Disco zum Tanzen.

Und da stand er und beobachtete mich beim Tanzen. Ich strengte mich natürlich jetzt besonders an, um gut rüber zu kommen. Er sah so gut aus. Wirklich, er hatte tatsächlich nur Augen für mich. Ich hatte so ein unglaubliches Kribbeln im ganzen Körper. Dann ging ich direkt neben ihn zur Bar und bestellte mir etwas zum Trinken. Er lächelte mich an und wir kamen ins Gespräch und unterhielten uns für den Rest des Abends. Immer wenn ich zum Tanzen ging, hatte er nur Augen für mich. Ich war so unglaublich stolz und glücklich, dass dieser schöne Mann, sich anscheinend nur für mich interessierte. Er, ich nenne ihn mal Tom, brachte mich später dann auch nach Hause und wir verabredeten uns für den nächsten Tag. Ich war damals ca. 17 3/4 Jahre alt und mittlerweile hatte ich wieder lange Haare und auch einen schlanken Körper, denn ich wollte zumindest das Gefühl haben, einigermaßen gut auszusehen, auch wenn ich mich selber nie schön gefühlt habe. In Wirklichkeit war ich wirklich ein sehr schöner Mensch, ohne Eigenlob.

Unsere Treffen, die jetzt fast täglich waren, waren immer ganz wundervoll. Tom war einfach unglaublich lieb mit mir und gab mir niemals das Gefühl, nicht richtig zu sein. Einmal nahm er mein Kinn in seine Hände und schaute mir tief in die Augen und fragte mich, warum ich immer auf den Boden schaute. Ich erzählte ihm von meinen gemachten Erfahrungen mit Max und dass ich ja nicht hübsch sei. Daraufhin setzte Tom mich vor den Spiegel und ließ mich da rein schauen, während ich mich so betrachtete, erzählte Tom mir, was er alles schön an mir fand und da gab es nichts, was er nicht schön fand und so fühlte ich mich von Minute zu

Minute schöner und schöner. Ich erblühte von Minute zu Minute mehr zu einer wirklich wunderschönen Rose. Die ihre Anziehungskraft und Ausstrahlung gar nicht wahrnahm. Aber es war wirklich so, dass viele Menschen mir auf der Straße hinterherschauten und mir auch sagten, wie schön sie mich finden, usw. Es war einfach nur himmlisch und ich schwebte auf Wolke 7 . Jetzt gab es da ja auch noch Max, mit dem ich ja auch noch zusammen war. Er spürte die Veränderung in mir glaube ich ganz genau und wurde unsicherer. Mit einem Mal konnte auch Max mir nette Dinge sagen, oder mir ein Kompliment machen, denn ich hatte so enorm an Strahlkraft dazugewonnen, dass es auch Max nicht verborgen blieb. Die schönsten Frauen sind einfach nur glücklich, kann ich dazu nur sagen.

Das ist schon erstaunlich, wie sich das Verhalten von Menschen verändert, wenn man sein eigenes Verhalten ändert und sein Licht in diese wunderbare Welt trägt.

Der Zusammenhang ist mir damals nicht bewusst geworden. Heute weiß ich, dass man keinen anderen Menschen ändern kann, die Veränderung findet immer nur in einem selber statt, dann kann auch im Außen eine Veränderung stattfinden.

In mir waren durch Max auch so viele Verletzungen vorhanden, dass ich mich dafür einfach mal revanchieren wollte und so hatte ich mir dann auch was ausgedacht, was ich mit Tom besprach.

Ich verabredete mich mit Max bei unserem schwulen Freund zuhause. Dort schlief ich dann mit Max und anschließend stand ich auf, sagte ihm, dass das mein Abschiedsgeschenk für ihn gewesen sei und ging. Max war ziemlich verletzt und verstand im ersten Moment, glaube ich, die Welt nicht mehr. Mir ging es damit allerdings sehr gut. Was mich zu dem Zeitpunkt allerdings überhaupt nicht zum Nachdenken brachte, war, dass Tom damit anscheinend kein Problem mit hatte, dass ich nochmal mit Max schlief. Denn wenn ein Paar so frisch verliebt ist, sollte das doch eigentlich nicht ohne Wenn und Aber hingenommen werden. Warum das bei Tom so war, erklärt sich dann später in meiner Geschichte.

Mein Verhalten Max gegenüber war aus meiner heutigen Sicht einfach nur gemein und verletzend. Denn ich hätte mit ihm die insgesamt 3 Jahre nicht zusammen bleiben müssen. Ich hätte immer gehen können und nicht unter seinen unüberlegten Äußerungen leiden müssen. Auch hier habe ich die Verantwortung nicht übernommen und meinen eigenen Part übersehen. Ich habe mich schlicht weg mal wieder zum Opfer von Max gemacht. Die Rolle kannte ich ja nur zu gut. Mein Verhalten von damals tut mir heute nach wie vor sehr leid, in Zwischenzeit hatte ich aber die Gelegenheit mit Max über 30 Jahre später über diese Dinge zu reden und mich für mein damaliges Verhalten zu entschuldigen. Das Aufarbeiten von vergangenen Themen tut weh und ist nicht unbedingt ein Zucker schlecken, aber notwendig, damit Du und andere daran beteiligte Menschen heilen können. Was soll ich dir jetzt sagen, Heilung tut manchmal sehr weh, aber es lohnt sich auch für Dich da durchzugehen, am Ende wirst du das Licht sehen und die Erleichterung spüren, das kann ich dir wirklich versprechen.

Mein Ernst, glaube mir, ich gehe diesen Weg des inneren Schmerzes nicht nur für mich, sondern auch für dich. Ich möchte dir wirklich in dein Herz brennen, wie wundervoll und einzigartig du bist und immer warst, wie jeder einzelne Mensch auf dieser Erde. Ich möchte genau diesen Fussabdruck hinterlassen, wenn ich irgendwann gehe.

Leben extrem

Meine Mutter war damals sehr froh, dass die Beziehung zu Max beendet war. Sie konnte ja nicht ahnen, dass da noch etwas Extremeres auf mich zukam. Ich allerdings auch nicht.

Mein Vater trank zu der Zeit fast täglich, was man ihm mittlerweile auch ansehen konnte. Er war vom vielen Alkohol ziemlich aufgeschwemmt und dicker geworden. Es war schon sichtbar geworden, dass sein ungesunder Lebenswandel seinem Körper schadete. Meine Mutter war nach außen hin sehr viel härter geworden und ich denke auch, dass sie auch damals schon keine Hoffnung mehr hatte auf eine bessere Zeit, auf ein bisschen Glück und Liebe.

Ich habe sie oft weinen gesehen, fühlte mich allerdings nicht angesprochen, mit ihr zu reden oder sie zu trösten. Das ist schon echt krass, wie man so drauf ist als jugendlicher Mensch.

Heute empfinde ich dieses Verhalten von mir als ziemlich herzlos.

Denn ich hatte im Grunde genommen bis zu meiner Pubertät ein gutes Verhältnis zu meiner Mutter. Sie war mein Fels in der Brandung und auf meine Mutter konnte ich mich immer verlassen. Sie trank keinen Alkohol und versuchte immer alles, um ihre Töchter zu schützen. Auch wenn das sicherlich häufig über ihre Kräfte ging. Sie hat immer alles, was sie konnte, gegeben und keiner hat es gesehen, geschweige denn wertgeschätzt.   Es ist für mich heute unfassbar traurig, aber nicht mehr rückgängig zu machen, leider. Mit meiner Pubertät änderte sich unser Verhältnis schlagartig und das ist im Grunde genommen bis heute so geblieben. Es ist traurig, aber irgendwie nicht zu verändern. Ich habe eine Hochachtung vor ihrem Lebensweg und wie sie das alles geschafft hat, auch wenn ich vieles anders gemacht hätte und ich ihr ein glücklicheres Leben gewünscht habe.

Ich denke häufig darüber nach, warum manche Lebenswege so schwer sind und andere sehen von außen betrachtet leicht und harmonisch aus. Ich habe meine Begründung im Seelenplan eines jeden Menschen gefunden. Ich glaube, dass wir uns als Seele einfach Erfahrungen aussuchen, die wir auf der Erde machen wollen, um uns weiter zu entwickeln. Eine andere Erklärung finde ich dafür nicht. Die Antwort bekommen wir wohl erst nach unserem Tod.

Was habe ich aus der Beziehung mit Max gelernt?

Liebe lässt sich nicht erzwingen. Wer so nach Liebe und Aufmerksamkeit hungert, wie ich es getan habe, ist auch selbst für erwachsene Männer untragbar. Zuallererst müssen wir die Liebe in uns selber erschaffen und uns selbst die Liebe geben, die wir brauchen. Das nennt man Selbstliebe. Ohne Selbstliebe ist kein Mensch imstande, einen anderen Menschen zu lieben und somit eine glückliche Partnerschaft zu erleben. Ein Mensch, der in so einem Mangelbewusstsein lebt, ist für jeden anderen Menschen eine Last, die keiner tragen kann, möchte und sollte.

Ich bin nicht das Opfer von Max gewesen, sondern das Opfer meiner nicht vorhandenen Selbstliebe. Der Blick in den eigenen Spiegel ist nicht immer erfreulich, aber sehr heilsam und auch versöhnend mit der Vergangenheit und den daran beteiligten Personen.

Ich bin nicht hart zu mir, sondern einfach schonungslos ehrlich. Wenn wir nicht bereit sind, uns wirklich schonungslos zu betrachten und sehr ehrlich mit uns sind, dann schieben wir automatisch die Verantwortung immer nur ins Aussen, zu anderen Menschen und den Umständen. Das mag zwar für den ein oder anderen tröstend sein, aber es ist nicht zielführend und hält dich nur in der Opferrolle gefangen. Das macht dich dann wieder handlungsunfähig und genau das wollen wir doch verändern, oder ?

Die Spitze des Eisbergs und wenn Du denkst, es kann nicht schlimmer kommen, dann hast Du dich geirrt. Die Herausforderung, die jetzt auf mich wartete, hätte mich fast vernichtet, wenn es die kleine Anja nicht in mir gegeben hätte.

Mittlerweile war ich 18 Jahre alt, ich ging auf eine Handelsschule, die für junge Menschen war, die noch keine Lehrstelle gefunden hatten. Was meinen Minderwert auch noch weiter gefüttert hat.

Dafür war ich selbst verantwortlich, denn ich hatte nach meinem Realschulabschluss eine Anstellung bei der Post. In der Auskunft, Fernsprechauftragsdienst und im Fernamt. Das wurde auch sehr gut bezahlt. Doch ich war dort nicht glücklich und somit kündigte ich wieder, zum großen Entsetzen meiner Eltern. Ich wusste immer, was ich nicht wollte, aber zu dem Zeitpunkt nicht, was ich wollte und in welche Richtung ich mein Leben lenken sollte.

Heute glaube ich daran, dass das so gelaufen ist, liegt daran, dass ich überhaupt keine Vorstellung von meinem Leben hatte. Was wollte ich damit anfangen? Ich wusste es einfach nicht. Ich war nur in meinem Schmerz gefangen und dass ich auf jeden Fall anders sein wollte, als z.B. meine Eltern und alle Erwachsen, die ich damals kannte. Ich kann mir heute im Nachhinein nicht erklären, warum ich nicht im Stande war, über mein Leben und meine Zukunft nachzudenken. Ich war immer nur damit beschäftigt, dieses große leere Loch in mir zu füllen, aber auch das ging nicht. Es liess sich einfach nicht füllen. Dieses Loch in mir gibt es auch heute noch, ich habe nur im Laufe meines Lebens gelernt, damit zu leben. Das leere Loch macht sich besonders bemerkbar, wenn ich wieder in die Angst falle, auch das kommt bei mir immer noch vor. Aber ich habe gelernt, damit besser umzugehen und mich nicht endlos lange in meinem Drama aufzuhalten. Das Leben hat mich sehr viel gelehrt und dafür bin ich sehr dankbar, auch wenn es ein sehr schmerzhafter Prozess war.

Ich ging mal in die Schule und dann wieder nicht, denn ich wollte ja immer mit Tom zusammen sein. Da ich ja nun auch volljährig war, zog ich kurzerhand zu ihm, in seine Wohnung. Was war das für ein befreiendes Gefühl, weg von zu Hause, raus aus der Kontrolle meiner Mutter, hin zu dem Mann der mich „liebte". Ich war so glücklich in der Zeit, dass ich mir über nichts Gedanken machte. Ich dachte auch nicht darüber nach, wovon Tom eigentlich lebte und woher sein Geld kam, denn Tom arbeitete nicht. Wir feierten viel, ich fühlte mich das erste Mal in meinem Leben vollkommen angekommen und geliebt. Tom liebte mich körperlich und mit liebevollen Worten. Er wusste immer genau, was ich brauchte und er gab es mir großzügig. Selbst mit meinen emotionalen Ausbrüchen konnte Tom gut umgehen. Er fand immer die richtigen Worte, um mich zu beruhigen und trösten. Das war eine Wohltat für meine schreiende Seele. Es führte aber leider nicht dazu, dass es mir dauerhaft besser ging. In mir tobte in regelmäßigen Abständen so eine Art Krieg. Dieser Krieg brach dann auch immer mit dem Konsum von Alkohol aus. Wenn ich zu viel Alkohol trank, explodierte eine Atombombe, genau wie bei meinem Vater. Es war dann unmöglich, diese emotionalen Ausbrüche zu stoppen. Ich habe mich in solchen Situationen dann auch immer selbst in Gefahr gebracht, aber in den Situationen war mir mein weiteres Leben auch ziemlich gleichgültig, auch wenn ich gestorben wäre, hätte es mich nicht gestört. Der Schmerz in mir in diesen Situationen war einfach unerträglich und nicht mehr zu ertragen. Diese Ausbrüche gingen dann immer so lange, bis ich vor lauter Erschöpfung eingeschlafen bin. Dann war Ruhe, bis zum nächsten Mal.

Ich telefonierte täglich mit meiner Mutter, log sie an, in dem ich behauptete, ich würde weiterhin in die Schule gehen. Ab und zu besuchte ich sie auch, meistens war sogar Tom dabei. Es hätte für mich ewig so weiter gehen können. Ein Leben, das sich das erste Mal leicht und unbeschwert anfühlte, solange ich kein Alkohol trank. Denn unter dem Einfluss von Alkohol kamen meine Gespenster wieder hoch und trieben ihr Unwesen. Das war schon echt anstrengend, hat aber nicht dazu geführt, keinen Alkohol mehr zu trinken. Ich hatte die Zusammenhänge noch nicht erkannt, trotz des Vorlebens meines Vaters. Wie schon gesagt, Denken war damals nicht meine große Stärke, ich war immer nur von meinen Gefühlen geleitet, mal waren sie positiv, mal negativ.

Trotzdem kostete ich die schönen Zeiten mit Tom aus und genoss seine Aufmerksamkeit in vollen Zügen. Wir lebten so eine Weile, bis sich folgendes ereignete:

In einer Nacht klingelte bei Tom das Telefon und er musste dringend in der Nacht weg und er kam auch erst Stunden später wieder. Ich dachte mir mal wieder nichts dabei. Nachdenken war damals nicht so meine Stärke, ich war dazu nicht so wirklich in der Lage. Oder mal die Dinge ohne Emotionen zu betrachten kam bei mir auch nicht vor. Das hatte ich von meinem Vater anscheinend blind übernommen. Ist das nicht erstaunlich, dass wir Dinge und Verhaltensweisen ablehnen und es dann genauso wiederholen.

Tom erzählte mir auch nicht, was los war und ich dachte da auch nicht weiter drüber nach, warum auch. Tom war wieder da und das reichte mir.

Am nächsten Tag telefonierte ich mit meiner Mutter und ich erzählte ihr von dem nächtlichen Geschehen, ohne, dass ich mir dabei was dachte. Was ich zu dem Zeitpunkt allerdings noch nicht wusste, es stand was darüber in der Zeitung und meine Mutter hatte das gelesen. Sie ließ sich nichts anmerken und bat mich allerdings am Nachmittag mit Tom vorbei zukommen, da sie etwas mit uns zu besprechen hatte. Also fuhren Tom und ich zu meiner Mutter. Ich dachte damals, dass sie sich von meinem Vater trennen wollte und uns um Hilfe bitten wollte. Ganz schön naiv!

Als wir bei meiner Mutter ankamen, merkte ich an ihrem Verhalten sofort, dass etwas nicht stimmte. Sie hatte so einen bestimmten Gesichtsausdruck, den ich ganz genau kannte und der sagte mir, jetzt wird es schwierig.

Ich schob das in Gedanken aber auf meinen Vater. Dass das ein Irrtum war, stellte sich schnell heraus. Sie konfrontierte Tom sofort mit der Frage:" BIST DU EIN ZUHÄLTER? Mir fiel erstmal die Kinnlade runter und ich war sprachlos und gespannt, was Tom dazu sagte. Mein Herz fing an zu rasen und ich war völlig irritiert, wie meine Mutter denn auf so eine

Idee kommen konnte, mein Tom niemals, auf gar keinen Fall ist Tom ein Zuhälter.

Was war passiert?

Damals in den 80 ziger Jahren gab es auf dem Kietz zwei Banden, einmal die „Nutella Bande" und einmal die sogenannte „GmbH". In der Nacht hatte es zwischen den beiden Banden eine Schießerei gegeben, wie es genau dazu kam, weiß ich heute nicht mehr. Jedenfalls stand diese Geschichte in der Zeitung und meine Mutter zählte 1 und 1 zusammen. Es gab Tote und Verletzte und meine Mutter war jetzt natürlich in großer Sorge um mich und das zu ihren ganzen Herausforderungen mit meinem Vater. Ich habe heute wirklich ein schlechtes Gewissen, was ich ihr zusätzlich alles noch zugemutet habe.

Tom blieb ganz ruhig und sagte ihr, dass das

stimmt und er ein Mitglied der Nutella Bande sei.

Er habe eine Prostituierte, die für ihn arbeitete, das allerdings freiwillig und ohne Zwang.

Ich sei seine große Liebe und mit mir möchte er nur zusammen sein und nichts mehr.

Meine Mutter und ich hörten ihm zu und wir glaubten auch seinen Worten. Bei mir wundert mich das ja nicht, aber bei meiner Mutter schon. Es hätte wahrscheinlich aber sowieso nichts genutzt, wenn sie jetzt gegen unsere Beziehung gewesen wäre. Ich war zu dem Zeitpunkt total verblendet und hätte garantiert nicht auf sie gehört. Ich hätte die Beziehung zu Tom zu dem Zeitpunkt niemals beendet, dafür war es schon lange zu spät, denn ich war emotional schon komplett abhängig von ihm und ich hätte mir eher das Leben genommen, als Tom zu verlassen.

Mein Vater war, mal nebenbei bemerkt, wieder nicht anwesend, was mich allerdings überhaupt nicht störte, denn zu meinem Leben gehörte er nicht mehr.

Nach dem Gespräch mit meiner Mutter fuhren wir wieder zu uns.

In meinem Kopf war zwar ein ziemliches Chaos ausgebrochen, aber die Aufregung, etwas Besonderes für Tom zu sein, überwog. Er liebte mich und das war alles, was für mich wichtig war. Außerdem wollte ich noch nie ein normales, langweiliges, spießiges Leben führen und das konnte mir Tom anscheinend bieten. Ich glaube, meine Mutter ist tausend Tode gestorben, weil sie von nun an in ständiger Angst um mich lebte.

Ich bin heute auch Mutter einer 24 Jährigen Tochter und wenn ich mir vorstelle, genau das würde mir meine Tochter präsentieren, kann ich mir vorstellen, wie sehr meine Mutter gelitten hat. Das tut mir heute wie schon gesagt unendlich leid, aber es ist nicht mehr rückgängig zu machen und meine Mutter hat mir ihr von mir ausgelöstes Leid nie verziehen. Was Du vielleicht nicht für möglich hältst, ich kann das heute wirklich verstehen, auch wenn ich bei meiner Tochter ganz anders handeln würde. Weil ich weiss, dass mir meine Tochter niemals mit Absicht so weh tun würde, genauso wie ich meiner Mutter nicht mit Absicht weh tun wollte.

So ging mein Leben dann noch ein paar Wochen weiter. Wir feierten viel, liebten uns und wir hatten sehr viel Spaß zusammen. Ich blühte von Tag zu Tag mehr auf, weil ich mich geliebt und verstanden fühlte. Tom wusste ganz genau, wie er mit mir umgehen musste, damit es mir gut geht. Das war sehr schön für mich, denn das kannte ich ja noch nicht. Ich war an Toms Seite zu einer wunderschönen Rose erblüht und das genoss ich in vollen Zügen. Es war ja alles Neuland für mich. Wenn wir gemeinsam in eine Disco gingen, hatte ich in Null Komma nichts jede

Menge Verehrer an meiner Seite und Tom genoss es, dass andere Männer sehr an mir interessiert waren. Darüber hätte ich mal nachdenken sollen, tat ich aber leider nicht.

Wir sprachen viel über das Milieu und Tom erklärte mir sehr   viel dazu. Diese Gespräche haben mir so nach und nach die Ängste vor dem Milieu genommen, dass war wohl auch seine Absicht. Ich begleitete ihn aber niemals dorthin, denn eigentlich wollte ich ja damit nichts zu tun haben. Das war in meinen Augen sein Job und hatte bis zu dem Zeitpunkt mit mir ja nichts zu tun. Auch die Dame, die für ihn arbeitete interessierte mich nicht weiter, da mir Tom soviel Liebe und Aufmerksamkeit gab, dass für mich kein Grund zur Eifersucht bestand. Ich habe ihm mein Leben blind anvertraut, denn ich fühlte mich an seiner Seite das erste mal in meinem Leben wirklich geliebt und sicher.

Auch mit dem Wissen, was er war, ein Zuhälter, änderte sich nichts an diesen Gefühlen in mir, für mich heute unvorstellbar, wie blind und taub und naiv ich damals war.

Der Einstieg

Irgendwann kam Tom dann auch darauf, dass wir schneller zu viel Geld kommen, wenn mehrere Frauen anschaffen gingen. Dass das natürlich sein Plan von Anfang an war, überlegte ich mir auch noch nicht. Ich schwebte auf meiner rosaroten Wolke und machte mir über solche Dinge keine Gedanken.

Ich wurde von Tom geliebt und mehr zählte für mich nicht. Es hätte ja auch meinen Traum zunichte gemacht und das wollte ich auf keinen Fall. Ich wollte doch jetzt einfach nur lieben, geliebt werden und glücklich sein. Dafür war ich auch bereit einen Preis zu bezahlen. Die Hauptsache war für mich, dass ich mit Tom zusammen sein durfte. Ich wollte, dass, was jetzt auf mich zukommen sollte, einfach nicht sehen und schon gar nicht fühlen, auf keinen Fall konnte ich das zulassen. Wisst ihr, während ich das hier schreibe, sehe ich diese zauberhafte junge Anja vor mir und möchte ihr einfach nur sagen, tu es nicht, gehe nach Hause und vergiss Tom. Aber es ist ja leider nicht möglich, dass Leben rückwärts zu leben und so musste ich meine Erfahrungen sammeln.

Du kannst dir bestimmt nicht vorstellen, wieviele Tränen ich beim Schreiben dieses Buches vergossen habe.

Ich liebte ihn und wollte für eine kurze Zeit meinen Beitrag zu unserem Wohlstand leisten, was Tom natürlich sehr freute, aber immer beteuerte, dass ich das nicht für ihn tun müsse, weil er mich ja so sehr lieben würde. Er könnte andere Frauen finden, die diesen Job übernehmen können, wenn ich damit leben könnte, dass er dann viel weniger Zeit für mich hätte, da er sich ja denn um die anderen Frauen kümmern müsse. Damit war natürlich das Eis gebrochen und das wusste Tom ganz genau, nur ich nicht. Es ist schon wirklich sehr traurig, wieviel Einfluss andere

Menschen auf dein   Leben haben, wenn Du dich nicht wirklich selber liebst.

Also, es kam, wie es kommen musste, an einem Samstagabend war mein erster Arbeitstag im Eros- Center auf der Reeperbahn, in Hamburg.

Jetzt könnte ich mich hier hinsetzten und dir versuchen weiszumachen, dass es unter Zwang geschah, aber dem war am Anfang nicht so. Ich bin dort ganz bewusst mit   zwar verblendeten Augen und trotzdem sehenden Augen reingeschlittert, ohne auch nur einen Gedanken des Zweifels, ob das nun gut oder schlecht für mich ist, zu verschwenden. Ich habe mal wieder das Denken vergessen und war in meinen rosaroten und himmelblauen Wolken gefangen, oder vernebelt.

Ich habe mich zu dem Zeitpunkt auch nicht als Opfer gesehen, ich wollte es meinen Eltern und all den anderen spießigen erwachsenen Menschen aus meinem Leben zeigen. Jetzt war ich eine Nutte, was macht das schon. Wie sich das auf mein späteres Leben auswirken könnte, interessierte mich nicht im Geringsten. Es gab für mich nur einen Menschen der wichtig für mich war und das war Tom, alles andere interessierte mich nicht im Geringsten.

Ich wollte ihm beweisen, dass ich die richtige Frau für ihn war, egal womit. Ich habe Tom in den Mittelpunkt meines Lebens gestellt, nicht mich, wie schon immer im meinem Leben. Ich wollte alles für ihn tun, was ich tun konnte und wenn es eben Prostitution war, denn war es so. Es war mir zu dem Zeitpunkt komplett gleichgültig. Ich wollte einfach   nur die perfekte Frau für Tom sein, egal, was ich dafür tun müsse.

Mein erster Arbeitstag war sehr aufregend. Ich wurde von einer erfahrenen Prostituierten in die kleinen Tricks der Damen eingewiesen und der Puffchef und der Wirtschafter waren auch sehr lieb mit mir.

Es gibt in den Puffs einen oder mehrere Chefs, die Zuhälter der Damen, und es hatte immer ein Wirtschafter Dienst, manche hatten auch Frauen, andere wieder nicht. Die Wirtschafter nahmen das Geld der Damen entgegen und trugen die Summen in den "Block" ein und passten auf, dass den Frauen nichts passierte, denn es kam schon mal vor das ein Freier randalierte, weil er mehr für sein Geld erwartet hat. Dann griffen die Wirtschafter ein und schmissen die Freier raus. Manche Freier kamen dann auch mit der Polizei zurück und forderten ihr Geld zurück. Man erlebt da schon heftige Dinge. Es gibt Freier, die sich wirklich für die jeweilige Prostituierte interessieren und andere, denen ihr persönlicher Höhepunkt einzig und allein am Herzen liegt. Es gibt Freier, die bemerken, was mit dir ist und sie wollen dir helfen und viele andere, denen Du als Mensch völlig gleichgültig bist. Am Ende ist Sex das Geschäft, da müssen wir uns nichts vor machen.

Die erfahren Damen erklärten mir alles, ganz liebevoll und dann ging ich das erste Mal auf den Hof. Ich wurde vor lauter Aufregung Ohnmächtig und alle waren sofort sehr besorgt und echt lieb mit mir. Die Frauen dort waren alle unglaublich lieb und nett zu mir. Ich habe da keine „ Stutenbissigkeit" erlebt. Es gab da Frauen, die das aus freien Stücken taten und in festen Beziehungen lebten. Es gab auch die andere Seite, Frauen die dort unfreiwillig waren und / oder drogensüchtig waren. Es war alles vorhanden, Gut und Böse. Ich habe Frauen vorher nicht so erlebt und nach meiner Zeit dort erst recht nicht. Frauen, die ein gemeinsames Leid erfahren, stehen ganz anders zueinander, als Frauen im normalen Leben. Diese Erfahrung möchte ich niemals mehr missen. Es hat allerdings die Messlatte für wahre Freundschaft sehr hoch gehängt. Wenn ich dich heute „Freundin" nenne, ist es ein wirkliches Kompliment, dass sage ich nur sehr selten zu anderen Frauen.

Meine erste Nacht verlief dann auch ganz gut und ich hatte meine ersten Freier.

Für mich war das auch irgendwie wie eine Genugtuung, denn ich hatte ja aus meiner Sicht, bis auf Tom, nur schlechte Erfahrungen mit Männern gemacht, meinen Vater eingeschlossen. Dass Tom derzeit noch meine schlimmste Erfahrung werden sollte, hielt ich zu dem Zeitpunkt nicht für möglich, dumm und naiv wie ich derzeit war.

Es machte mir sogar am Anfang richtig Spass, mit den Männern zu spielen.

Auch wenn viele Männer es nicht wahr haben wollen, aber sie sind auf Grund ihrer Triebe, die sie nicht kontrollieren können, für Frauen, die es darauf anlegen, eine leichte Beute.

In dem ersten Puff in dem ich arbeitete, war ein liebevolles, respektvolles Miteinander normal. Es kam nicht zu irgendwelchen Gewalttätigkeiten, ich hatte auch nie das Gefühl, dass da irgendjemand steht, der das nicht freiwillig machte. Ich lebte mich schnell ein und verdiente auch ganz gut und machte Tom glücklich, was für mich ja das Wichtigste war in meinem Leben. Ich könnte mich gerade ohrfeigen!

Nach Feierabend gingen wir häufig noch feiern und Tanzen, oder wir machten uns im Auto auf der Rückfahrt lustig über die Menschen, die morgens um 7.00 Uhr im Regen dann der Bushaltestelle standen, um für ein bisschen Geld zur Arbeit zu gehen. Mit der sogenannten soliden Welt hatte ich nichts mehr am Hut. Meine Welt war bunt und lustig, denn mittlerweile hatte ich auch Drogen und irgendwelche Pillen für mich entdeckt. Ich war auch sehr erstaunt, wie viele Männer in den Puff gingen und dass es tatsächlich auch Männer gab, die für mich bezahlten. Ich hatte seltsamerweise auch gar keine Scheu davor, Männer anzusprechen und ihnen dann das Geld aus der Tasche zu ziehen. Ich fühlte mich das erste Mal stärker als ein Mann.

Es kamen die unterschiedlichsten Männer ins Eros- Center. Manche nur so aus einer Laune heraus, andere gingen regelmäßig zu einer Prostituierten und die ganz jungen Männer teilweise als so eine Art Mutprobe. Es gab sehr nette Freier, jede Menge kaputte Typen mit schrägen Phantasien und jede Menge unglücklich verheiratete Männer. Dass ein Mann auch nur ein Mensch ist, ist mir doch tatsächlich dort bewusst geworden. Doch diese ganzen Erfahrungen im Eros-Center hat mein Männerbild nachhaltig doch sehr viel negativer geprägt. Das hat sich, bis auf wenige Ausnahmen bis heute auch nicht geändert.

Männer und Frauen Zwischentöne?

Ich höre ganz genau zu, was ein Mann sagt und wie er es sagt. Ich achte sehr genau auf Zwischentöne, Gesten und vieles mehr. Du wirst es nicht merken, aber ich durchleuchte jedes männliche Wesen, was ich näher in mein persönliches Umfeld lasse, dass passiert nicht bewusst, sondern automatisch. Wenn bei mir auch nur eine rote Lampe blinkt, hast du es sehr schwer, in meine Nähe zu kommen. Das nicht, weil Du irgendwie falsch bist, sondern weil ich mich einfach schützen möchte. Das ist bestimmt manchmal unfair, aber für mich zum Überleben sehr wichtig.

Das Gute ist, bist Du einmal mein Freund, dann bleibst Du es für fast immer.

Ich möchte mich gar nicht so negativ über Männer äußern, aber ich finde es schon sehr traurig, wenn sich Männer negativ über ihre Frauen und deren Körper nach einer Schwangerschaft und Geburt äußern.

Einer hat zu mir gesagt, dass seine Frau keine Brüste mehr hätte, sondern nur noch Milch gebende Euter. Das hat mich so betroffen gemacht, dass mir dafür auch heute noch die Worte fehlen. Ich denke, wenn die wahren Gedanken eines Menschen für alle sichtbar wären, gäbe es mit hoher Wahrscheinlichkeit eine noch höhere Scheidungsrate, als wie sie es jetzt schon der Fall ist.

Es gibt auch heute noch viele Frauen, die sich nur um die Familie kümmern und ihren Männern den Rücken frei halten und ihre eigenen Dinge in den Hintergrund stellen, aus Liebe. Sie sind davon überzeugt, dass sie das einzig Richtige tun und viele Frauen bekommen dafür dann nur einen Arschtritt und weiter nichts. Weil sie ihren Männern langweilig geworden sind und ihre Männer sich lieber mit ihren z.B. Sekretärinnen vergnügen, oder, oder, oder.

Mir hat mal ein Freund gesagt, dass er sehr viel Wert darauf gelegt hat, dass seine Frau so schnell wie möglich nach der Geburt des Kindes wieder arbeitet. Weil er einen Gegenüber brauchte und sich nicht mit seiner Frau über das Windeln wechseln, oder die Anordnung des Hauswirtschaftsraumes unterhalten wollte. Männer sind anscheinend schnell von solchen Dingen gelangweilt, dass sollten wir Frauen wissen.

Genauso ist es sehr wichtig, dass wir Frauen auch nach der Geburt unseres Kindes Frauen bleiben und nicht nur zu Müttern mutieren. Das ist für dich vielleicht jetzt böse, aber dein Ehemann braucht keine zweite Mutter, sondern eine Frau an seiner Seite. Die Frau, die ihre Weiblichkeit nach Außen transportiert und nicht immer im Schlabberlock auf ihren Mann wartet. Ich bin jetzt gemein, aber genau solche Dinge haben mir damals junge Ehemänner erzählt. Dass sie die Frau, die sie einmal geheiratet haben, so sehr vermissen und jetzt nur noch eine Mutter auf sie wartet. Dann muss man sich ehrlich gesagt auch nicht wundern, wenn Männer auf andere Ideen kommen, die einem nicht   gerade gefallen. Ich möchte an dieser Stelle die Männer nicht unbedingt in Schutz nehmen, aber es gibt Frauen, die wirklich selber Schuld sind, wenn ihr Mann auf Abwegen gerät, weil sie mit der Geburt ihres Kindes aufgehört haben, wirkliche Frauen zu sein und sich in der Mutterrolle verloren haben. Ich bin nicht gemein, sondern ungeschminkt ehrlich zu Dir. Denn ich kenne im Gegensatz zu dir beide Seiten und ich möchte dir hier weiter helfen und dir nicht nur schön um deinen Mund reden. Meine Schwiegermutter hatte ich wirklich sehr lieb, aber sie gehörte auch zu den Frauen, die mit der Geburt ihrer Kinder „Geschlechtsneutral" wurden. Ich habe sie sehr genau studiert und dieser Weg käme für mich niemals in Frage, denn ich bin so gerne Frau und das lebe ich auch .

Das, was ich hier aber auch anmerken möchte, auch Männer sollten für ihre Frauen Männer bleiben und nicht immer nur regelmäßig nach der Arbeit aufs Sofa fallen und ihre Frauen als Selbstverständlichkeit sehen. Was für den einen gilt, gilt auch für den anderen. Es kann nur eine dauerhaft glückliche Beziehung geben, wenn beide sich ehrlich für den anderen interessieren und diese Person auch wertschätzt.

Doch leider gibt es immer noch sehr viele Männer, die ihre Frauen überhaupt nicht wertschätzen, wenn ihre Frauen ihren eigenen Lebensplan hinter die Familie stellen und ihre Träume und eigenen Ziele gleich mit. Dass es wichtig ist, sich um die Kinder zu kümmern, ihnen Liebe und Wurzeln und ein Zuhause zu geben steht hier nicht zur Diskussion.

Es geht doch darum, dass wir auch noch ein Liebespaar bleiben und die Partnerschaft nicht aus den Augen zu verlieren. Auch ein interessanter Gesprächspartner für unseren Mann zu bleiben.

Unser eigenes Dasein nicht immer nur hinten an zu stellen, sondern auch ein eigenes Leben ausserhalb unserer Familie zu leben. Du musst doch nicht voll berufstätig sein, aber ein paar Stunden die Woche rauszukommen, tut jeder Frau gut.

Als mein Sohn ein Baby war, kannte ich eine Frau, die mich fast täglich angerufen hat, um mir zu erzählen, wo es Windeln usw. im Angebot gab und es gab niemals ein Gespräch über andere Themen, als über Kinder. Das hat mich dann irgendwann so gelangweilt, dass ich den Kontakt zu ihr abbrach.

Wie schon gesagt, es gibt auf beiden Seiten gut und böse, aber ich spreche in diesem Buch in der Hauptsache für die Frauen.

Ein Wiedersehen

An einem Samstagabend kam Max, mein erster Freund, dann mit ein paar seiner Freunde ins Eros- Center. Als er mich sah, konnte ich in seinem Gesicht einen unglaublichen Schmerz sehen. Was ich zu dem Zeitpunkt nicht wusste, er war damals noch nicht über unsere Trennung weg und litt noch darunter. Ich ging fröhlich auf ihn zu und sprach ihn an, ob er, „natürlich nicht kostenlos" mit mir aufs Zimmer wollte. Seine traurigen Augen werde ich niemals vergessen! Er schaut mir traurig und entsetzt in die Augen, dann drehte er sich wortlos um und lief raus. Er rannte raus, so hatte ich Max vorher noch nicht erlebt.

Es hat mich damals allerdings in keiner Weise auch nur ansatzweise berührt, was mich auch heute noch erschrecken läßt.

Ich denke, dass es zum einem mit meinen vorhandenen Verletzungen und auf der anderen Seite mit meinem Drogenkonsum zu tun hatte.

Ich lachte damals darüber, ich wusste zu dem Zeitpunkt nicht, dass wir uns so zum letzten Mal gesehen haben. Dazu komme ich später in meiner Geschichte zurück.

Meine Nacht lief dann ganz normal weiter und ich dachte nicht mehr an Max. Ich hatte auch nicht darüber nachgedacht, dass Max meine Mutter anrufen könnte, um ihr zu erzählen, wo er mich gesehen hat. Aber er tat genau das und somit rief mich dann meine Mutter am nächsten Tag an. Ich bestätigte ihr das dann auch, aber ich sagte ihr, dass das nur für eine kurze Zeit sei, sie sich keine Sorgen machen brauche und ich erzählte ihr von den ganzen Tricks usw., verharmloste das Ganze auf Kindergarten-Niveau, nur um sie mundtot zu bekommen. Nach meiner Darstellung verbrachte ich meine Nächte nicht im Eros Center, sondern nur auf einem Ponyhof.

Meine Mutter tat beruhigt, was sie aber in Wirklichkeit nicht war. Von nun an war ich für meinen Vater gestorben, das war mir auch egal, denn es änderte sich ja für mich nichts. Mein Vater hatte mir nie Liebe gegeben, geschweige denn mir irgendwelche Werte vermittelt und somit kam er in meiner Welt einfach nicht vor. Wenn er damals gestorben wäre, wäre ich nicht mal auf seine Beerdigung gegangen. Das Leben als Prostituierte war für mich aufregend und unbeschwert. Die Menschen, mit denen ich zu tun hatte waren anders, als alle, die ich in meiner Kindheit erlebt habe. Sie hatten auch alle den Traum von einem außergewöhnlichen Leben, raus aus der soliden, spießigen Welt. Das war ja auch mein Traum, also passte das an Anfang gut zu mir. Auch wenn du es vielleicht nicht für möglich hältst, aber auch dort gibt es so etwas wie Freundschaft und Zusammenhalt unter den Frauen, den ich häufig in der soliden Welt vermisse.

Veränderungen

Inzwischen habe ich auf Wunsch von Tom innerhalb des Eros- Centers den Puff gewechselt, was sich im Nachhinein als großer Fehler herausstellte.

Dort herrschte ein deutlich raueres Klima. Ich bekam mit, dass andere Frauen geschlagen wurden und so etwas wie Verdienstdruck war jetzt auch vorhanden. Das fühlte sich jetzt mit einem Mal nicht mehr so gut an und war auch nicht mehr so lustig. Am Anfang redete ich mir noch ein, dass ich mich schon an dieses raue Klima gewöhnen werde und dass diese Menschen, die hier in diesem Puff das Sagen hatten, in Wirklichkeit auch ganz liebe Kerle seien. Das war ein sehr großer Irrtum von mir. Aber mir die Dinge schön zu denken, war ja damals eine große Schwäche von mir. Nicht ganz genau hinzuschauen, frei nach dem Motto, was ich nicht sehe, gibt es auch nicht.

Tom konnte sich jetzt einen Porsche kaufen und das machte mich ganz stolz und glücklich und das überdeckte dann auch die Zweifel, die sich in mir breit machten. Ich drückte sie weg und wenn sie sich nicht wegdrücken ließen, nahm ich Drogen und trank Alkohol, das half. Ich war gefragt bei den Freiern und das gefiel mir natürlich auch. Mittlerweile hatte ich mich zu einer hübschen jungen Frau gemausert und das wusste ich auch. Ich wusste ganz genau, wie ich die Freier um den Finger wickeln konnte und sie fraßen mir aus der Hand. Es kamen auch Musiker, die in Hamburg spielten und nach ihrem Auftritt ins Eros- Center kamen, ein paar Frauen aussuchten und sie dann mit ins Hotel nahmen. Da war ich auch einige Male mit dabei. Das war schon eine aufregende Zeit. Einmal standen zwei Model- Scouts vor mir und sprachen mich an, dass sich mit meinem guten Aussehen in einer viel besseren Branche viel Geld verdienen ließe. Das hat meinem Ego sehr gut getan, sie nahmen dann allerdings Abstand von mir, aus Angst vor den Jungs und wahrscheinlich auch aus Angst vor der Presse und meiner Kietz- Vergangenheit. Durch diese ganzen Erlebnisse war mein Selbstbewusstsein, was meine Äußerlichkeiten anging, stark gestiegen. Ich fand mich das erste mal in meinem Leben selber schön. Du lachst da jetzt vielleicht drüber, aber für mich, die sich immer selber abgelehnt hat, war das schon ein großer Fortschritt, auch unter diesen Umständen.

Tom hatte mittlerweile noch eine weitere Frau gefunden, die für ihn arbeitete, was mich allerdings überhaupt nicht erfreute, denn ich war eifersüchtig und beäugte das ganze mit Argusaugen.

Ich hätte auch noch die ein oder andere Extraschicht gearbeitet, nur damit nicht noch mehr Frauen für ihn arbeiteten. Im Aufopfern war ich echt groß.

Doch dieses Problem sollte sich dann auch schnell von alleine lösen.

Denn diese Dame hatte sich nach kurzer Zeit in einen anderen Zuhälter verliebt und wollte natürlich dann für diesen Mann arbeiten und wechseln, was mir nur Recht war. Denn ich wollte nicht, dass Tom auch Zeit mit ihr verbrachte. Ich hatte Angst um meine Stellung bei ihm und so strengte ich mich umso mehr an. Ich versuchte alles, um seine ganze Aufmerksamkeit zu behalten.

Ich war mega fleißig, arbeitete häufig zusätzlich schon ab Nachmittag und verdiente sehr gutes Geld, worauf ich sehr stolz war, denn so konnte sich Tom das ein oder andere Statussymbol leisten, was ihn unter den Jungs aufwertete. Dinge für mich persönlich zu kaufen war mir nicht wichtig, da ist es wieder, dass Thema eigene Wertschätzung.

Es gab ein hin und ein her zwischen Tom und dem anderen Zuhälter, was genau da los war, entzieht sich meiner Kenntnis. Jedenfalls an einem Morgen nach Feierabend lauerten Tom ein paar andere Zuhälter in der Tiefgarage auf und schlugen hin zusammen und er blieb bewusstlos am Boden liegen. Ich war völlig panisch und lief hoch zu unserem Puffchef, der dann mit mir runter in die Tiefgarage ging. Tom musste ins Krankenhaus gebracht werden und ich blieb völlig verstört zurück. Ich bekam jetzt so langsam immer mehr ein Gefühl dafür, dass die Szene dort doch ziemlich gefährlich sein kann und das machte mir nach und nach immer mehr Angst. Doch trotz alldem wollte ich zu Tom stehen.

Er war doch für mich der wichtigste Mensch in meinem Leben und dafür tat ich einfach alles, was ich tun konnte.

Auch heute noch 37 Jahre später zerreißt es mir mein Herz, wenn ich daran denke und es auch heute noch fühlen kann, wie wenig ich mir selber wert war.

Ich kann die Zeit nicht zurückdrehen, aber heute jeden Tag versuchen, es besser zu machen.

Meine Mutter flehte mich immer wieder an nach Hause zu kommen und mit diesem Leben aufzuhören. Das wollte ich aber nicht. Ich wollte zu Tom halten, jetzt erst recht. Außerdem hatte das so genannte solide Leben nichts Reizvolles für mich und ich hatte ja auch keine guten Vorbilder in der Zeit.

Tom kam wieder aus dem Krankenhaus, er war nur nicht mehr derselbe wie vorher. Die andere Frau wechselte zu dem anderen Zuhälter und Tom war völlig wesensverändert. Ich hatte die Illusion, dass sich das mit der Zeit wieder gibt, aber dem war nicht so. Sein Ansehen unter den „Jungs" war durch diesen Vorfall beschädigt und das ist im Milieu nicht gut, denn es gab auch unter den „ Jungs" eine Rangordnung. Womit die genau zusammenhing weiß ich nicht. Toms Verhalten wurde immer schlimmer, statt besser.

Jetzt nahmen wir mehr Drogen zu uns, er hatte sich eine Waffe zugelegt und er war irgendwie paranoid geworden. Hinter jeder Ecke vermutete er eine Gefahr für sein Leben. Wir sprachen da allerdings nicht drüber. Er war bis auf die intimen Zeiten für mich nicht erreichbar.

Wenn ich versuchte, mit ihm darüber zu sprechen, machte er sofort zu und wurde so ungehalten, dass ich Angst bekam und lieber meinen Mund hielt und irgendwann sagte ich dann auch gar nichts mehr dazu.

Dann nahm ich halt einfach eine Pille mehr und schwups,.... war meine Welt wieder rosa.

Meine Mutter hatte auch einen Weg gefunden mir mein Leben zu erschweren. Sie hatte Kontakt zur Kripo in der Davids- Wache aufgenommen und den Beamten erzählt, dass ich zum Anschaffen gezwungen werde. Nun kamen 2 Beamte in den Kontakthof, machten mich ausfindig und nahmen mich mit auf die Wache.

Ich sagte natürlich nicht aus, zum einen aus Angst, zum anderen, weil ich immer noch in der Einbildung lebte, da noch freiwillig zu stehen.

Ich hatte noch nicht so richtig war genommen, dass ich jetzt nicht mehr so einfach kündigen konnte und ich keine Gewalt mehr über meinen freien Willen hatte. Die Veränderung war so schleichend geschehen, dass ich das nicht wahrgenommen habe. Ich bin allerdings heute auch der Überzeugung, dass, selbst wenn ich das wahrgenommen hätte, hätte ich nicht hin gesehen und auch nichts verändert. Ich betäubte mich weiter mit Drogen und Alkohol, das kannte ich und über andere Möglichkeiten habe ich mal wieder nicht nachgedacht. Warum auch, mein Leben war in meinen Augen mit 18 Jahren schon verpfuscht und auch ich hatte keine Hoffnung mehr auf Besserung. Ich habe genau das nachgelebt, was ich bei meinen Eltern gelernt hatte.

Was mich heute an diesen Sätzen besonders traurig macht, ist das es auch heute junge Frauen gibt, die in genau so einer Lebenssituation stecken und keinen Ausweg sehen.

Dazu müssen sie noch nicht einmal in der Prostitution gelandet sein, es reicht da schon eine ungesunde Beziehung zu einem gewalttätigen Mann.

Die Kripo musste mich wieder gehen lassen, sagte mir aber, dass ich jederzeit um Hilfe bitten könnte und dann werden sie mir sofort helfen. Ich hatte beim Zurückgehen keine Angst, dass ich jetzt im Puff irgendeinen Ärger haben könnte, doch dem war leider nicht so. Als ich zurückkam, war Tom schon von dem Wirtschafter benachrichtigt worden und er erwartete mich schon, sichtbar nervös. Natürlich war er nicht clean und voll mit Drogen und Alkohol. Ich versicherte ihm, das ich nichts gesagt habe und das alles OK ist, aber er glaubte mir nicht und ich bekam das erste Mal so richtig Schläge. Die eine oder andere Ohrfeige hatte ich inzwischen schon kassiert, aber so richtig zusammengeschlagen hatte er mich bis Dato noch nicht. Jetzt war auch mir endgültig klar geworden, dass ich in der Falle saß. Doch auch diese Erkenntnis führte nicht dazu, mir einen Notfall- Plan zu machen, oder über meine Zukunft nachzudenken. Noch nicht!

Ich konnte auf Grund meines grün und blau geschlagenen Körpers und Gesichtes für ein paar Tage nicht arbeiten. Ich war unsagbar traurig und verzweifelt, dass mein Traum sich zu einem Albtraum entwickelt hatte. Ich suchte die Ursachen dafür aber nur bei mir. Ich hatte es anscheinend ja auch nicht besser verdient. Ich war in mir wieder so klein und unwürdig, so dass ich diesen Schmerz in mir immer öfter mit noch mehr Drogen und Alkohol bekämpfte. Es ist schon erstaunlich, was einem Drogen so alles vormachen können und wie Drogen in der Lage sind, emotionale Schmerzen auf stumm zu stellen.

Ich verstehe heute, warum es so viele Menschen gibt, die davon einfach nicht loskommen. Es gehört sehr viel Willenskraft dazu, sich seinen Themen ohne Betäubung zu stellen und die kann nicht jeder aufbringen. Ich war auch nicht körperlich abhängig, sondern psychisch und das ist meiner Meinung nach viel schwieriger, den Absprung zu schaffen und ohne diese Hilfsmittel klarzukommen, als bei einer körperliche Abhängigkeit. Von nun an wurde ich immer wieder mal von der Kripo abgeholt, in der Hoffnung, dass ich doch mal Aussagen würde, was ich allerdings nicht tat. Ich hatte mittlerweile eine große Angst, nicht nur vor Tom, sondern auch vor meinen beiden Puffchefs. Mit denen war auch nicht gut Kirschen essen. Denn auch ihre Frauen wurden regelmäßig von ihnen geschlagen. Ich saß auch schon mit blau geschlagenen Augen vor der Kripo und habe tatsächlich behauptet, ich werde nicht geschlagen. Nach einiger Zeit wurde mir das ganze allerdings so lästig, da ich jedesmal hinterher großen Ärger hatte, der immer mit körperlicher Gewalt endete, so dass ich zu meiner Mutter ging und ich machte sie zu meiner Verbündeten. Ich machte ihr deutlich, dass sie mir nur schadet, in dem sie immer wieder die Kripo antanzen lässt und ich dadurch nur noch mehr Schläge bekommen würde. Das verstand sie dann auch, zumal ich schon mal so blaugeschlagen vor ihr saß. Ich sagte ihr, dass ich nur noch auf den richtigen Moment warte, um da wieder rauszukommen. Sie hörte also damit auf, ständig die Kripo einzuschalten. Ich besuchte sie nun regelmäßig und hielt sie auf dem Laufenden. Es muss für sie eine unglaublich schwere Zeit gewesen sein, zumal sie damit alleine dastand, denn mein Vater half uns in keiner Weise und er führte sein Leben mit viel Alkohol so weiter wie bisher. Auch wenn ich bei meiner Mutter war und er nüchtern anwesend war, sprach er kein Wort mit mir und er ignorierte meine Anwesenheit total.

Das tat schon weh, aber ich hatte es ja mit ihm noch nicht anders erlebt. Ich konnte sein damaliges Verhalten nicht mit ihm klären, auch später nicht und das hat nachwievor eine große Wunde in mir hinterlassen. Es ist für mich nicht dauerhaft spürbar, aber jetzt, in der Zeit, in der ich dieses Buch schreibe, wird es mir sehr bewusst, dass diese Wunde nach wie vor vorhanden ist.

Toms Verhalten wurde mit der Zeit nicht mehr besser. Einmal kam Tom nachts in den Puff, total voll Drogen gepumpt und hielt mir seine Waffe an den Kopf. Er wollte, dass ich gehorsam war und Respekt vor ihm hatte. Das hatte ich aber nicht und wenn er mir vor anderen etwas sagte, kam von mir garantiert ein „ungehorsamer Kommentar" zurück, denn ich war ja auch meistens nicht clean und dann war ich immer sehr mutig. Zum Beispiel kam er in den Puff, ich war gerade beim Wirtschafter und trank etwas und Tom fragte mich, was ich denn dort mache, ich soll doch meinen Arsch wieder an die Mauer stellen. Meine Antwort war, er solle doch lieber mal auf meinen Zettel schauen, ich habe schließlich schon „Mietfrei". Mietfrei war schon ein gewisser Umsatz und das Minimum, was man verdienen sollte. Daraufhin bekam ich natürlich eine Tracht

Prügel, weil ich ihn vor den anwesenden Jungs vorgeführt hatte, was für sein angeschlagenes Ansehen nicht von Vorteil war. Es war mir aber egal und ich nahm darauf keine Rücksicht.

Oder er schenkte mir zu meinem 19. Geburtstag rote Rosen, die ich ihm vor die Füße schmiss und ihn anbrüllte, das rote Rosen etwas mit Liebe zu tun haben und nicht mit dem, so wie er mich inzwischen behandelte. Seine ganze Wut kam über mich, mit einer enormen Gewalt. Ich war am ganzen Körper grün und blau und konnte daraufhin auch ein paar Tage nicht arbeiten. Tom hatte die Angewohnheit, mir auch immer ins Gesicht zu schlagen und natürlich hatte ich grün und blau geschlagene Augen. Das war natürlich geschäftsschädigend, wie man sich vorstellen kann. Ein Freier kam ja zum Vergnügen ins Eros- Center und nicht, um sich mit dem Elend des Milieus zu beschäftigen.

Ich hatte keinerlei Angst vor seiner Waffe, denn mir war es mittlerweile komplett gleichgültig, ob ich lebe oder sterbe, denn innerlich war ich schon gestorben.

Also zeigte ich ihm auch keinerlei Angst, geschweige denn Respekt . Er schoss nicht, aber Schläge bekam ich dann doch noch. Eine Prügelattacke mehr oder weniger, da kam es jetzt auch nicht mehr drauf an in meinen Augen. Vielleicht hätte es weniger Schläge gegeben, wenn ich „gehorsam" gewesen wäre, so ganz sicher bin ich mir da allerdings nicht. Denn ich bin heute davon überzeugt, dass Tom seinen angeschlagenen Selbstwert aufpolierte, indem er mich immer kleiner machte und die gefühlte Gewalt über mich hatte.

Meine Mutter war in ständiger Sorge um mich und bat meinen Vater mit ein paar Kumpels ins Eros- Center zu fahren und mich dort raus zu holen, was mein Vater aus Feigheit nicht tat. Damals verstand ich das nicht, aber heute habe ich dafür Verständnis. Denn so ganz ungefährlich wäre das ja auch nicht gewesen.

Ich bin mir auch ziemlich sicher, dass Tom mich nicht hätte so einfach gehen lassen und mich wieder zurückgeholt hätte und wer weiß, wie schlimm es dann noch geworden wäre.

Des weiteren bin ich auch davon überzeugt, selbst wenn ich zu dem Zeitpunkt gegangen wäre, es hätten nur Sätze wie: „Ich liebe dich", usw. kommen müssen und auch dann wäre ich zurückgegangen, denn ich war auch irgendwie abhängig von ihm geworden. Aus meiner heutigen Sicht war das auch kein Wunder.

Man hätte mich schon in die geschlossene Abteilung sperren müssen, um das dann irgendwie zu verhindern.

Ich versuchte meine Mutter täglich anzurufen, damit sie beruhigt war. Doch komischerweise wusste sie immer aus ihrem Bauchgefühl heraus, wann ich wieder zusammen geschlagen worden war. Ich konnte ihr da nichts vor machen. Sie hatte auch immer wieder Kontakt zur Kripo, die ließen mich allerdings in Ruhe. Ich glaube, sie hat sich dort Rat geholt, denn sie stand ja auch ganz alleine vor diesem Problem, gepaart mit der Angst, das ich das alles nicht überlebe.

Ich nahm nun noch mehr Drogen und Alkohol zu mir, um das alles irgendwie auszuhalten, denn wenn ich ohne Drogen und Alkohol war, hatte ich schon ziemlich große Angst und keine Vorstellung davon, wie ich aus dieser Nummer wieder raus kommen sollte und das hätte sich dann auch negativ auf meinen Verdienst ausgewirkt und das hätte dann wiederum noch mehr für Ärger gesorgt.

Es ist schon echt erstaunlich, was ein Mensch so alles wegstecken kann. An die körperliche Gewalt hatte ich mich mittlerweile schon gewöhnt. Ich hatte in mir einen Schalter gefunden, der den körperlichen Schmerz ausblendete, aber nicht den seelischen. Dafür brauchte ich dann andere Hilfsmittel. Mittlerweile musste ich auch häufiger im Puff schlafen und Tom kam nur vorbei, um das Geld abzuholen. Er hatte in der Zwischenzeit auch wieder eine neue Frau gefunden, die auch für ihn anschaffen ging. Das interessierte mich allerdings nicht mehr, denn ich wollte da nur noch weg und wenn er mit ihr beschäftigt war, hatte er keine Zeit für mich, zumal die gemeinsame Zeit auch nicht mehr wirklich schön war.

Mein Drama ging also nach wie vor so weiter und ich wartete auf meine Gelegenheit zu gehen. Ich sprach auch nicht mehr alle Männer an und stand mir die eine oder andere Nacht die Beine in den Bauch und somit verdiente ich auch dann kaum   noch Geld. Ich wollte nicht mehr berührt werden und anfassen wollte ich auch niemanden mehr. Männer waren für mich das allerletzte, obwohl ich auch wundervolle Erlebnisse mit den sogenannten Freiern hatte.

Einmal sprach mich im Hof ein junger Mann an und fragte mich, warum ich da denn stehe. Ich wäre so wunderschön, ich könnte den reichsten Bauern aus seinem Dorf haben. Aber auf einem Dorf leben, mit einem Bauern, kam für mich in meiner Vorstellung schon mal gar nicht vor.

Mal nebenbei bemerkt, dass ich bei all dem, was ich da so durchmachte, immer noch ein sehr schönes Äußeres und eine enorme Anziehungskraft auf Männer hatte, wundert mich heute immer noch. Auch heute mit 56 Jahren sieht man mir die schweren Erlebnisse meines Lebens nicht an. Da wurde ich von der Natur sehr beschenkt, wofür ich auch sehr dankbar bin.

Oder ein Mann fragte mich, warum ich denn Anschaffen gehe und ich erzählte ihm, dass ich herzkrank sei und die Krankenkasse würde meine OP nicht bezahlen. Es dauerte ein paar Wochen, bis er wiederkam, aber er kam und er erzählte mir, das er in London gewesen sei, dort habe er einen Freund, der Herzchirurg sei und der würde mich kostenlos operieren. Er würde mir auch die Reisekosten bezahlen und wäre dann in der Zeit meiner Genesung für mich da. Jetzt fühlte ich mich mit einem mal hundeelend, nun musste ich ihm ja die Wahrheit sagen. Ich erzählte ihm nichts von meinem Elend, sondern sagte ihm, dass ich das alles freiwillig machte und meine Krankengeschichte eine Lüge sei .Er ging dann sehr betroffen raus und ich habe ihn nicht wieder gesehen.

Ich hatte einen Stammfreier, der regelmäßig zu mir kam und wir redeten die halbe Nacht über alles Mögliche, oder er ging mit mir spazieren. Das alles musste er Stundenweise bezahlen. Er wollte einfach nur in meiner Nähe sein. Er bekam sogar einmal mit, als Tom mich zusammenschlug, da wartete er in meinem Zimmer, dass ich zurück kam und hörte das ganze Drama und er wurde am Ende vom Wirtschafter weg geschickt. Er schrieb mir Gedichte und hatte sehr große Angst um mich, dass er jetzt jede Woche kam und mich dort für ein paar Stunden raus holte. Er gab mir seine Telefonnummer, damit ich ihn im Notfall anrufen kann. Wir hatten niemals sexuellen Kontakt miteinander, ich glaube, er war sehr verliebt in mich und er wollte mein Retter sein.

Einmal stand ich mit blauen Augen im Hof und Tom stand am Fenster und drohte, wenn ich keinen Freier abschleppe, gibt es die nächste Tracht Prügel. Also sprach ich weinend einen jungen Mann an und erzählte ihm, wenn er jetzt nicht mit mir aufs Zimmer geht, bekomme ich wieder Schläge. Er kam mit mir und gab 50.-DM aus, um mir zu helfen. Wir sprachen nur miteinander und er machte mir Mut, nicht aufzugeben. Er war sehr betroffen, als er ging, denn so hatte er sich seinen Besuch im Eros-Center bestimmt nicht vorgestellt.

Also, es gab auch nette Männer, die mir dort begegneten. Gut und Böse dicht bei einander.

Ich bekam allerdings auch Besuch von einem Arbeitskollegen und Vertrautem meiner Mutter, der mit mir aufs Zimmer ging, weil er mich schon immer toll fand. Das erzählte ich am nächsten Tag meiner Mutter, die ihm daraufhin ihre Freundschaft kündigte. Meine Mutter war so sehr verletzt, dass ich mich schuldig fühlte. Denn dieser Arbeitskollege war für meine Mutter ein Vertrauter, mit dem sie sich austauschen konnte und von dem sie sich Rat holte, was meine Situation anging. Er hat gewusst, wie schlecht es ihr ging, weil ich als Prostituierte arbeitete. Es war ein schwerer Vertrauensbruch in ihren Augen, dass er dann als Freier zu mir kam. Das ist es in meinen Augen auch gewesen. Wenn er gekommen wäre, um mit mir zu sprechen, wäre das sicherlich etwas anderes gewesen, aber er wollte Sex. Ist schon echt erschreckend, wie manche Männer so drauf sind.

Ich bekam mit, dass einer meiner früheren Lehrer seit Jahren dort eine Stammfrau hatte. Dieser Lehrer war als Lehrer super, aber er war total verklemmt und somit wunderte es mich auch nicht, ihn dort zu sehen. Die ach so solide Welt, das meiste ist in meinen Augen nur scheinheilig. Wie viele „brave" Ehemänner regelmäßig in den Puff gehen, weil sie zuhause keine sexuelle Befriedigung mehr haben, hat mich schon sehr verwundert und auch geschockt. Auch wie diese Männer zum Teil schlecht über ihre Ehefrauen gesprochen haben, schön ist das nicht. Sie lästerten über die schlechten Figuren der eigenen Frauen und dass sie sich optisch gehen ließen, usw. Dabei hatten diese Frauen Kinder bekommen und kleine Kinder zuhause, um die sie sich kümmern mussten. Diese ganzen Erfahrungen haben dazu geführt, dass ich auch heute noch sehr kritisch mit Männern bin. Denn wenn ich eins gelernt habe, ist es, dass Männer das eine sagen und etwas völlig anderes Denken. Das trifft bestimmt auch auf Frauen zu, aber in der Männerwelt ist mir dieses Verhalten sehr aufgefallen.

Der Anfang vom Ende

Ich wartete weiter auf meine Gelegenheit zu gehen und die sollte ich dann auch bald bekommen. Vorher passierte aber noch folgendes: Meine Puffchefs waren mit 2 Männern aus der Musikszene befreundet. Die kamen in einer Nacht zu uns in den Puff und luden alle Frauen auf einen Drink ein. Sie unterhielten sich eine Weile sehr freundlich mit uns und wir hatten für einen Augenblick Spaß, ohne das jemand von den beiden Herren anzüglich oder herablassend uns gegenüber waren. Anschließend wurden wir wieder in den Hof geschickt, um Geld ranzuschaffen. Ich wollte ja aber nicht mehr arbeiten und so stellte ich mich direkt unter das offene Fenster unseres Puffs und dadurch konnte ich den Gesprächen zwischen den Promis und meinem Chef lauschen. Ich hörte, wie einer der Promis zu unserem Chef sagte: „Du hast aber sehr schöne Frauen hier, da kannst du richtig stolz drauf sein" und ich fühlte mich für einen kurzen Augenblick wertgeschätzt und gesehen, denn damit hatte ich nicht gerechnet. Das hielt aber nur kurze Zeit an, bis mein Chef antwortete:

„DAS SIND KEINE FRAUEN; DAS SIND EINFACH NUR DRECKIGE FOTZEN!"

Das saß, ich fühlte mich mit einem Mal so unsagbar schmutzig, dass Gefühl kann ich auch heute noch nicht in Worte fassen. Für mich war es aber genau das, was ich noch brauchte, um doch tatsächlich wach zu werden. Denn mir schlug zusätzlich eine Gewissheit mitten ins Gesicht.

Mir wurde in dem Moment klar, dass ich eine Entscheidung treffen musste. Ich würde mit großer Wahrscheinlichkeit entweder als Drogen-junki, oder Altnutte enden, oder frühzeitig sterben, oder ich muss mich für mich und mein Leben entscheiden und da irgendwie wieder raus-kommen und das sollte nach Möglichkeit in näherer Zukunft sein.

So traf ich in diesem Moment die Entscheidung, für mich und mein Le-ben zu kämpfen und einen Weg dort raus zu suchen, mit der inneren Gewissheit, auch einen Weg zu finden. Dazu kam noch, dass ich einem Menschen, der so von mir dachte, kein Geld mehr von mir und meiner Arbeit abgeben wollte. Ich war von diesen Worten so verletzt, das kann ich gar nicht in Worte fassen. Es gab keinerlei Achtung und Respekt vor uns Frauen. Wir waren einfach nur ein Stück Fleisch, mit dem sich Geld verdienen liess und weiter nichts. Wir waren alles sehr junge Frauen, die geliebt haben und leider nur den falschen Mann und dafür sollten wir jetzt auch noch so einen hohen Preis zahlen. Diese Erkenntnis war in dem Augenblick unfassbar hart und der damit verbundene Schmerz kaum zu ertragen. Es ist für mich nach wie vor erstaunlich, wieviel Leid und Schmerz ein einziger Mensch ertragen kann, ohne aus dem Fenster zu springen. Sicherlich verfügst du als sehr junger Mensch über sehr viel mehr Kraft, Energie und Nervenstärke als ein älterer Mensch, trotzdem waren diese Erkenntnisse auch damals für mich niederschmetternd und gleichzeitig aber auch kraftspendend.

Ich weiß auch heute noch ganz genau, wie ich mich damals gefühlt habe. Ich habe mich so allein gefühlt, trotzdem ich meine Mutter im Rücken hatte. Ich konnte einfach nicht begreifen, warum mein Leben so leidvoll und schwer sein musste. Ich wollte doch einfach nur um meiner selbst willen geliebt werden. War das denn schon zu viel verlangt vom Leben ? Was war daran falsch, ich habe es einfach nicht verstanden. Ich war wie ein verletztes wildes Tier, auf der einen Seite im Fluchtmodus, auf der anderen Seite wollte ich mich nur noch irgendwo verkriechen und am besten unsichtbar werden. Ich denke, wenn ich nicht damals schon diese zauberhafte kleine und starke Anja in mir gehabt hätte, hätte es auch einen anderen Ausgang gegeben und ich hätte mich von dieser Welt verabschiedet. Es gab ja eigentlich zu dem Zeitpunkt nicht einen Punkt in meinem Leben, der auch nur Ansatzweise positiv war. Es war da nichts, auf das ich hätte bauen können, ausser die kleine Anja in mir, die mich ständig anbrüllte „nicht aufzugeben und den Weg nach draussen zu finden."

Wenn ich mich im Spiegel betrachtete, sah ich eine zauberhafte junge Frau und keinen kaputten Menschen. Das war für mich das aller Erstaunlichste. Ganz tief in mir, war etwas, was unbedingt weiter leben wollte, auch wenn ich das damals nicht verstand. Ich wollte weiter leben, aber nicht mehr so.

Heute macht mich diese Begebenheit nicht mehr traurig, allerdings macht es mich echt immer noch so wütend ,dass ich heute gerne noch einmal die Gelegenheit hätte, diesem Menschen ein paar „nette Worte" zu sagen.

Trotz dieser enormen Verletzung seiner Worte, bin ich auch sehr dankbar dafür, dass er sie genauso, wie er sie ausgesprochen hat, mit genau dieser Abfälligkeit und dass ich sie gehört habe. Denn sie waren mein endgültiger Weckruf und den konnte ich dann auch nicht mehr überhören und ignorieren, was mir am Ende mit Sicherheit mein Leben gerettet hat.

Die Entscheidung

Ich hatte damals überhaupt keinerlei Vorstellung davon, wie der Weg dort raus aussehen kann. Ich wusste auch nicht genau, was ich tun musste, um dort raus zu kommen.Aber eines wusste ich zu dem Zeitpunkt ganz genau, egal wie der Weg ist, wie schwer es sein kann, ich komme hier wieder raus und wenn es das letzte ist, was ich tue.So hatte ich in mir eine innere Kraft frei gemacht, die es mir dann auch möglich gemacht hat, da durchzugehen.

Wenn du wirklich eine Entscheidung triffst, für dich und dein Leben, werden Möglichkeiten sichtbar, die du vorher nicht sehen konntest. Glaube mir, was für mich möglich war, ist auch für dich möglich, wenn du es wirklich aus der Tiefe deines Herzens möchtest.

Mein Weg:

Von nun an sprach ich überhaupt keinen potenziellen Freier mehr an, denn das war ja mein einziges Druckmittel, was ich dachte, was ich zur Verfügung hatte. Was dann zur Folge hatte, dass ich nur noch im Puff schlafen musste, was mich persönlich auch nicht weiter störte, denn dann konnte ich in Ruhe über alles nachdenken und Pläne schmieden.

Einmal sperrte Tom mich in meinem Zimmer ein und holte vom Hof einen Ausländer in mein Zimmer, der es mir mal so ordentlich besorgen sollte. Ich räumte mit einer Handbewegung meinen Glastisch ab und nahm die Glasplatte ab und schlug damit um mich, so dass der Typ nicht an mich ran kam. Der Mann verließ fluchtartig mein Zimmer. Ich hatte mir, ohne es zu merken, die Ecke der Glasplatte in den Oberschenkel gerammt und blutete dort ziemlich stark. Tom kam zu mir ins Zimmer und ich bekam eine ordentliche Tracht Prügel. Es machte nichts mehr mit mir. Ich hatte irgendwann gelernt, mich bewusstlos zu stellen und dann ließ er von mir ab. Ich hatte gelernt alle Gefühle in mir, jeden körperlichen und auch seelischen Schmerz auf stumm zu stellen. Ich war wie ein Dummi, auf den Tom einschlug, weiter nichts. Es fühlte sich tatsächlich so an, als ob meine Seele für die Zeit der Prügel aus meinem Körper verschwand, es war nur noch eine Hülle von mir, aber nicht mehr mein eigentliches Ich. Etwas viel größeres hat mich damals geschützt, wie Du es auch immer benennen möchtest, aber es war da und liess mich nicht mehr alleine.

So ging das noch eine Weile weiter. Ich hatte aber mittlerweile angefangen meinen Drogenkonsum runter zu schrauben, damit ich die Gelegenheit zum Gehen nicht verpasste. Ich hatte tatsächlich angefangen mein Hirn zu benutzen. Ich arbeitete nicht mehr so wirklich, so das sogar meine Puffchefs mit mir redeten. Aber mein Verhalten änderte sich nicht mehr, trotz einer großen Angst vor diesen Menschen konnte ich nicht mehr anders handeln, als wie ich es tat. Ich wollte da einfach nur noch raus.

Damals habe ich sogar überlegt zur Kripo zu gehen, aber meine Angst war dann doch zu groß, um diesen Schritt zu tun. Es ist für viele Menschen bestimmt schwer zu verstehen, dass ich das nicht getan habe, aber wenn man dort drinnen steckt, ist diese Option schwer vorstellbar. Denn die meisten Zuhälter hatten sehr gehorsame Frauen und die Zuhälter strahlten eine enorme Macht aus. Da fällt mir eine kleine Geschichte ein. Zu uns in den Puff kam ein sehr netter, menschlicher Wirtschafter, mit seiner Frau, die beide jetzt dort arbeiteten. Beide waren erstaunt, dass es bei uns im Puff Würfelzucker gab. Die Zwei kamen aus Köln und dort gab es keinen Würfelzucker im Puff, denn die Jungs ritzten ihren ungehorsamen Frauen damit die Haut auf und das machte dann unschöne Narben. Dieser Wirtschafter war immer sehr lieb mit mir und er machte mir, wenn er Dienst hatte niemals Druck, sondern er ließ mich bei ihm sitzen und wir hatten wirklich schöne, menschliche Gespräche.

Ich denke, dass ihm klar war, was ich vorhatte und es machte ihm schwer zu schaffen, was ich alles über mich ergehen lassen musste. Aber ich war in mir so stark und gefestigt, dass ich das alles ertrug, ohne darunter wirklich zu leiden. Ich wusste, es kommt der Tag, da ist das alles vorbei, auch wenn ich damals glaubte, Tom immer noch zu lieben.

An einem Abend kam Tom und holte mich ab und nahm mich mit nach Hause. Was für ein Wort nach Hause, ich hatte kein Zuhause mehr, das war mir bewusst geworden.

Wir gingen vorher zum Essen. Tom war mal wieder vollgepumpt mit Drogen, ich war allerdings clean. Ich witterte meine Chance. Während wir im Restaurant saßen, durfte ich unter Androhung seiner Waffe und von Gewalt nicht aufstehen. Ich durfte noch nicht einmal zur Toilette gehen.

Er hielt die Waffe unter dem Tisch die ganze Zeit auf mich gerichtet und funkelte mich mit seinen glasigen Drogenaugen böse an.

Ich hatte schon eine große Angst, was mich anschließend erwarten würde, aber da war ja diese Kraft in mir, die mich aufrecht hielt und mir Stärke gab.

Wir fuhren dann zu ihm nach Hause. Dort kam es dann auch zu einer heftigen Auseinandersetzung, was dazu führte, dass Tom mich dann fürchterlich zusammenschlug, bis ich regungslos am Boden lag. Dann sagte er zu mir, ich könne jetzt meine Mutter anrufen und gehen. Ich rief zitternd und weinend meine Mutter an und lief danach durchs Treppenhaus und versteckte mich im Keller.

Meine Mutter benachrichtigte die Polizei, es war mitten in der Nacht, kam dann mit zwei Polizeiwagen zu mir. Mein Vater war natürlich auch hier nicht anwesend. Auch Tom war in Zwischenzeit schon im Treppenhaus unterwegs auf der Suche nach mir, er hatte sich das ganze wohl in der Zwischenzeit wohl anders überlegt.

Ich hatte jetzt schon ziemlich große Angst, zumal ich ja komplett ohne Drogen und Alkohol war. Doch diesmal hatte ich Glück, denn die Polizei war rechtzeitig vor Ort, so dass Tom mich nicht mehr in seine Gewalt bekam. Die Polizisten beruhigten Tom und brachten ihn dann wieder in seine Wohnung zurück und ich wurde ins Krankenhaus gebracht. Dort wurde ich dann medizinisch versorgt und ich musste glaube ich 2 oder 3 Tage im Krankenhaus bleiben. Ich hatte neben den Prellungen am ganzen Körper eine Gehirnerschütterung. Ich bekam Beruhigungsmittel, denn ich war ein Häufchen Elend und zitterte am ganzen Körper. Es fühlte sich an, als ob ich in einem Horrorfilm gelandet bin, von Erleichterung keine Spur.

In meinen Gedanken malte ich mir aus, dass alle Jungs und meine Puffchefs im Krankenhaus auftauchen und mich wieder zurückholen. Ich kann dir sagen, wie Angst sich anfühlt, dass weiß ich ganz genau. Ich merke erschreckenderweise, dass ich diese ganzen extremen Gefühle in meinem emotionalen Gedächtnis abgespeichert habe und jetzt kommen sie alle wieder an die Oberfläche meines Bewusstseins. Schön ist das nicht, es hilft mir aber, dieses Buch so authentisch wie möglich zu schreiben, auch wenn es weh tut.

Am nächsten Tag kamen 2 Polizisten wieder zu mir ins Krankenhaus und sprachen mit mir. Sie erklärten mir, dass ich Tom anzeigen müsse, damit er bestraft werden kann und ich dann auch erstmal meine Ruhe vor ihm hätte, da er ins Gefängnis käme. Sie machten mir klar, dass ich gar nicht mehr anders handeln könne, denn

dass es auch in Zukunft nicht ohne diese Eskalationen ginge, liege auf der Hand. Kein Mensch weiß, wo das noch hinführen würde, ob ich denn gar keine Angst um mein Leben habe, usw. Meine Mutter war auch dabei und redete genauso auf mich ein, was ja auch verständlich ist. Mein Vater war natürlich auch dieses Mal nicht anwesend und das war sehr traurig für mich, da ich eine männliche, mich unterstützende Person jetzt sehr gebraucht hätte.

Nach einigem hin und her zeigte ich Tom dann auch tatsächlich an, wegen Zuhälterei und schwerer Körperverletzung. Ich habe mich damit hundeelend gefühlt und hatte eine Heiden- Angst vor Rache und vor dem, was da jetzt alles auf mich zukam. Ich konnte diese Situation überhaupt nicht einschätzen und ich hatte nur meine Mutter, die wie eine Löwin um mich kämpfte. Ich wusste, dass sie an meiner Seite steht, aber es half mir nicht dabei, innerlich ruhiger zu werden.

Ich war da jetzt raus, aber zu dem Zeitpunkt war meine vorherige Kraft und Entschlossenheit auch verschwunden, was es mir nicht gerade leichter machte.

Was meine Mutter für eine enorm starke Frau ist, hat sie auch in dieser Situation unter Beweis gestellt. Dafür werde ich ihr auch immer dankbar sein, denn ohne ihre Fürsorge hätte ich das nicht geschafft. Von mir war nichts mehr da, ausser, dass ich hübsch anzusehen war.

Tom wurde noch am selben Tag verhaftet und kam in Untersuchungshaft.

Als ich aus dem Krankenhaus kam und wieder bei meinen Eltern einzog, wollte ich vor lauter Angst die Anzeige zurückziehen. Dieses ging dann aber nicht mehr, da der Fall jetzt von der Staatsanwaltschaft verfolgt wurde und ich nur noch die Hauptbelastungszeugin war.

Betrachtungen und Analyse

Betrachten wir diese Zeit einmal ohne Opferdenken! Was konnte ich daraus lernen?

Ist Tom alleine die Ursache allen Übels?

Sind Prostituierte schlechte Menschen?

Was ich auf jeden Fall gelernt habe, „Vertraue nicht jedem Kerl, der dir nette Worte ins Ohr flüstert. Wenn du dich in Gefahr begibst, musst auch du die Konsequenzen tragen und diese können sehr weitreichend sein".

Ich habe gelernt, für mich einzustehen und nicht aufzugeben, auch wenn es noch so hoffnungslos aussieht. Es gibt immer einen Weg, egal wie hoch dir das Wasser auch am Hals steht. Es lohnt sich zu kämpfen. Nur weil du in einer Lebenssituation glaubst, es ist hoffnungslos und alles ist verloren, hast Du doch immer die Möglichkeit das Blatt zu wenden. Aufgeben wird nicht belohnt und gehört auch nicht in mein Leben. Das Einzige was du aufgeben solltest, ist ein Brief bei der Post, mehr auch nicht. Es gibt gute und schlechte Männer, die Wahl treffe ich und es liegt einzig und allein bei mir, welche Wahl ich treffe.

Wenn Du dich wirklich liebst und wertschätzt , haben die miesen Männer gar keine Chance bei dir, denn du riechst den Braten relativ schnell. Auch das ist ein sehr wichtiger Grund, warum du dich in erster Linie erstmal selber lieben solltest.

Meiner Tochter, sie ist heute 24 Jahre alt, habe ich mit auf den Weg gegeben: Bevor du dir einen Mann fürs Leben suchst, werde erst mal die Liebe deines Lebens nur für dich und dein Wesen. Denn du bist der wichtigste Mensch in deinem Leben, niemand sonst, auch nicht deine Eltern, nur Du. Denn wenn du dich wirklich aus tiefsten Herzen selber liebst und wertschätzt, haben die für dich unpassenden Männer keine Chance und du bist so besser in der Lage, den für dich richtigen Partner zu finden. Was habe ich noch gelernt ?

Wenn ich selber anderen Menschen keine Grenzen vorsetze, braucht auch niemand sie einzuhalten, denn es sind ja auch keine Grenzen vorhanden, an denen sich andere Menschen orientieren können. Das Grenzen setzen nimmt dir auch keiner ab, um Grenzen zu setzen brauchst du allerdings Werte, an denen du dich orientieren kannst. Ohne eigenes Bewusstsein dafür gibt es auch keine Grenzen. Auch Worte und Taten sollten übereinstimmen, sonst sind das ja nur leere Worte, ohne Bedeutung.

Ich übernehme für diese Zeit voll und ganz die Eigenverantwortung. Man kann es auch so sagen, Dummheit schützt vor Strafe nicht bzw. vor den Konsequenzen.

Die Ursache für diese Erfahrung liegt in der nicht erlebten Vaterliebe und der damit verbundenen Minderwertigkeit in mir. Das große schwarze, leere Loch in mir, was sich immer wieder schmerzhaft zeigte. Es gibt viele Männer, die genau dafür ein feines Gespür haben und dieses dann für ihre Zwecke benutzen. Es gibt Männer, wie Tom, die die Frauen dann für solche Zwecke benutzen und somit diesen Minderwert immer weiter befeuern. Es gibt allerdings auch Ehemänner, die ihre Frauen wie Leibeigene behandeln und erniedrigen und das dann auch noch als völlig normal empfinden. Die Frauen sind so in ihrer Kleinheit gefangen, dass es für sie vollkommen normal ist, so schlecht behandelt zu werden. Die meisten Frauen ohne Selbstliebe haben ja auch nie etwas anderes erlebt. Oft ist es dann auch so, wenn ihnen dann das eigene Elend bewusst wird, fehlt ihnen häufig die Kraft und der Mut, sich aus solch ungesunden Beziehungen zu lösen. Es folgen Depressionen, ernsthafte Krankheiten, Tabletten und Alkoholabhängigkeiten. Wenn man Glück hat, lernt man Menschen kennen, die einem dann zu dem notwendigen Bewusstsein verhelfen und somit kann dann das Leben in bessere Umstände gelenkt werden.

Es gibt allerdings auch Firmenchefs, die genau wissen, wen sie da eingestellt haben und die ihre Mitarbeiterinnen dann auf anderen Ebenen ausnutzen, wie viel zu lange Arbeitszeiten bei zu geringer Bezahlung, erniedrigende Umgangsformen mit den Mitarbeitern und auch unter den Kollegen. Es gibt im Leben und auch im Berufsleben viele Ebenen, einen Menschen mit Minderwert zu benutzen und auszunutzen, dass geschieht oft unbewusst, da der Minderwert in der Ausstrahlung eines Menschen sichtbar wird für andere. Dadurch, dass dieser Minderwert im Resonanzfeld ist, zieht man sich genau diese Erfahrungen immer wieder ins eigene Leben, damit dann der Minderwert bestätigt wird und so geht dann auf vielen Ebenen das Drama immer weiter. Ein Mensch mit einem Minderwert strengt sich immer besonders an, um anderen Menschen zu gefallen und was noch viel Wichtiger ist, um Anerkennung zu bekommen, damit man sich für einen kurzen Augenblick besser fühlt.

Ein gefundenes Fressen, für alle die dafür ein Gespür haben. Ich will damit jetzt auch nicht behaupten, dass das alles schlechte Menschen sind. Ich glaube, das ist ein menschliches Verhalten.

Es gibt allerdings auch Frauen, die dann z.B. ins Kloster gehen, oder sich extrem aufopfern für die Armen und Kranken dieser Erde. Solange dir das Bewusstsein fehlt für deinen Minderwert und deine nicht vorhandene Selbstliebe, ist Veränderung nicht möglich. Wie soll das denn auch gehen?

Man spürt, dass einem irgendetwas Wichtiges fehlt, aber allzu häufig kann man es nicht in Worte fassen und kommt dem Ursprung nicht auf die Schliche. Es ist bestimmt auch nicht jeder Lebensweg, in dem Minderwert ein Thema ist, so extrem wie meiner. Häufig ist das Leiden nicht so groß, dass die betreffende Person gar nicht auf die Idee kommt, etwas im Leben ändern zu müssen. Wie schon gesagt, es gibt so viele Möglichkeiten, wie sich Minderwert und mangelnde Selbstliebe zeigen kann.

Zusammengefasst ist Tom nicht die Ursache für diese Erfahrung. Ich war wie eine reife Frucht, die er nur zu pflücken brauchte. Die Verantwortung liegt hier bei mir.

Auch wenn du jetzt denken solltest, aber er hat dich doch körperlich misshandelt, das ist doch ganz alleine seine Schuld. Das kann man verständlicher Weise so sehen, muss man aber nicht. Ich sehe da ganz klar und deutlich meinen eigenen Part oder meine Selbstverantwortung. Das hat mir wirklich dabei geholfen, nicht hart zu werden und zu hassen, sondern immer zart und zerbrechlich zu bleiben, der Mensch, der ich tief in mir bin.

Ich bin ihm nicht böse, denn auch Tom ist, durch was auch immer, immer tiefer in dieser Rolle versunken und er hatte bestimmt auch keine Vorstellung davon, wie er es anders hätte in den Griff bekommen. Dazu kam ja auch, dass er auch unter dem Einfluss von Drogen stand und nicht immer Herr seiner Sinne war und mit Sicherheit auch keinen Selbstwert in sich trug.

Ja, ich versuche mich immer auch in mein Feinbild zu denken und es zu verstehen, denn es schützt mich vor eigener inneren Härte und das ist mir sehr wichtig. Alles ist eine CO- KREATION und niemals ist nur eine Seite Schuld, auch wenn Schuldzuweisungen der einfachere Weg sind, aber das ist auch nur Opferbewusstsein und ich bin kein Opfer.

Die Rolle einer Prostituierten aus meiner Sicht

März 2021

Ich habe mich in den letzten Monaten sehr mit dem Thema Prostitution auseinandergesetzt.

Für mich ist es sehr wichtig, dass sich unsere Gesetzgebung da rigoros ändert.

Frauen, die dazu gezwungen werden, sind unbedingt zu beschützen und auch daraus zu befreien.

Sie brauchen eine Perspektive für Ihre Zukunft und eine engmaschige Betreuung von erfahrenen Therapeuten.

Jahrelanger Missbrauch hinterläßt sehr große Schäden in der Seele dieser betroffenen Frauen und es muss dafür gesorgt werden,

dass sie die Möglichkeit erhalten, an Körper und Seele zu heilen.

Diese Frauen brauchen viel Zeit, um die schlimmen Erfahrungen zu verarbeiten und diese Zeit muss ihnen ermöglicht werden.

Sie brauchen Unterstützung auf allen Ebenen und auch eine finanzielle Absicherung, die nicht Harz 4 heißt, sowie ein geschütztes, liebevolles Umfeld.

Männer, die Frauen zur Prostitution zwingen, sind hart zu bestrafen. Für mich kämen da nur sehr lange Haftstrafen in Frage und nicht die Gesetzgebung von heute.

Kein Zuhälter oder Loverboy sollte nach dem Jugendstrafrecht verurteilt werden, völlig unabhängig vom Alter des Täters.

Ich bin heute sehr zwiegespalten, ob Prostitution verboten werden sollte, oder nicht, das hat mehrere Gründe.
--
Ich mache mir da wirklich große Gedanken, wie sich dann die Sicherheit auf unseren Straßen entwickelt.
Es ist aus meiner Sicht zu befürchten, dass die Vergewaltigungsrate dann enorm zunimmt und die jungen Mädchen damit einer großen Gefahr zusätzlich ausgesetzt sind.
Da bei einer Vergewaltigung ja häufig auch nicht angemessen bestraft wird, werden viele Vergewaltigungen häufig gar nicht angezeigt.
Die Frauen fühlen sich häufig mit dieser Situation allein gelassen, da eine Vergewaltigung ja zu 100 % nachweisbar sein muss.
Auch hier ist wieder unsere Gesetzgebung gefragt.

Dann gibt es tatsächlich Frauen, die sich für diese Art zu arbeiten, entschieden haben und nicht gezwungen werden.
Ich respektiere auch diese Entscheidung der Frauen, auch wenn ich das nicht verstehen kann.

Es ist für mich wirklich keine leichte Frage, da ich auch keine Idee davon habe, wie so ein Verbot wirklich überwacht werden kann.
Wichtig ist eine gute Aufklärungsarbeit in der Öffentlichkeit und auch in den Schulen.
Damit so viele Mädchen wie möglich gewarnt sind, dass es so etwas wie z.B. Loverboys gibt.

Menschenhandel ist dann ja auch noch ein großes Thema.
Wieviele junge Mädchen werden aus dem Ausland nach Deutschland verschleppt und hier zur Prostitution gezwungen.

Ihnen werden die Ausweise abgenommen und diese jungen Frauen sind sehr großer Gewalt ausgesetzt.

Das Leid ist nicht in Worte zu fassen.

Auch hier muss meiner Meinung nach, an der Gesetzgebung gearbeitet werden.

Ich frage mich was wir, jeder einzelne von uns, tun könnte, um dieses große Leid dieser Frauen zu beenden.

Im Moment kann ich nicht mehr dazu schreiben, da es mich noch zu sehr berührt und mir die Lösungen fehlen.

Aber in meinem Kopf bin ich damit fast täglich beschäftigt, was ich heute noch tun kann, um diesen Frauen zu helfen.

Anthony Robbins
Der SELBSTMÖRDER-Tag

Dazu möchte ich dir eine Geschichte erzählen:
Ich war 2016 in Amerika auf einem 6- tägigen Seminar von Anthony Robbins. Einer dieser Seminartage hiess: Der Selbstmörder- Tag. An diesem Tag wurden alle Seminarteilnehmer, die selbstmordgefährdet waren von Anthony persönlich vor 5000 Teilnehmern gecoacht.

Er coachte eine Frau, die eine Organisation hatte, die weltweit Sexsklavinnen befreite.

Diese wundervolle Frau hatte schon mehrfach versucht sich das Leben zu nehmen, weil sie durch ihre Organisation mit soviel Elend in Berührung kam, dass sie das einfach nicht mehr ertragen konnte. Sie ritzte sich so stark, dass sie durch den dadurch entstehenden körperlichen Schmerz hoffte, den seelischen Schmerz nicht mehr zu spüren. Sie stand weinend und zerbrechlich auf dieser Bühne und Anthony Robbins hielt sie einfach nur fest in seinen starken Armen.

Es gibt in diesem Bereich so viel Leid auf dieser Erde, wovon die meisten Menschen nichts wissen und es am Ende auch gar nicht wissen wollen.

Solange es nicht das eigene Leben betrifft, was soll es? Aber in meinen Augen ist jeder Mensch wertvoll, egal welche Nationalität, oder Herkunft.

Was dieses Thema angeht, bin ich echt null Komma null kompromissbereit.

Rückführung
eine neue Erfahrung

Jetzt möchte ich etwas einfügen, was ich im Oktober 2018 erleben durfte.

Ich habe mit einem ganzheitlichen arbeitenden Mediziner über meine Vergangenheit gesprochen. Dieser Arzt gab mir den Rat, eine professionelle Rückführung zu machen, um die ganzen Erlebnisse besser zu verstehen. Ich bekam die Kontaktdaten von einer Ärztin und Psychologin, die auf Rückführungen spezialisiert war und eine sehr fundierte Ausbildung hatte. Dafür bin ich mit meinem Mann extra in den Odenwald gefahren, was ja nicht gerade um die Ecke lag.

Ein halbes Jahr später hatte ich dann meinen Termin bei ihr. Nachdem wir erst ein Gespräch hatten, begann dann die Rückführung.

Wenn du nicht an Wiedergeburt glaubst, überspringe diesen Teil einfach.

Ich möchte hier nicht allzu sehr ins Detail gehen und schreibe jetzt nur, was das Ergebnis dieser tollen Erfahrung war. Ich habe schon 168-mal als Mensch auf dieser Welt gelebt. Das immer als Frau und diverse Male als Prostituierte. Mein Leben im Mittelalter als Prostituierte habe ich in der Rückführung erlebt, das war kein Zuckerschlecken und ich starb mit 21 Jahren. Beim Anhören dieser Rückführung musste ich sehr weinen, das hat mich sehr betroffen gemacht, denn ich konnte auch diesen erfahrenen   Schmerz in mir fühlen. Jetzt soll ich in dieser Inkarnation lernen, dass ich trotz dieser Erfahrung die Reinheit bin. In dieser Inkarnation habe ich nun die Möglichkeit, damit offen umzugehen und meine Erfahrungen mit der Welt zu teilen. Es ist der falsche Weg, sich auf Grund von so einer gemachten Erfahrung zu verstecken, es gibt so viele Frauen denen ich mit meinen gemachten Erfahrungen helfen kann, zumal ich schon auf der feinstofflichen Ebene arbeite. Es ist für mich schon ein hartes Stück Arbeit, mich so intensiv mit diesem Thema auseinander zu setzten, aber unumgänglich.

Ich habe diese Rückführung (insgesamt 3 Stunden) auf CD und höre mir das immer mal wieder an, um auch die Lerninhalte daraus immer besser zu verstehen und in mein Leben zu integrieren.

Für mich hat sich diese Erfahrung gelohnt, zumal sie mich weiter mit meinem Leben versöhnt hat.

Zurück in der „soliden Welt"

Wie geht es jetzt weiter?

Es war für mich schrecklich, wieder in der „soliden" Welt zu sein. Mein Vater beachtete mich überhaupt nicht, sprach kein einziges Wort mit mir und wenn er besoffen war, funkelten mich seine bösen Augen voller Verachtung an. Ich hatte wieder mal große Angst vor ihm. Unsere Nachbarschaft ging auf Abstand, weil dank der Presse wussten ja auch sie, was los gewesen war und sie hatten Angst, dass das Rotlicht-Milieu jetzt dorthin, wo ich wohnte, kam, um Rache zu nehmen. Meine Freundinnen von vorher durften aus Angst vor Vergeltung auch keinen Kontakt zu mir haben. Das war schon eine krasse Zeit, die ich so eigentlich nicht erwartet hatte.

Aber ich hatte mir auch keine Gedanken gemacht, wie es danach wohl sein wird. Mit so viel Ablehnung und Verurteilung hatte ich, ehrlich gesagt, nicht gerechnet. Es ist mir auch heute noch unbegreiflich, aber die 80iger Jahre waren ja auch noch eine andere Zeit und die Menschen konnten mit Prostitution viel weniger umgehen, als es heute der Fall ist. Damals waren ja auch Schwule und Lesben-Ehen nicht vorstellbar. Die Welt war viel kleiner und sehr viel „spießiger", als es heute der Fall ist. Was für mich natürlich eine echte Herausforderung war und mir auch sehr wehgetan hat, denn in meinen Augen war ich doch immer noch die kleine Anja. Da fehlte es mir ganz deutlich an Selbstliebe und Selbstverantwortung.

Nun musste ich die Wohnung von Tom auflösen, da wir sie ja auch gemeinsam angemietet hatten. Ich verkaufte die ganzen Möbel und hatte somit auch etwas Bargeld zur Verfügung. Ich kaufte mir Haschisch und verbrachte die eine oder andere Nacht bei einem Kokaindealer und haute mir wieder die Birne dicht, weil anders konnte ich diese Welt nicht ertragen. Ich tat also nichts anderes, als was mein Vater mir immer vorgelebt hatte.

Neben meiner Mutter gab es eine Person, die jetzt tatsächlich für mich da war. Es war Max.

Max hatte kurz nach unserer Begegnung im Eros- Center einen schweren Autounfall gehabt. Er saß auf dem Rücksitz im Auto seines besten Freundes und die Freundin seines Freunds saß auf dem Beifahrersitz. Der Fahrer ist bei Glatteis im Dezember ins Schleudern gekommen und gegen etwas geprallt. Es war in den 80iger Jahren und da war es noch nicht Pflicht, dass die Rücksitze auch mit Kopfstützen ausgestattet waren. Somit brach sich Max bei dem Aufprall das Genick und die Beifahrerin verstarb und der Unfallfahrer blieb unverletzt. Was für eine Tragödie.

Ich hatte von dem Unfall schon während meiner Zeit im Eros- Center gehört. Nachdem Max wieder aus dem Koma erwacht war, besuchte ich ihn dann auch regelmäßig im Boberger Krankenhaus. Max war vom Brustwirbel an abwärts gelähmt und er konnte nur noch seine Arme bewegen, aber nicht mehr die Hände und Finger und vieles andere hing da auch noch mit dran.

Nun hatte er ein Leben im Rollstuhl vor sich, was auch ohne fremde Hilfe nicht möglich war zu führen. Ich bin nach wie vor tief beeindruckt, wie Max dieses schwere Schicksal gemeistert hat. Er ließ sich davon in keiner Weise beeindrucken. Er brauchte zwar 24 Stunden am Tag Betreuung durch einen Zivi, aber das hinderte Max nicht daran zu leben, zu feiern, Spaß zu haben und auch zu studieren.

Wir haben damals sehr viel Zeit miteinander verbracht. Sind gemeinsam Feiern gegangen, haben zusammen gelacht und geweint. Einmal haben wir uns auch geküsst, aber das konnte ich nicht mehr. Zum einen Teil

 Zurück in der „soliden Welt"

war diese Zeit zwischen uns endgültig vorbei und zum anderen konnte ich zu dem Zeitpunkt noch keinerlei Körperkontakt mit einem Mann ertragen. Mein Inneres kehrte sich nach außen, ich wollte auf gar keinen Fall angefasst werden. In der Zeit wollte ich meinen Körper mit niemanden anderen teilen, körperliche Berührung, ausser in den Arm genommen zu werden, war für mich nicht möglich und auch unerträglich.

Dann hatte ich auch Kontakt zu dem Stammfreier von mir, der mir seine Telefonnummer gegeben hatte. Dort lernte ich auch einen Freund von Ihm kennen. Mit dem flog ich für 4 Wochen vor dem Prozess nach Fuerteventura, weil ich total Angst vor dem Prozess hatte und den damit verbunden Folgen und ich auch das Gefühl hatte, verfolgt zu werden. Mein Stammfreier war verheiratet und er beäugte das natürlich sehr, denn er war ja auch nach wie vor in mich verliebt. Ich konnte mir aber nicht vorstellen, mit ihm etwas Ernsthaftes anzufangen. Auch wenn er mir als Mensch in meiner Zeit als Prostituierte sehr geholfen hat, davon habe ich ja im Buch schon geschrieben.

In den 4 Wochen auf Fuerteventura habe ich ziemlich viel getrunken und es gab dadurch auch die ein oder andere unschöne Szene von mir. Wir kamen uns trotzdem näher, aber ich war in Wirklichkeit viel zu kaputt und ein emotionales Wrack, um eine Beziehung einzugehen. Auf körperliche Ebene war ich wie abgestorben. Wenn wir miteinander schliefen, tat ich das ohne irgendeine Emotionen, ich stellte meinen Körper genau wie auf dem Kietz auf stumm. Ich war noch nicht in der Lage, Gefühle wirklich zu zu lassen.

Ich hatte allerdings das Gefühl, dass ich einen Beschützer an meiner Seite brauche, darum habe ich so und nicht anders Gehandelt. Heute weiß ich, dass es ein großer Fehler ist zu denken, man könnte den Körper stumm stellen und ich brauche nur ein Pflaster auf diese Wunde kleben, dann heilt das schon von alleine. Was für ein Irrsinn. Ich habe dadurch nicht nur mich selbst verletzt, sondern auch andere, an meiner Situation völlig unschuldige Menschen.

Dieser Beschützer hätte ja auch eigentlich mein Vater sein können, aber der fühlte sich ja wie immer nicht zuständig und strafte mich weiter mit Verachtung. Es wäre für mich damals allerdings sehr wichtig gewesen, jetzt einen liebenden Vater an meiner Seite zu haben. Doch das war mir nicht vergönnt und so klebte ich weiter Pflaster auf meine klaffenden Wunden.

Wir flogen dann nach 4 Wochen zurück, ich natürlich mit sehr großer Angst davor, was jetzt auf mich zukommen würde. Ich malte mir die schlimmsten Szenarien aus und ich hatte sehr große Angst davor Tom wieder zu sehen, denn tief in mir glaubte ich ihn tatsächlich noch zu lieben. Davon erzählte ich aber niemanden etwas.

In mir tobte eine Krieg, der verbunden war mit einer sehr großen inneren Leere . Wenn du so etwas nicht selber durchlitten hast, ist das für dich vielleicht schwer zu verstehen. Du kannst einfach mit dem normalen Verstand nicht gegen steuern, weil dieses Gefühl einfach immer die Oberhand hat.

Auch in dieser Lebenssituation wäre es für mich sicher eine kluge Entscheidung gewesen mir professionelle Hilfe zu holen. Doch auf diese Idee bin ich damals noch nicht gekommen. Ich tat, was ich gelernt hatte und betäubte mich weiter, nahm ab und zu mal Drogen und Alkohol.

Es wird wieder einmal deutlich, wie wichtig es ist, dass man das richtige Umfeld hat und gute Vorbilder. Das hatte ich ja alles nicht. Der für mich wichtigste Mensch, in dieser Situation, meinen Vater, der fühlte sich wie immer nicht zuständig und durch seine Verachtung wurden meine inneren Gespenster immer lauter.

Häufig habe ich darüber nachgedacht und mich gefragt, warum ich das eigentlich alles durchgestanden habe, denn mein Leben fühlte sich nicht einen Deut besser an.

Das einzige was weggefallen war, waren die Schläge von Tom, mehr auch nicht. Ich war nach wie vor falsch, ob auf dem Kietz oder in der soliden Welt. Ich bin mir ziemlich sicher, dass es viele Frauen gibt, die sich falsch fühlen, auch ohne solche Erfahrungen und da hängt heute mein Herz dran, diesen Frauen zu helfen. Es gibt einen Weg daraus, auch ich brauchte auch noch sehr viele Jahre, um diesen Weg zu finden. Dazu komme ich später noch in diesem Buch.

Der Prozess

Weiter geht meine Geschichte:

Der Prozesstag stand an. Ich ging mit ziemlich weichen Knien in Begleitung meiner Mutters und meines Opas zur Verhandlung. Ich hätte gerne Alkohol vorher getrunken, aber das hätte sicherlich keinen guten Eindruck vor Gericht gemacht.

Ich musste, da ich als Zeugin vernommen wurde vor dem Gerichtssaal warten. Meine Mutter und mein Opa waren in der laufenden Verhandlung. Die Frau, die auch noch für Tom anschaffen war, war auch da und funkelte mich mit bösen Augen an. Dann kamen meine Mutter und mein Opa zu mir und sagten, ich müsse aussagen, sonst gehe ich da als Schuldige wieder raus. Ich hatte mir nämlich vorgenommen, nicht gegen Tom auszusagen, weil ich echt Angst hatte vor den damit verbundenen Konsequenzen. Nun wurde ich aufgerufen. Ich hatte schon ziemlich weiche

Knie. Die Eltern von Tom saßen auch im Gerichtssaal. Ich saß vor Tom und er saß so dicht an mir dran, dass ich ihn hören konnte. Während ich meine Aussage machte, bat er mich leise immer wieder, ich solle aufhören und er würde mich immer noch lieben und eine gemeinsame Freundin von uns hätte einen Brief von ihm, den er für mich geschrieben hatte und den soll ich doch bitte lesen. Es lagen dem Gericht auch Fotos vor von meinen Verletzungen.

Es erstaunt mich auch heute noch, warum keiner Tom gesagt hat, dass er nicht mit mir sprechen darf. Er sah trotz der Zeit im Gefängnis gut aus und die Zeit ohne Drogenkonsum hatte ihm anscheinend auch gut getan. Seine Eltern sahen sehr betroffen und traurig aus, was mir sehr leid tat. Ich wurde gefühlt ziemlich in die Mangel genommen, aber ich habe nichts beschönigt und nichts Falsches hinzugefügt. Ich wurde sogar darauf hingewiesen, dass ich mich nicht selbst belasten müsse.

Ich beendete meine Aussage und fuhr mit meiner Mutter nach Hause. Ich war ziemlich fertig mit den Nerven, aber froh, dass ich das nun hinter mir hatte. Auch dieses Mal war mein Vater nicht dabei. Ist schon echt traurig, zumal wir gar nicht abschätzen konnten, was uns vor Gericht erwarten würde.   Ob da andere Zuhälter waren, oder meine ehemaligen Puffchefs, oder, oder, oder.

Meine Mutter hatte gefühlt auch jetzt keine Angst. Sie war wie immer der Fels in der Brandung und machte mir Mut. Sie kämpfte wie eine Löwin um mein Ansehen.

Tom wurde an einem weiteren Prozesstag verurteilt und blieb im Gefängnis. Ich weiß heute nicht mehr ob es für 1 Jahr war, oder mehr oder weniger. Den Rest hatte er auf Bewährung.

Die Erfahrungen dieses Prozesses hat mir wieder einmal gezeigt, wie wichtig es ist, in der Selbstverantwortung zu sein. Emotionen sind gut und wichtig, aber das reicht nicht im Leben, das Gehirn sollte auch benutzt werden. Gebe der Angst nicht so viel Raum, manches ist viel weniger schlimm, als das, was du dir in deiner Angstvorstellung alles so ausmalst.

Leider hat es mir auch gezeigt, dass auch auf meinen Vater in solchen Situationen kein Verlass ist und somit wuchs meine Verachtung für ihn immer weiter.

Ich konnte einfach nicht verstehen, warum er so und nicht anders handelte. Lag ihm denn so gar nichts an mir, seiner jüngsten Tochter ? Das hat mir sehr weh getan .

Wo liegt denn hier das Geschenk dahinter?

Es ist mir nicht leicht gefallen, darin ein Geschenk für mich zu finden. Die Erkenntnis, dass kein Mensch das Recht hat, mich zu schlagen und zu erniedrigen und dass ich mich dagegen wehren darf und auch sollte. Es ist also nicht nur Selbstliebe und Selbstverantwortung wichtig, sondern auch Selbstachtung. Auch dieses Wort kannte ich bis zu dem Zeitpunkt nicht.

Natürlich bin ich meiner Mutter sehr dankbar dafür, dass sie mich damit nicht alleine gelassen hat und für mich nach wie vor kämpfte und da war.

Wie ging es nun weiter:

Ich war mir mittlerweile ziemlich sicher, dass ich keine Angst vor Vergeltung haben müsse. Da keine andere Kietz- Größe beim Prozess anwesend war und Tom im Milieu nur ein kleines Licht war, da hatte ich anscheinend Glück.

Jetzt musste ich ja auch irgendwie in irgendeinen Job. Ich fing an bei uns in Harburg in einem Sonnenstudio zu arbeiten, die Inhaber kannten mich schon über Jahre und sie kannten auch meine Geschichte. Da die beiden mich nicht verurteilten, konnte ich dort als Aushilfe arbeiten.

Das machte mir auch sehr viel Spass, denn ich mochte gerne mit Menschen arbeiten und ich hatte etwas um die Ohren und weniger Zeit zum Grübeln, was auch gut für mich war.

Eines Tages lud mich ein   Kunde aus diesem Sonnenstudio zum Essen ein. Es war ein sehr gut aussehender Mann, bestimmt 15 Jahre älter als ich und ich fühlte mich geschmeichelt und willigte ein.

Er sagte mir während wir aßen, dass, wenn es rauskommen würde, dass er mit mir essen geht, wäre es sehr rufschädigend für ihn. Was das sollte, verstehe ich bis heute nicht, es hat aber dazu geführt, dass ich das Gefühl bekam, mich vor der soliden Welt verstecken zu müssen und dass ich da sowieso keinen Fuß mehr rein bekommen werde. Ich fühlte mich erniedrigt, zumal ich auf diese Aussage nicht vorbereitet war. Warum lud er mich denn überhaupt ein, wenn ich so eine schlimme Person bin. Heute wäre ich aufgestanden und wortlos gegangen, damals war ich einfach nur verletzt.

Heute kann ich darüber nur lachen und ihn als Wichtigtuer abstempeln. Trotzdem würde ich ihm über 30 Jahre später gerne noch mal meine Meinung sagen. Auch ich habe nicht für jedes Verhalten anderer Menschen Verständnis und heute schon erst Recht nicht mehr. Wenn Du mir z.B heute 37 Jahre später unangemessen auf die Füße tritts, wirst du sofort von mir die passende Reaktion zu spüren bekommen. Immer mit dem notwendigen Respekt, aber sehr klar und deutlich.

Der Freund meines ehemaligen Freiers, ich nenne ihn John, lebte in einem Dorf in der Nähe von Wedel.

Als wir durch Wedel gingen, fiel mir auf, dass es dort kein Sonnenstudio gab und so kamen wir auf die Idee, dort eins zu eröffnen. John sagte, dass er die finanziellen Mittel dafür von einer seiner Versicherungen bekommen könnte. Also besprach ich das mit meiner Mutter und die fand diese Idee sehr gut.

Wir mieteten in der Hauptgeschäftsstraße in Wedel Räumlichkeiten dafür an und bestellten die notwendigen Sonnenbänke usw. Mein Vater brachte sich doch jetzt auch tatsächlich ein und baute uns die einzelnen Kabinen. Er war handwerklich sehr geschickt. In dieser Zeit führte ich mit ihm ein Gespräch, in diesem Gespräch verzieh er mir, ich ihm aber nicht. Das habe ich ihm allerdings nicht gesagt, dafür fehlte mir das notwendige Rückrat. In meinen Augen hatte er mir auch nichts zu verzeihen, denn die Ursachen meines ganzen Dramas lag in meinen Augen ganz klar bei ihm.

Ich dachte damals, dass ich meinen Vater aus tiefster Seele hassen würde und dass sich das mit Sicherheit niemals verändern wird. Ein Irrtum von mir, dazu komme ich später in meiner Geschichte.

Als es an die Bezahlung für die Sonnenbänke ging, stellte sich raus, dass John kein Geld von der Versicherung bekam. Das war schlimm, zumal alles schon geliefert war und parat stand für die Eröffnung. Nun sprangen meine Eltern ein. Sie nahmen einen Kredit auf und halfen mir. Das Sonnenstudio lief dann auf meine Eltern und ich wurde für wenig Geld eingestellt.

Ich war weg aus Harburg und in Wedel kannte keiner meine Vergangenheit, außer John und er erzählte es auch keinem weiter. Unsere Beziehung war zu Ende, ohne dass ich darunter litt, denn ich hatte ja keine Gefühle, außer Freundschaft für ihn.

Ich glaube heute, dass ich ihm damals sehr weh getan habe, aber ich konnte nicht anders handeln und ich war froh über das Ende und konzentrierte mich voll und ganz auf den Aufbau des Sonnenstudios, was mich sehr erfüllte und mir sehr viel Spass machte, denn mir begegneten Menschen, die meine Vergangenheit nicht kannten.

Ich fühlte mich nicht abgewertet und verurteilt, die Kunden waren alle sehr lieb mit mir und das fühlte sich so schön an.

Mein ehemaliger Freier hatte immer gesagt, dass er keine 40 Jahre alt werden wird und so war es dann auch. Er verunglückte mit seinem Auto und starb mit 39 Jahren. Das hat mich ziemlich getroffen, weil ich ihn wirklich als Mensch mochte. Seine Gedichte habe ich noch einige Jahre aufbewahrt, sie aber inzwischen Zeit weggetan.

Die Eröffnung des Sonnenstudios war ein voller Erfolg und das Sonnenstudio lief von Anfang an gut.

Es machte mir auch sehr viel Spaß dort zu arbeiten, zumal die Kunden alle nichts von meiner Vergangenheit wussten und freundlich mit mir umgingen.

Jetzt geht es nochmal zurück zu Tom.

Wenn ich diese Zeit mit Tom heute betrachte, wäre es doch ein leichtes zu sagen, der böse Tom, er hatte alles von Anfang an so geplant, er ist schuld.

Auch wenn Tom es so geplant hat, hätte ich am Anfang schlichtweg NEIN sagen können. Ich habe es nicht getan, weil mich das „anders sein" gereizt hat. Diese andere Welt wollte ich entdecken und für mich ausprobieren. Ich wollte damals raus, aus der Spießigkeit und auf jeden Fall weit weg von meinen Eltern. Ich wollte frei sein, von den ganzen soliden Fesseln. Dass ich nur die einen Fesseln gegen andere Fesseln getauscht habe, diese Erkenntnis kam erst viele Jahre später.

Was habe ich daraus gelernt?

Nur weil ein Mann sagt, ich liebe dich, heißt das nicht, dass das stimmt. Der einzige Mensch, der mich wirklich aus tiefsten Herzen lieben muss, bin ich selber. Ich habe gelernt, dass ich trotz dieser Erfahrung nicht schmutzig bin. Darauf komme ich später zurück, denn das hat tatsächlich nochmal 30 Jahre gedauert. Es war ein langer und schmerzhafter Prozess. Viele Erkenntnisse aus dieser Zeit sind leider erst Jahrzehnte später gekommen. Darum gehe ich da auch erst später darauf ein. In erster Linie habe ich mich tatsächlich 30 Jahre schmutzig gefühlt und hatte durch meine gemachten Erfahrungen sehr viel Angst vor Ablehnung.

Wenn ich ein Mensch voll Selbstliebe gewesen wäre, gepaart mit der notwendigen Eigenverantwortung, wären mir auf jeden Fall sehr viele nachfolgende Erfahrungen erspart geblieben, da bin ich mir mittlerweile heute ziemlich sicher. Doch davon hatte ich damals keine Vorstellung, ich kannte ja noch nicht einmal diese beiden Wörter.

Ist schon unfassbar was für ein unbewusstes Leben ich damals geführt habe. Jetzt in der Zeit, in der ich dieses Buch schreibe, wird es mir noch viele bewusster, als vor dem schreiben. Ich bin nach wie vor sehr erschrocken, welche Emotionen immer noch und immer wieder in mir hoch kommen. Ich muss immer wieder weinen und bin auch sauer auf mich selbst. Immer wieder diese eine Frage: Warum habe ich nicht einmal meinen Kopf vernünftig benutzt? Ich habe darauf immer noch keine Antwort gefunden, vielleicht kommt sie ja noch. Ich habe die Hoffnung noch nicht aufgegeben.

Der Umzug

Was jetzt kommt, ist alles zur selben Zeit geschehen, in der wir das Sonnenstudio geplant haben.

Nun war da ja noch die Aussage von Tom im Prozess, dass er mir einen Brief geschrieben hat und ich den unbedingt lesen soll. Also fuhr ich zu unserer gemeinsamen Freundin und las seinen Brief. Ich kann mich nicht mehr an Einzelheiten erinnern, aber in diesem Brief beteuerte er mir seine Liebe, das er mich immer noch lieben würde, dass ihm alles sehr leid tut und das ich ihn doch bitte im Gefängnis besuchen solle. Unsere Freundin gab mir den Rat Tom zu besuchen und das ich ihm zumindest einmal zuhören soll, was er mir zu sagen hat, denn jeder Mensch hat eine zweite Chance verdient und ich solle doch eine so große Liebe nicht einfach nur weg werfen.

Das waren falsche Ratschläge, aber es war mir damals nicht bewusst, doch selbst wenn es mir bewusst gewesen wäre, ich wäre trotzdem zu Tom ins Gefängnis gefahren.

In mir brach das totale Gefühls-Chaos aus, auf der einen Seite war ich total glücklich über seinen Brief, zum anderen hatte ich aber sehr große Angst vor der Konfrontation mit ihm. Ich war doch immer noch sehr un-stabil in meiner Persönlichkeit und damit wieder ein gefundenes Fressen für solche Aussagen und leicht zu manipulieren.

Ich ging nach Hause und legte meiner Mutter den Brief zum Lesen vor. Meine Mutter versuchte mir klar zu machen, dass das alles nur gelogen ist und, dass ich den Brief wegschmeißen soll und ihn vergessen soll. Aber auf gar keinen Fall soll ich Tom im Gefängnis besuchen. Sie war sofort wieder in Alarmbereitschaft, da sie ja wusste, wie instabil ich war. Sie redete auf mich ein und versuchte mir das irgendwie wieder aus dem

Kopf zu holen. Es war vergebliche Liebesmüh. Ich hätte besser auf sie gehört. Aber ich brauchte anscheinend noch eine Lektion vom Leben. Manche Menschen brauchen es auf die harte Tour und dazu gehörte ich. Ich konnte diesen Brief nicht wegschmeißen und vergessen schon gar nicht. Ich habe ihn immer wieder und wieder gelesen. Das große leere Loch in mir schrie mich unentwegt an, fahr hin, er liebt dich doch und das ist genau das was du brauchst, um mich zu fühlen und meinen Schmerz zu stoppen. Es war so unerträglich für mich, es fällt mir schwer, das in die richtigen Worte zu fassen.

Ich wollte mich wieder vollständig fühlen und vollständig war ich ja nur mit einem Mann an meiner Seite. Alleine war ich wertlos, ein Nichts und ein Niemand. Wenn Du jetzt denkst, warum suchst du dir denn nicht einfach einen neuen Freund, dazu war ich damals wirklich nicht in der Lage. Ich liebte Tom nach wie vor, ganz gleichgültig, was in der Zwischenzeit geschehen war, denn er hatte mir vorher auch sehr viel gegeben und das hatte sich ganz tief in mein Herz gebrannt, auch wenn es vermutlich alles nur Berechnung war.

Also tat ich, was ich besser nicht hätte tun sollen und meine Mutter stand verständlicherweise Kopf und ihre Sorgenspirale ging weiter. Sie litt, glaube ich, sehr unter meiner Unvernunft, konnte aber nichts dagegen tun.

Da diese Begebenheit nicht lange nach dem Prozess war, saß Tom noch in Fuhlsbüttel   in Untersuchungshaft und wartete auf seine Verlegung. Ich meldete mich im Gefängnis an, um Tom zu besuchen. Ich ging dann auch sehr aufgeregt und mit zitternden Knien zu ihm. Wir saßen uns gegenüber im Beisein eines Vollzugsbeamten.

Tom hat sich anscheinend   sehr gefreut, dass ich tatsächlich gekommen bin und er machte mir keinen einzigen Vorwurf, sondern er beteuerte mir immer wieder seine große Liebe und wie sehr ihm das alles Leid täte . Und Schwupps war ich wieder auf Wolke 7. Er erzählte mir Dinge wie, die ganzen Vollzugsbeamten haben gesagt, dass muss doch wahre Liebe sein, wenn ich zu Tom ging und Tom mir noch nicht einmal böse war, dass er wegen mir im Gefängnis saß. Das ging mir natürlich alles runter wie Öl. Ich hatte wirklich den Eindruck, wir können noch einmal ohne das Milieu von vorne Anfangen und in der soliden Welt glücklich miteinander werden. Ich habe es mir so sehr gewünscht, zumal Tom wieder genauso war, wie am Anfang unserer Beziehung. Er gab sich so unendlich viel Mühe, um mir klar verständlich zu machen, wie sehr er mich lieben würde. Ich bin da, wie nicht anders zu erwarten war auch voll drauf reingefallen. Ich erzählte ihm von dem Sonnenstudio und das mir das, wenn ich die notwendige Reife und geschäftliche Erfahrung hatte, gehören würde. Das freute ihn sehr und das sicherlich auch nicht ohne Hintergedanken.

Als die Besuchszeit zu Ende war fuhr ich wieder nach Hause zu meiner Mutter und ich erzählte ihr von meinem Besuch bei Tom. Dass meine Mutter davon überhaupt nicht begeistert war, brauche ich wohl nicht zu erwähnen. Sie ließ sich trotzdem alles ganz genau von mir berichten. Am Ende des Gespräches bestand sie darauf, beim nächsten Besuch dabei zu sein, um selbst mit Tom zu sprechen. Das versprach ich ihr dann auch, weil ich froh war, dass sie Tom anscheinend auch noch eine 2. Chance einräumte.

Ich war erst einmal froh und voller Hoffnung, meine Mutter allerdings wieder voller Sorge um mich. Ich habe meiner Mutter ganz schön viel abverlangt, es war mir damals aber nicht bewusst, leider.

Max erzählte ich auch davon, der hielt mich allerdings für völlig irre und hatte dafür absolut kein Verständnis und er traute Tom überhaupt nicht über den Weg. Er versuchte mich von weiteren Treffen abzubringen, dass aber ohne Erfolg. Ich traf mich häufig mit Max, dass tat mir nach wie vor gut. Was für eine leichte Beute ich doch war, obwohl ich jede Menge Verehrer hatte, aber ich wollte nur mit Tom zusammen sein.

Beim nächsten Besuch, in einem anderen Gefängnis kam meine Mutter dann mit. Sie machte Tom klar, dass sie nicht zögern würde, Tom nochmal ins Gefängnis zu bringen, wenn er mir auch nur noch ein Haar krümmte oder mich wieder anschaffen schicken würde. Tom hörte sich das alles ganz ruhig an und er versicherte ihr, dass er nichts dergleichen vorhatte. Er würde mich lieben und es ist ihm klar, dass er viele Fehler gemacht hatte. Ich fuhr mit meiner Mutter nach Hause und sie glaubte Tom kein Wort und bat mich um Vorsicht. Noch war keine Gefahr von ihm zu erwarten in ihren Augen, da er ja im Gefängnis saß. Von nun an besuchte ich ihn regelmäßig, brachte ihm dann Kaffee und Zigaretten mit, oder was er sonst noch so brauchte. Anschließend musste ich meiner Mutter von dem Besuch erzählen, damit sie auf dem Laufenden war. Das große Loch in mir gab erstmal Ruhe, denn ich hatte ja wieder Tom an meiner Seite.

Das ging dann alles so weiter, bis Tom kurz vor seiner Entlassung mir von einer Wohnung erzählte, die zwei Eingänge hatte, die er gerne mit mir anmieten wollte. Auch das erzählte ich meiner Mutter und bei ihr schrillten jetzt alle Alarmglocken. Sie fragte mich, was ich denn denke, wofür der zweite Eingang sein soll. Sie vermutete, dass Tom vorhatte, mich privat arbeiten zu lassen, als Prostituierte. Komischer weise leuchtete mir das auch ein und ich sagte ihm, dass ich das nicht tun werde und er sich eine eigene Wohnung für sich alleine anmieten soll. Da ich damals ja alle Möbel von ihm verkauft hatte, machte er mir klar, dass er noch Geld von mir zu bekommen habe, damit er wieder ein neues Leben anfangen kann. Ich hatte damals etwas Geld von meinem Opa angelegt und dieses Geld bekam Tom mit der Zustimmung meiner Mutter. Für meine Mutter war es nur wichtig, dass ich in diese Wohnung nicht mit einzog. Das tat ich auch nicht. Ich war jetzt mit einem mal doch auch sehr misstrauisch Tom gegenüber geworden.

Tom kam aus dem Gefängnis und zog nach Hamburg in eine kleine Wohnung. Nach dem Tom aus dem Gefängnis war, fing er doch wieder an Drogen zu nehmen und Alkohol zu trinken. Was mir meine Illusion von einer heilen Familie mit ihm nahm. Wir trafen uns jetzt regelmäßig und wir feierten zusammen und schliefen miteinander. Ich musste, wenn wir uns mit anderen Menschen aus seinem Umfeld trafen, immer darauf achten, dass ich gut aussah, damit diese Menschen verstehen, warum

Tom wieder mit mir zusammen war. Toms Welt sah nicht nach einem soliden Leben aus, denn er arbeitete nach wie vor nicht. Er war lieb und nett zu mir, aber es war kein Vergleich zu seinem Verhalten, während er im Gefängnis saß. Es fühlte sich so an, wie der Mohr hat seine Schuldigkeit getan und das nahm mir immer mehr die Illusion von einer gemeinsamen Zukunft. Komischerweise tat es mir nicht mehr so weh.

Dann kam der Tag, an dem Tom mich mit einer Geschlechtskrankheit ansteckte. Ich hatte einen Tripper und mein Gynäkologe gab mir den Rat, meinen Freund doch mal zu fragen, wo er sich so rum treibt. Es war so heftig, dass mein Arzt meinte, so etwas holt man sich nur im Milieu. Nun war mir klar, was Sache ist, Tom stritt alles ab, er sei gesund und ich sollte doch mal überlegen, mit wem ich noch im Bett gewesen war.

Das war echt eine krasse Nummer und das verletzte mich tief in meiner Seele, denn ich war ihm ja treu. Ich wollte mit dem Milieu nichts mehr zu tun haben und ich habe mich ganz von selbst emotional von Tom und den damit verbundenen Illusionen befreit. Jetzt trafen wir uns nicht mehr. Es tat mir nicht mehr weh und ich war ehrlich froh, nicht wieder irgendwo reingerutscht zu sein. Meine Mutter war auch sehr erleichtert, denn sie hatte sich die ganze Zeit Sorgen gemacht, dass ich irgendwann nicht mehr von Tom nach Hause kommen würde.

Neue Geschichte

Was habe ich daraus gelernt und wo ist das da hinter stehende Geschenk für mich?

Ich habe das erste Mal auf mein Bauchgefühl gehört, was mir ganz deutlich mitteilte, dass hier etwas nicht stimmte und ich besser den Rückwärtsgang benutzen sollte. Und das Tolle daran ist, ich habe darauf gehört. Die Erfahrung, dass ich meinem unguten Bauchgefühl trauen kann, war für mich einfach großartig. Auch das ich diese Beziehung wie eine erwachsene Frau beendete, ohne unschöne Szenen, war für mich neu.

Gelernt habe ich daraus, wenn etwas zu Ende ist, ist es zu Ende. Auch wenn es noch so weh tut, bleibe bei deiner Entscheidung.

Für mich liegt hier das Geschenk dahinter, dass ich das erste Mal in meinem Leben wie eine erwachsene Frau gehandelt habe und es mir Mut machte für meine Zukunft.

30 Jahre später ist mir aber noch etwas in mein Bewusstsein gekommen. Ich habe in meiner Kindheit fast ausschließlich nur mit Frauen zu tun gehabt, die unter ihren Männern litten. Meine Oma, meine Mutter und der größte Teil ihrer Schwestern und die Frauen der Brüder meines Vaters. Es waren alles Frauen, die nicht die Kraft und den Mut hatten, sich aus ihren unglücklichen Ehen zu befreien und die still vor sich hin litten. Dadurch hatte ich den Glaubenssatz, dass es normal ist, dass Frauen unter ihren Männern leiden und sich auch nicht wehren „dürfen". Und unbewusst habe ich dieses Muster weiter gelebt.

Was zeigt uns das wieder?

Es ist so wichtig, die richtigen Vorbilder im Leben zu haben.

Drogen, Ärzte und neue Freunde

Weiter geht es in meiner Geschichte:

Durch den Drogenkonsum hatte ich mittlerweile auch körperliche Erscheinungen. Es fing alles damit an, dass ich nicht gerade durch einen Türrahmen gehen konnte, ohne rechts, oder links anzustoßen. Ich war taumelig und mit den Nerven ziemlich runter. Nach einer Nacht mit viel Kokain, hatte ich Verfolgungswahn und Weinkrämpfe und so etwas wie einen Nervenzusammenbruch. Meine Mutter hatte alle Hände voll mit mir zu tun. Nach dem nun meine körperlichen Zustände nicht besser wurden, ging ich erst zum Hals Nasen Ohrenarzt, in der Hoffnung, dass es nur mein Gleichgewichtssinn betraf.

Das wurde untersucht, aber damit war alles in Ordnung. Also überwies mich der Arzt weiter zu einem Neurologen. Der Arzt machte mit mir ein EEG und noch ein paar andere Tests. Danach kam er zu mir ins Behandlungszimmer legte mein EEG vor sich und fragte mich, ob ich Drogen nehmen würde. Wumms!

Ich stritt das natürlich vehement ab. Der Arzt stand auf und holte ein zweites EEG und legte dieses neben mein EEG und er schaute mir ziemlich ernst ins Gesicht, mit der Aussage, dass das nicht stimmen kann.

OK, mein EEG hatte so starke Ausschläge, im Vergleich zu dem anderen gesunden EEG und er wies mich darauf hin und fragte mich dann noch einmal, diesmal noch eindrücklicher, ob ich Drogen nehmen würde. Jetzt bekam ich einen Weinkrampf und ich erzählte ihm meine ganze Geschichte. Er wirkte sehr betroffen und verständnisvoll und er machte mir klar, wie wichtig es für mich jetzt ist, keine Drogen mehr zu nehmen. Er verordnete mir Medikamente und dazu bekam ich jetzt regelmäßig in seiner Praxis Spritzen, die mein Nervenkostüm unterstützen sollten und dazu verordnete er mir eine Therapie bei einer sehr netten Therapeutin. Er machte mir deutlich, dass es unumgänglich für mich ist,diese Therapie zu machen und dies nicht erst in einem halben Jahr. Ich bekam auch tatsächlich schnell einen Termin bei dieser Therapeutin.

Ich nahm auch tatsächlich von dem Tag an keine Drogen mehr zu mir. Ich trank ab und zu noch mal Alkohol, aber ohne extremes Betrinken.

Das Auftreten dieser körperlichen Zustände hatte mir doch schon echt zu denken gegeben. Ab und zu konnte ich doch tatsächlich mein Gehirn einschalten.

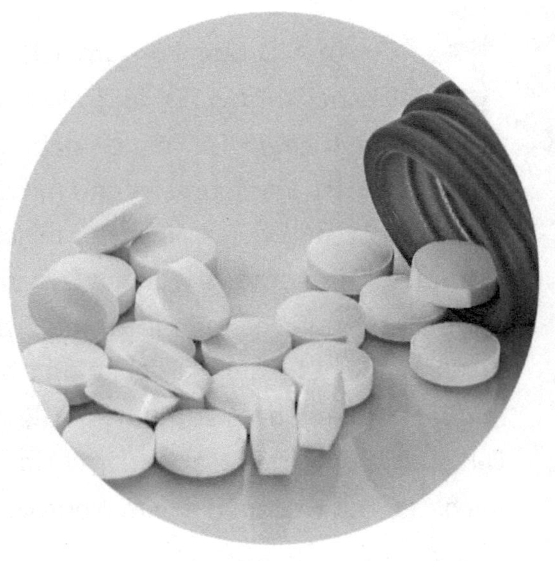

Die Gespräche mit der Therapeutin taten mir sehr gut. Das war auf jeden Fall schon mal ein Anfang in die richtige Richtung dachte ich, so naiv wie ich damals war.

Ich arbeitete fleißig und mit viel Freude im Sonnenstudio, traf mich weiterhin mit Max. Wir gingen am Wochenende in eine Disco und hatten Spaß zusammen.

Ich hatte beim Sport einen 15 Jahre älteren, verheirateten Mann kennen gelernt, mit dem ich mich auch traf. Er war unglaublich lieb und verständnisvoll im Umgang mit mir. Ich hatte ihm meine Geschichte erzählt, aber von ihm kam keine Verurteilung in meine Richtung. Das tat mir unglaublich gut. Wir nahmen uns in den Arm, hatten aber niemals sexuellen Kontakt miteinander. Ich konnte das nicht, weil er verheiratet war und zwei Kinder hatte. Er hat mir erzählt, dass seine Frau Wind davon bekommen hatte, mit wem er sich trifft und, dass sie ihm schwere Vorwürfe machte und ihn fragte, ob er überhaupt wüsste wer ich denn sei. Sie kannte mich und meine Geschichte auch, woher auch immer. Wir trafen uns weiter und er sprach auch davon, dass er für mich seine Familie verlassen wollte. Da diese Bürde für mich zu schwer gewesen wäre, denn dafür wollte ich nicht verantwortlich sein, zumal sein jüngstes Kind auch noch ein Baby war, trafen wir uns nach einigem hin und her nicht mehr. Es war schon traurig, aber besser für ihn und seine Familie und auch für mich, zumal ich auch noch gar nicht fähig war, für eine neue Beziehung. Denn ich hatte nach wie vor noch viel zu viel mit mir selbst zu tun.

Mein Vater betrank sich nach wie vor in schöner Regelmäßigkeit und tobte mal mehr und mal weniger vor sich hin. Nach meinem Kenntnisstand wurde er aber nicht mehr straffällig. Der Gefängnisaufenthalt hatte anscheinend einen bleibenden Eindruck hinterlassen. Außerdem hatte mein Vater keinen Führerschein mehr und er hätte einen „Idioten-Test" machen müssen, um erneut einen Führerschein machen zu können. Es ist gut, dass er das nicht in Erwägung zog.

Einmal kam mein Vater betrunken abends zu mir ins Bett und er fing an, mich am Körper zu streicheln. Ich machte ihm klar, dass ich seine Tochter bin und er das besser nicht tun sollte, daraufhin stand er glücklicherweise wieder auf und ging aus meinem Zimmer. Dieser Vorfall blieb einmalig und es wurde da auch nicht drüber gesprochen. Ich erzählte es auch nicht meiner Mutter, da sie schon genug Herausforderungen zu meistern hatte und ich wollte da nicht noch einen drauf setzen. Ich ging meinem Vater so gut es ging aus dem Weg. Auch wenn es mein Vater war, der in der Zwischenzeit, mein gutes Aussehen bemerkte und seinen Arbeitskollegen Fotos, die Max von mir gemacht hatte, zeigte. Er war mit einem mal stolz auf mich, auch wenn es ein falscher Beweggrund war, denn es betraf ja nur meine Äusserlichkeiten.

Ich weiss heute gar nicht mehr wie das zustande gekommen ist, aber mein Vater schaute mich mit einem Mal mit ganz anderen Augen an. Ich war, ohne eingebildet zu klingen, daran gewöhnt, das ich eine starke Anziehungskraft auf Männer hatte, aber jetzt mit einem Mal auch auf meinen Vater, das war schon seltsam. Wobei ich jetzt anmerken möchte, dass mein Vater nicht seine eigene Sexualität mit mir in den Zusammenhang brachte, sondern er war stolz auf die äusserliche Schönheit und Ausstrahlung seiner jüngsten Tochter und das zeigte er mir auch.

In der Zwischenzeit beendete ich auch meine Therapie. Diese Therapie hat mir zwar schon irgendwie geholfen, aber an die Wurzeln sind wir nicht gekommen. Mein Selbstwert und meine Selbstliebe waren nach wie vor nicht vorhanden.

Obwohl das Sonnenstudio richtig gut lief und ich eine enorme Anziehungskraft auf Männer   und auch auf Frauen hatte, half das nichts, um mein großes leere Loch zu füllen. Seltsamerweise fühlten sich auch sehr viele Frauen zu mir hingezogen, ohne dass sie lesbisch waren. Sie waren einfach nur gerne mit mir zusammen, dass war schon alles.

Dieses leere Loch war für mich immer spürbar, nur in der Zeit, in der ich arbeitete und von anderen Menschen umgeben war, fühlte ich es nicht. Somit wurde das Arbeiten für mich zur Therapie. Ich hatte noch nicht verstanden, dass sich eine innere Leere nicht durch Ablenkung im Außen füllen lässt und dass ich nur wieder Pflaster klebte.

Von Traumas und Masken

Bevor ich in meiner Geschichte fortfahre, kommen hier noch ein paar Anmerkungen.

Wir alle haben in unserer Jugend und Kindheit durch traumatische Erlebnisse und schlechte Vorbilder emotionale Narben davon getragen. Diese erlebten negativen Emotionen haben uns zu dem Menschen gemacht, der wir heute sind.

Als junger Mensch wollen wir uns alle abgrenzen, von dem was uns vorgelebt worden ist. Wir tun das, durch die Art wie wir uns z. B. kleiden, oder durch schrille Haarfarben oder Frisuren. Wir wollen zu bestimmten Gruppen dazugehören, nur um unser „anders sein" nach außen zu transportieren. Ich weiß heute noch ganz genau, wie sich das angefühlt hat. Ich habe über 50 Jahre gebraucht, um zu begreifen, dass es nur über die innere Arbeit, das „sich mit sich selbst auseinandersetzen" geht, die innere Lücken in uns zu schließen. Alles im Außen ist nur ein Ablenken von sich selbst und der eigenen gefühlten Leere. Du kannst dir deine Welt nur für eine kurze Zeit rosarot und himmelblau erkaufen. Die emotionalen Narben wollen angesehen und transformiert werden.

Wenn wir dem Ruf von unserer Seele nicht folgen, dann können Depressionen, Schicksalsschläge oder Krankheiten die Folge sein, nicht um uns zu quälen, sondern um uns aufzuwecken, dem Leben eine authentische und neue Richtung zu geben. Der Mensch nach Außen hin zu werden, der wir im Inneren sind. Die Masken endlich fallen zu lassen. Auch dieser Prozess ist nicht leicht, aber es lohnt sich, diesen Weg zu gehen. Wenn du diesen Weg der Veränderung gehst, verändert sich deine Schwingung. Das führt dann dazu, dass sich deine Freunde und deine Familie fragen, was denn mit dir los ist. Es kann auch dazu führen, dass sich Menschen aus deinem Umfeld von dir verabschieden, weil ihr einfach nicht mehr zueinander passt. Ich habe das in den letzten vier Jahren genauso erlebt. Ich wurde gefragt, ob es mir denn nichts ausmachen würde, wenn ich durch meine Veränderung meine Freunde verlieren würde. Es macht anderen Menschen unterbewusst Angst, wenn du dich veränderst. Das liegt wohl daran, dass sie selber nicht den Mut haben, sich mit ihren eigenen Themen zu beschäftigen. Es ist ja auch viel leichter, Pflaster zu kleben. Da werden dann neue Häuser, Autos oder Klamotten gekauft, alles nur im Außen und die innere Leere bleibt dann dauerhaft unbehandelt.

Natürlich hat es auch mir weh getan, Menschen aus meinem gewohnten Umfeld gehen zu lassen, auf der anderen Seite brauche ich aber kein Umfeld, was mich blockiert. Ich möchte heute nur noch Menschen in meinem Freundeskreis haben, die mich so nehmen, wie ich bin. Ich möchte Gespräche führen, die mich inspirieren und zum Nachdenken bringen. Aus all dem Oberflächlichen Bla, Bla, Bla bin ich rausgewachsen. Bitte glaube nicht, dass ich überheblich und arrogant bin, ich bin nur schonungslos ehrlich, zu mir und zu meinem Umfeld und auch zu dir, der Mensch, der gerade dieses Buch liesst. Ich liebe die Menschen, auch wenn du einen anderen Weg gehst, ich muss doch nicht jeden Weg verstehen und schon gar nicht begleiten.

Ein Neuanfang?

Mittlerweile bin ich 21 Jahre alt. Meine körperlichen Symptome sind mittlerweile zum Glück verschwunden und ich fühle mich gesund. Von Drogen und übermäßigen Alkoholkonsum lasse ich die Finger. Es führt zwar dazu, dass ich mein großes leeres Loch intensiv zu spüren bekomme, aber der Respekt vor den Folgen vom Drogenmissbrauch ist doch zu groß, um wieder rückfällig zu werden. Da habe ich doch tatsächlich dazu gelernt. Ich arbeite mit viel Freude im Sonnenstudio, habe allerdings Probleme mit meiner Mutter. Meine Mutter ist der Meinung, dass ich als ungelernte Kraft auch nur ein kleines Gehalt zu erwarten habe. Es sieht mittlerweile nicht mehr danach aus, dass sie mir das Studio irgendwann einmal übergeben wird.

Es gefällt ihr gut, dass zusätzliche Einkommen für sie und die Ablenkung, die sie dadurch hat. Dafür habe ich heute Verständnis, aber damals hatte ich das nicht. Ich wollte für meine Arbeit ein angemessenes Einkommen generieren und nicht in der Abhängigkeit meiner Eltern bleiben. Es war da kein Reden mit ihr und somit wuchs meine Anti-Haltung meiner Mutter gegenüber weiter stark.

Ich hatte ja nach wie vor keinen Selbstwert, geschweige denn so etwas wie Selbstliebe. Ich fühlte mich dem ganzen wieder ausgeliefert und ich hatte auch nicht den Mut, mich woanders zu bewerben mit meiner Vergangenheit. Also arbeitete ich weiter im Sonnenstudio meiner Eltern. Ich war bei den Kunden sehr beliebt und ich gab mir auch sehr viel Mühe mit den Menschen.

Meine Mutter kam zwischen 17.00 und 18.00 Uhr, um mich abzulösen. Ich vermute, dass sie so eine Art Konkurrenzkampf mit mir führte. Den Kampf konnte sie nur nicht gewinnen, da ich ein sehr emphatischer

Mensch bin und davon ist meine Mutter weit entfernt. Kundinnen kamen zu mir und erzählten mir, dass sie meiner Mutter gesagt haben, wie hübsch sie mich finden und die Antwort meiner Mutter war „das sagen sie meiner Tochter bitte nicht, denn die ist sowieso schon so eingebildet". Ich war ja bestimmt nicht einfach, aber eingebildet war ich nie. Solche und andere Aussagen haben dazu geführt, dass ich mich immer weiter von meiner Mutter entfernt habe. In meinen Augen war sie tatsächlich eifersüchtig, auf meine Jugend und auch auf mein Aussehen.

Ich bin heute auch Mutter einer wunderschönen 24 jährigen Tochter und auch mir erzählen Menschen, wie schön sie mein Kind finden. Ich bin nur nicht eifersüchtig auf meine Tochter, sondern ich freue mich über solche Aussagen.

Aber auch hier hätte ich die Verantwortung für mich übernehmen müssen und meine Mutter zur Rede stellen müssen. Ich hätte auch den Mut aufbringen müssen, mir einen anderen Arbeitsplatz zu suchen, oder noch eine Ausbildung zu machen. Ich war mal wieder zu feige, mich diesen Themen zu stellen. Da bin ich auch wieder in die Opferrolle gefallen, denn diese Rolle kannte ich ja nur zu gut und sie gab mir mein Alibi, mich nicht zu wehren. Auch an diesem kleinen Beispiel ist gut zu erkennen, wie wichtig es ist anderen Menschen Grenzen zu setzen, auch wenn es die eigenen Eltern sind.

Ins Sonnenstudio kam fast täglich ein junger Mann und er blieb meistens stundenlang und trank einen Kaffee nach dem anderen. Wir unterhielten uns immer sehr nett. Er war bis über beide Ohren in mich verliebt, dass konnte ich spüren. An einem Nachmittag rief mich dann ein väterlicher Freund von ihm an, um mir zu erzählen, dass, ich nenne ihn mal Anton, sehr verliebt in mich sei, sich aber nicht trauen würde, mir das zu sagen. Er fragte mich, wo ich denn so am Wochenende zum Tanzen gehen würde.

Ich erzählte ihm, wo ich am Samstag in Begleitung von Max zu finden wäre. Jetzt war ich doch sehr gespannt, ob Anton den Mut hatte, dort hin zu kommen.

Am Samstag ging ich also mit Max in diese Disco und tatsächlich war Anton mit einem Freund auch dort. Im Verlaufe des Abends gestand er mir dann auch seine Liebe zu mir. Was soll ich sagen, wir wurden ein Paar. Obwohl ich wusste, dass ich mit Sicherheit noch nicht bereit war, eine Partnerschaft einzugehen. Anton kam aus normalen Verhältnissen. Sein Vater war früh gestorben und er hatte, als ältester Sohn die Verantwortung der Familie auf sich genommen. Seine Mutter war lieb und nett zu mir, aber sie war auch nicht das, was ich mir unter einer glücklichen Frau vorstellte.

Sie hatte in meinen Augen nicht viel Frauliches an sich und war auch durch ihr Leben härter geworden, was sie auch ausstrahlte. Anton lebte bei seiner Mutter in einem kleinen Dorf bei Wedel. Auch kein Ort in dem ich mich gesehen habe, aber was machte das schon. Ich erzählte ihm von meiner Vergangenheit, weil ich der Meinung war und auch nach wie vor bin, dass ein Lebenspartner das auf jeden Fall wissen sollte. Er war nicht schockiert und in ihm wuchs so etwas wie ein Beschützerinstinkt. Ich glaube nach ca. 6 bis 9 Monaten beschlossen wir zusammen zu ziehen. Für meine Eltern war das OK, denn Anton war in ihren Augen ein guter Mann für mich. Anton war auch tatsächlich sehr lieb und verständnisvoll im Umgang mit mir. Im Grunde genommen tat er immer was ich wollte.

Heute weiß ich, dass ich einen Mann brauche, der mir auch mal sagt, stopp so geht das aber nicht. Ich brauche einen „Gegenüber", wenn du weißt,was ich meine. Das habe ich damals aber noch nicht erkannt und Anton war zu jung und zu verliebt, um das zu erkennen. Er wurde ein Opfer meiner Launen. Auch ein Mensch, der nicht die Ursache meines großen leeren Loches war, aber der sehr darunter leiden musste.

Anton verstand sich sehr gut mit meinem Vater, ich glaube, mein Vater mochte ihn auch sehr. Diverse Male habe ich mit Anton meinen betrunkenen Vater gesucht und dann nach Hause gebracht. Anton war das alles auch nicht zu viel. Ich glaube für Anton war die Verbindung zu meinem Vater auch gut, da er seinen Vater so früh verloren hat. Das Leben an der Seite von Anton war normal und ohne spannende Erlebnisse. Anton hatte eine geregelte Arbeit, früh und Spätschicht und er spielte in der Dorfmannschaft Fußball. Also genau das, was ich doch in Wirklichkeit nicht wollte. Auf der einen Seite ist so ein geordnetes Leben ja entspannend, aber ich fand es langweilig ohne Ende.

In der Zwischenzeit ist meine Schwester Mutter eines Sohnes geworden. Vielleicht wunderst du dich, dass meine Schwester in diesem Buch noch nicht vorgekommen ist. Es liegt daran, dass ich zu meiner Schwester kein schwesterliches Verhältnis habe. Als kleinere Kinder haben wir miteinander gespielt, mit der Pubertät wurde aber unser Verhältnis schlechter. Das liegt zum großen Teil am Umgang meiner Mutter, mit uns zwei. Es gab und gibt nach wie vor, eine gute und eine schlechte Tochter. Das war immer im Wechsel. Mal war ich die Böse und meine Schwester die Gute, oder umgekehrt. Mal hatten meine Eltern Kontakt zu mir und nicht zu meiner Schwester, oder umgekehrt. Meine Mutter hat vertraute Gesprächsthemen weitergegeben, usw.

Da meine Mutter immer stark Grenzen überschritt, ist sie sich auch hier keinerlei Schuld bewusst. Für meine Mutter ist ihr übergriffiges Verhalten total normal und in Ordnung, für mich geht so etwas überhaupt nicht. Meine Mutter versteht überhaupt nicht, was ich mit übergriffig meine und ich habe es, wie schon gesagt, aufgegeben, mit ihr darüber zu sprechen. Ich wäre heute für meine Mutter da, wenn sie Hilfe braucht, aber so lange das nicht der Fall ist, möchte ich nichts mehr mit ihr zu tun haben. Das hört sich vielleicht hart an, aber ich renne doch nicht mit sehenden Augen immer wieder gegen eine Wand, die meine Mutter mir vorsetzt. Für meine Mutter bin und bleibe ich eine undankbare Tochter und sie ist emotional in meiner Kietz Vergangenheit hängen geblieben.

Sie ist dadurch blind geworden und sieht nicht den Menschen, der ich heute bin.

Meine Schwester und ich haben es ein paar Mal versucht so etwas wie eine Schwester- Beziehung aufzubauen, aber meine Mutter hat instinktiv immer dafür gesorgt, dass das nicht von Dauer war. Warum auch immer, es ist mir nach wie vor unbegreiflich. Meine Schwester lebt auch ein Leben mit der einen oder anderen Herausforderung und zeitweise mit viel Alkohol. Wie es heute bei ihr ausschaut, entzieht sich meiner Kenntnis, da ich seit 2010 keinen Kontakt zu ihr habe und ich habe auch nicht vor, dass in Zukunft zu ändern.

Vielleicht denkst Du jetzt, wie kann Anja nur so da mit umgehen, aber nur weil Familie oben drüber geschrieben steht, müssen die Menschen nicht förderlich für dich sein. Ich habe so viele Jahre die Fehler immer nur bei mir gesucht, aber es kam der Tag, da habe ich begriffen, dass ich nur gegen Windmühlen ankämpfe und das ich diesen Kampf nicht gewinnen kann. Als diese Gewissheit in meinem Hirn ankam, habe ich einen Schlussstrich gezogen.

Die Geburt ihres Sohnes hat in mir aber nun auch den Wunsch nach einer eigenen Familie aufkommen lassen.

Ich mietete mit Anton eine kleine Wohnung in seinem Dorf an. 10 Tage vor unserem geplanten Einzug bekam ich eine schwere Grippe. Mein Körper schrie mich an, mach das nicht. Du wirst dort nicht glücklich, egal wie lieb Anton zu dir ist, Du liebst ihn nicht. Ich wusste es ganz genau, ich hätte alles absagen müssen und erst einmal meine inneren Herausforderungen heilen müssen. Aber ich war mal wieder viel zu feige, um für mich einzustehen. Ich habe mich so elendig gefühlt, das ist echt schwer in die richtigen Worte zu packen. Natürlich habe ich es genossen, wenn Anton mich im Arm hielt, aber beim Sex hatte ich keine Gefühle, ich spürte meinen Körper nicht und ich wusste auch, dass ich Anton als Freund brauchte, aber nicht als Lebenspartner. Damals habe ich gehofft, dass die Liebe irgendwann einmal kommen würde und dann ist alles gut.

Das war ein Irrtum, ich wusste doch eigentlich, dass Liebe sich nicht erzwingen lässt, durch Max. Aber über diese gemachte Erfahrung habe ich nicht nachgedacht. Und wieder einmal habe ich keine Verantwortung für mich übernommen. Mir waren diese ganzen Zusammenhänge damals in keiner Weise bewusst.

Also gab ich so den Startschuss für mein nächstes Drama, was aber eine ganz andere schwere Herausforderung war.

Was hätte ich daraus lernen können?
Deine Seele spricht mit Dir und zeigt dir in Form von Emotionen ganz genau, dass du auf dem falschen Weg bist. Wenn du nicht zuhörst und einen anderen Weg einschlägst, antwortet dein Körper, mit Krankheit. Ich habe meinen negativen Emotionen keinerlei Gehör geschenkt und somit ging mein Leidensweg weiter.

Mein Geschenk dahinter, aus meiner heutigen Sicht, ich kann mich zu 100% auf meine Intuitionen verlassen und mein Handeln danach ausrichten. Das war mir damals allerdings nicht bewusst.

Auch heute gibt es immer wieder Situationen, wo mir meine Intuition ganz genau sagt, dieser Weg ist falsch und es kommt leider auch immer noch vor, dass ich nicht darauf höre. Warum auch immer.

Wie schon gesagt, ich brauche wohl manchmal die harten Lektionen des Lebens.

Schwangerschaft
und große Sorgen

Anton war sehr glücklich, als wir dann zusammen gezogen waren. Ich war todunglücklich und kompensierte das dann mit dem einen oder anderen Schnaps, den ich trank und an den meisten Wochenenden fuhren wir zu meinen Eltern, da ich es in diesem kleinen Dorf nicht aushalten konnte. Wenn wir sonntags wieder zurück fuhren schnürte es mir die Luft ab, ich hasste dieses Dorf und die Enge dort. Die meisten Menschen dort kamen mir so kleinkariert und leblos vor.

Ich dachte, wenn ich Mutter werden würde, würde es mir helfen Anton zu lieben und in meiner kleinen Familie glücklich zu werden. Was für ein Irrsinn. Ich hatte im Sonnenstudio eine Kundin, die mir davon abriet und in vielen Gesprächen versuchte sie mir ein Kind auszureden, aber ohne Erfolg. Ich wurde schwanger und am Anfang freute ich mich auch auf das Kind. Dann bekam ich im 3. Monat Blutungen und ich war krankgeschrieben. Das Arbeiten war ja meine Therapie und nun saß ich in der kleinen Wohnung, in diesem Dorf und die Dämonen bahnten sich ihren Weg in mein Bewusstsein zurück. Ich wollte dieses Kind nicht mehr und so badete ich heiß und sprang so oft ich konnte von der Gefriertruhe, in der Hoffnung, ich würde das Kind so verlieren. Doch ich behielt das Kind und eine Abtreibung kam für mich nicht in Frage, es war dafür allerdings auch schon zu spät . Also gewöhnte ich mich an den Gedanken Mutter zu werden.

Nun sollte das Kind ja auch nicht unehelich auf die Welt kommen und wir legten einen Hochzeitstermin fest, im kleinen Kreis innerhalb der Familie.

Einen Tag vor der Hochzeit waren meine Eltern bei uns zu Besuch und meine Mutter fand mich weinend im Badezimmer vor. Ich erzählte ihr, was mit mir los war und sie riet mir, die Hochzeit abzusagen. Ich konnte das Anton allerdings nicht antun und das sagte ich ihr. Ich hatte mir diese Suppe eingelöffelt und nun musste ich sie, meiner Ansicht nach, auch auslöffeln.

Diese Art zu denken hat auch nichts mit Selbstliebe zu tun.

Am nächsten Tag wurde ich somit Antons Ehefrau. Wie eine glückliche Braut habe ich mich allerdings nicht gefühlt. Ich hoffte, dass sich irgendwann so etwas wie Liebe zeigen würde, wenn ich mir so richtig Mühe gebe, Anton zu lieben, wird das schon klappen. Ich konnte mir, so oft ich wollte, Antons gute Eigenschaften vor Augen holen, es klappte einfach nicht. Es blieb für mich nur Freundschaft, mehr nicht. Das alles habe ich Anton nicht gesagt, ich wollte ihm nicht wehtun. Er merkte das bestimmt auch ohne meine Worte und durch mein abweisendes Verhalten ihm gegenüber tat ich ihm dann auch trotzdem weh. Ich konnte mit ihm kaum noch ins Bett gehen oder anderweitigen Körperkontakt zulassen. Meine Mutter sprach mit Stammkunden aus dem Sonnenstudio über das ein oder andere, was mich sehr persönlich betraf. Das war für mich so ein Vertrauensbruch, über den ich mich so aufregte, dass meine Frauenärztin mich krankschrieb und ich den Kontakt zu meinen Eltern abbrach.

Ich war in der 31. Schwangerschaftswoche, als meine Frauenärztin anrief, dass ich in die Praxis kommen müsse, da ein Blutwert von mir nicht in Ordnung sei. Damals war Aids ein großes Thema und ich befürchtete nun Aidskrank zu sein. Ich ging mit Anton zu meiner Frauenärztin und sie klärte uns auf. Halleluja, kein Aids, puh war ich erleichtert. Es war der Blutwert, der die Versorgung des Kindes anzeigte. Da schien etwas überhaupt nicht gut zu sein und sie überwies mich ins Krankenhaus. Nun lag ich im Krankenhaus und ich musste meinen Urin sammeln, damit die Ärzte dort den Wert kontrollieren konnten. Es war Freitag, der 14.8.19987, ich saß beim Chefarzt im Zimmer und er erklärte mir, dass sich meine Werte immer weiter verschlechtert haben, als eine Kranken-schwester mit dem neuesten Wert reinkam. Eine Stunde später lag ich im OP und es wurde ein Notkaiserschnitt gemacht. Um 14.37 Uhr wurde unser Sohn Sascha geboren. Ein Frühchen, sein kleiner Körper war voller Wasser und seine Lungenbläschen waren verklebt.   Sascha kam sofort auf die Intensivstation des Kinderkrankenhauses in Altona. Ich lag im Wedeler Krankenhaus. Anton kam nach der OP zu mir ins Zimmer, ich schickte ihn weg, da ich so unglaubliche Schmerzen hatte und ihn nicht in meiner Nähe haben wollte. Außerdem musste ich das, was da gerade passiert war, erst einmal verarbeiten. Anton fuhr dann nach Altona zu Sascha auf die Intensivstation und er wollte am Abend noch einmal wie-der kommen. Jetzt hätte ich allzu gern meinen Körper auf stumm ge-stellt, aber es ging einfach nicht und ich klingelte nach einer Kranken-schwester, um mehr Schmerzmittel zu bekommen. Ich fühlte mich wie-der meinem Schicksal total ausgeliefert.

Auch hier habe ich nicht verstanden, dass ich vorher viele Möglichkeiten hatte, eine andere und für mich bessere Wahl zu treffen. Diese ganzen Zusammenhänge habe ich damals nicht gesehen.

Am Abend kam Anton mit zwei Fotos von Sascha in der Hand zu mir ins Krankenhaus. Um Sascha stand es nicht gut, er wurde zwar beatmet, aber der Sauerstoff kam nicht so richtig gut an, da seine Lungenbläschen total verklebt waren.

Auf dem Foto war ein Baby zu sehen, dass überall voll mit Schläuchen war und im Brutkasten lag. Ich betrachtete diese Fotos und ich fühlte außer Mitgefühl für dieses kleine Leben gar nichts. Kein Muttergefühl kam in mir hoch. Sie hatten mir das Kind aus dem Bauch geschnitten und weg war es. Ich bekam eine Milchpumpe in mein Zimmer, um meine Muttermilch abzupumpen .Es wurde mir auch keine weitere werdende Mutter mit in mein Zimmer gelegt, weil die Ärzte Angst hatten, dass ich dadurch dann noch eine Depression bekommen würde. Ich war mit mei-nen Dämonen alleine und zu meinen alten Dämonen gesellten sich jetzt auch noch neue. Warum fühlte ich nichts, ich konnte es nicht fassen, ich war zwar traurig, aber mehr auch nicht. Ich fühlte ausser meiner körperlichen Schmerzen nichts, kein Mitgefühl für mich oder Anton, ich war eine leere abgestorbene Hülle und weiter nichts. Ich wollte niemanden sehen oder sprechen, selbst die Besuche von Anton waren mir schon zuviel.

Am Samstag musste Anton eine schwere Entscheidung allein treffen, da ich noch nicht zu Sascha ins Krankenhaus konnte. Das normale Beatmungsgerät hat nicht mehr ausgereicht und Sascha musste an ein, ich glaube, es hieß Hochfrequenz- Beatmungsgerät angeschlossen werden. Dies war seine einzige Chance zu überleben, hatte aber das große Risiko, das die Lunge unter dem Druck platzen könnte. Anton entschied sich dafür und Sascha überlebte dadurch.

Am Sonntag kamen meine Eltern zu Besuch, ich hatte Anton gebeten, mich nicht mit meiner Mutter allein zu lassen. Er versprach es mir auch, doch er ging dann zwischendurch mit meinem Vater eine rauchen. In der Zeit sagte meine Mutter zu mir " ich soll nicht traurig sein, falls Sascha sterben sollte, denn wir wüssten ja nicht, ob er eine geistige Behinderung nachbehalten würde." Das war ja mal wieder sehr taktvoll von meiner Mutter. Auch wenn sie objektiv Recht hatte, sagt man so etwas nicht 2 Tage nach der Geburt zu seiner Tochter. Ich war echt sprachlos, zumal ich mir darüber noch keine Gedanken gemacht hatte. Nachdem meine Eltern gegangen waren, erzählte ich das dann auch Anton und der regte sich fürchterlich auf. Anton hat sich viel speziell über das Verhalten meiner Mutter aufgeregt, doch den Mut ihr das alles Mal ins Gesicht zu sagen hatte er nicht, dazu war er zu feige, oder zu konfliktscheu
.

Eine Woche später konnte ich Sascha dann auch das erste Mal besuchen, ich war ganz schön aufgeregt, meinen Sohn das erste Mal zu berühren. Es hat mich sehr berührt den kleinen im Arm zu halten und ich wollte ihm eine gute Mutter sein, auch wenn ich immer noch keine Muttergefühle hatte.

Nach 14 Tagen kam ich dann aus dem Krankenhaus. Ich fuhr jetzt täglich zu Sascha ins Krankenhaus, pumpte zu Hause meine Milch ab und brachte sie in die Klinik. Sascha wurde über eine Magensonde ernährt und insgesamt 6 Wochen lang beatmet. Er hatte mehrere Krampfanfälle und mehrere leichte Gehirnblutungen. Es war alles nicht leicht und immer wieder gab es gesundheitliche Rückschläge. Ich habe mir damals keine Gedanken darüber gemacht, ob es zu irgendwelchen Folgeschäden kommen könnte. Die Ärzte sprachen das zwar an, dass es noch nicht abzusehen sei, ob es Folgeschäden geben würde und das Sascha immer sehr regelmäßig vom Kinderarzt begutachtet werden müsse. Mir war schon deutlich Bewusst, dass ich jetzt eine neue große Herausforderung in meinem Leben hatte. Vielleicht wäre das alles einfacher für mich gewesen, wenn ich Mutterliebe empfunden hätte und Anton geliebt hätte. Da aber beides nicht vorhanden war, war das alles viel schwerer für mich zu ertragen.

Nach 3 Monaten durften wir Sascha mit nach Hause nehmen. Er hatte ein Herz- und- Atem- Überwachungsgerät, an dem er immer angeschlossen sein musste. Sein Saugreflex war sehr schlecht, was das Fläschchengeben nicht gerade leicht machte. Sascha schlief die meiste Zeit. Ich musste mit ihm regelmäßig zum Kinderarzt und zur Krankengymnastik, da er einen schwachen Muskeltonus hatte. Ich gab mir Mühe, eine gute Mutter für ihn zu sein, auch wenn ich immer noch keine richtigen Muttergefühle hatte. Ich schob das darauf, dass ich Sascha nicht nach der Geburt bei mir hatte und das sich das bestimmt im Laufe der Zeit ändern wird. Ich fühlte mich allerdings für ihn und sein Wohlergehen verantwortlich, das war ja auch schon mal was. Zu mehr war ich allerdings auch nicht in der Lage.

Ich glaube, Sascha war gerade ein halbes Jahr alt, als eine Stammkundin aus dem Sonnenstudio, sie hieß Marion, zu der ich ein freundschaftliches Verhältnis hatte, an Krebs verstarb. Ich hatte Marion sehr häufig besucht und so war ich sehr traurig, als sie dann nach einem sehr langen Leidensweg verstarb. Obwohl sie selber so schwer krank war und ihr auch bewusst war, dass sie sterben wird, hatte sie immer sehr liebe Worte für mich, das werde ich immer in meinem Herzen tragen.Es gibt Menschen im Leben, die einen liebevollen Fußabdruck hinterlassen und Marion war so ein wundervoller Mensch.

Kurz danach bekam mein Vater mit 47 Jahren einen schweren Schlaganfall. Mein Vater war von nun an halbseitig körpergelähmt. Das hatte unter anderem damit zu tun, dass er nicht gleich einen Arzt gerufen hat, sondern noch Stunden abgewartet hat, ob sich sein Zustand wieder bessern würde. Dadurch ist wertvolle Zeit verloren gegangen und es sind viele irrreparable Schäden geblieben. Da hat er sich, wie schon so oft, mit seinem Dickschädel selber sehr geschadet. Er war schon ein komisches Gefühl, ihn so angeschlagen zu sehen. Nun war nichts mehr von seinem früher so starken Körper übrig geblieben, sein Leben wurde dadurch ein anderes. Er konnte nicht mehr arbeiten und ging in Invalidenrente. Sein Selbstwert war am Boden, er wollte nicht, dass ihn ehemalige Arbeitskollegen besuchten und ihn so sahen. Dieses neue Leben in irgendeiner Form anzunehmen, war für meinen Vater fast unmöglich. Er sprach mit mir niemals über diese Themen und machte, wie schon erwähnt, in den ersten Jahren nach seinem Schlaganfall genauso weiter wie zuvor. Er holte sich auch keine psychologische Hilfe, um damit besser klar zu kommen. Sein Dickschädel war groß und seine Selbstliebe war nicht vorhanden.

Was kann man daraus lernen?

Es ist nicht unser Körper, unsere Kraft, unser Aussehen, was uns ausmacht. Das, was wir anderen Menschen geben, wie Liebe, Zuspruch, Trost und Rat macht uns doch aus. Wenn wir etwas für andere Menschen tun, ohne etwas dafür zurück zu erwarten kann das positive Spuren im Anderen hinterlassen und sein Leben dann positiv verändern. Das, was wir uns selbst an Liebe und Wertschätzung geben hilft uns, besser mit unseren Herausforderungen umzugehen und nicht am Leben zu zerbrechen. Wir sind alles Menschen und wir machen auch alle Fehler, es ist so Wichtig sich selber dafür nicht zu verurteilen und andere Menschen auch mit liebevollen Augen zu betrachten. Das heißt nicht, dass wir uns alles gefallen lassen sollen, wir sollten nur versuchen das Geschenk hinter jeder Erfahrung zu erkennen. Es gibt Menschen, die einem nicht gut tun, dass stimmt, aber muss es denn immer im Streit, oder schlimmer noch im Hass enden? Ich habe gelernt, Menschen die mir nicht gut tun in Liebe und Achtung gehen zu lassen. Ist mir auch nicht immer leicht gefallen, aber es ist unheimlich befreiend, wenn man diesen Weg gehen kann. Ich musste viele Bücher lesen und viele Enttäuschungen verkraften, aber ich habe niemals aufgehört die Menschen zu lieben.

Schicksalsschläge und ihre Auswirkungen

Was haben diese Schicksalsschläge mit mir gemacht?
Da ich ja nach wie vor nicht auf die Hinweise meiner Seele, in Form von Intuitionen und Emotionen, gehört habe, schaltete sich jetzt mein Körper ein. Zuerst fing alles ganz harmlos an. Wenn es dunkel wurde, fing ich an zu hyperventilieren und ich konnte vor lauter Angst nicht schlafen. Die meisten Nächte habe ich vor der offenen Balkontür gesessen und nach Luft geschnappt. Ich hatte Herzrasen und Panik vor allem. Das Leben und meine Zukunft machten mir große Angst. Ich versuchte es mit Alkohol in den Griff zu bekommen, aber das klappte nicht. Es sorgte nur dafür, dass meine Dämonen wieder mächtiger wurden und damit verstärkten sich nur noch meine Ängste. Wenn ich dir von Angst erzähle, glaube mir , ich weiss, was Angst ist und wie mächtig Angst sein kann. Meine Ängste bestimmten mein ganzes Leben und hatten mich fest im Griff und sie liessen mich keinen Augenblick mehr in Ruhe. Es war echt Folter.

Irgendwann konnte ich diesen Zustand nicht mehr aushalten, zumal ich ab nachmittags schon Angst vor der kommenden Nacht bekam. Ich musste ja auch tagsüber für meinen Sohn da sein und vernünftige reagieren, wenn es gesundheitliche Schwierigkeiten gab und die gab es ja leider regelmäßig, mal mehr und mal weniger schlimm. Also holte ich mir endlich einen Termin bei einem Neurologen und Psychologen. Der meinte nur, dass liege an der Belastung mit meinem

Sohn und verschrieb mir ein Schlafmittel, damit ich Nachts schlafen konnte. Dankbar dafür, nahm ich nun zur Nacht meine Schlaftabletten und ich schlief wieder gut. Das ging dann eine kurze Zeit so weiter, ich dachte der Spuk ist vorbei.

Aber dem war nicht so. Ich ging an einem Tag einkaufen und ich musste an der Kasse anstehen und warten, bis ich an der Reihe war. Ich bekam Schweißausbrüche und Herzrasen so etwas von massiv, dass ich das gerade noch so geschafft habe zu bezahlen, um dann schnell raus zu gehen. Draußen war der Spuk dann auch schnell wieder vorbei. Ein anderes Mal saß ich im Bus und dasselbe passierte mit mir. Es war so schlimm, dass ich vor meinem Ziel aussteigen musste. Es steigerte sich mit einer Heftigkeit, die mich handlungsunfähig machte. Ich konnte nicht mehr ohne Anton einkaufen gehen oder Termine mit Sascha war nehmen. Ich bekam dann so heftige Panikattaken, dass nichts mehr ging. Ich vermied alles, was nur zu vermeiden war, in der Hoffnung, es würde wieder weg gehen. Doch die Angst ist schlau, wenn du ins Vermeiden gehst, sucht sie sich neue Wege, um sich zu zeigen.

Ich versuche es dir anhand eines einfachen Beispiels zu erklären.

Mal angenommen, du machst beim Autofahren auf der Autobahn eine negative Erfahrung, die dir so viel Angst gemacht hat, dass du in Zukunft dich nicht mehr traust auf die Autobahn zu fahren. Jetzt meidest du also die Autobahn. Doch die Angst ist hinterhältig und sucht sich also neue Wege sich dir zu zeigen, damit du dich deinem Thema stellst. Jetzt fährst du auf der Landstraße und nun bekommst du auch da Angst und nun vermeidest du auch das Befahren einer Landstraße. Dann bekommst du Angst im Stadtverkehr und am Ende fährst du gar kein Auto mehr, weil du schon die Angst spürst, bevor du ins Auto steigst. So ist der Kreislauf bei einer Angststörung, das Vermeiden der Situationen, die in dir Angst und Panik auslösen, ist nicht der richtige Weg in die Heilung. Durch das Vermeiden gibst du der Angst nur die Macht über dich und dein Leben. Dein Radius wird immer kleiner und kleiner und die Angst wird immer mächtiger. Am Ende bist du dann völlig Handlungsunfähig. Genauso habe ich es erlebt.

Der einzige Weg da wieder raus zu kommen, ist, sich seiner Angst zu stellen und genau das zu tun, wovor du Angst hast. Möglichst in Begleitung eines erfahrenen Therapeuten, der auf Angst und Panikattacken spezialisiert ist. Denn dieser Weg ist steinig und sehr kräftezehrend, aber es ist machbar, wenn der Wille stark genug ist.

Die Angstzustände wurden immer schlimmer und steigerten sich von Panikattacke zu Panikattacke und somit ging ich dann wieder zum Arzt. Jetzt bekam ich Anti- Angst- Tabletten, dass führte dann dazu, dass ich tagsüber nur noch müde war und viel schlief. Am Morgen aufzustehen, war für mich schon die erste Hürde. Meistens stand ich immer erst gegen Mittag auf. Sascha versorgte ich mit Essen und Trinken und dann nahm ich ihn mit zu mir ins Bett. Da Sascha selber noch viel schlief, war das auch kein Problem.

Doch sobald ich vor die Tür musste, stand sie da, die Angst und zeigte sich. Ich konnte nicht Bus und Bahn fahren, nicht einkaufen gehen, mit Sascha nicht zum Arzt usw., nichts ging mehr alleine.

Dazu kam noch, dass ich mir jede Woche eine Krankheit und die damit verbundenen Symptome einbildete. Ich hatte damals einen sehr verständnisvollen Internisten, der mich immer untersuchte und mir anschließend versicherte, dass ich gesund sei. Mein vegetatives Nervensystem spielte mir immer neue Streiche und meine Seele schrie mich an, ändere dein Leben ! Aber wie sollte das in diesem Zustand denn gehen ? Damals war ich nicht in der Lage, auch nur einen Bruchteil an meiner Lebenssituation zu verändern. Selbst wenn ich nur die Mülltüte runter bringen wollte kam die Angst mit so einer Wucht über mich. Ich bekam keine Luft mehr, hatte Herzrasen und Schweißausbrüche. Dazu kamen dann Schwindelanfälle, Kreislaufzusammenbrüche und ich zitterte am ganzen Körper. Ich dachte damals viel über Selbstmord nach, denn ich konnte mir nicht vorstellen, dass sich meine Situation irgendwann einmal verbessern könnte. Ich war 23 Jahre alt und hatte ja schon ziemlich viel Schwieriges in meinem Leben hinter mir. Nach wie vor auch keine positiven Vorbilder in meinem Leben. Es war niemand da, den ich hätte um Hilfe bitten können. Anton war mit meiner Situation natürlich auch total überfordert. Er hat mir niemals Vorwürfe gemacht, oder mich in irgendeiner Form unter Druck gesetzt. Sascha hatte durch die lange Zeit der Beatmung auch viel mit Bronchitis und Krupp zu tun. Er entwickelte sich schlecht und hing in der Entwicklung seiner Altersgruppe stark hinter her. Er krabbelte z.B. niemals, sein Saugreflex war nach wie vor dürftig. Die Ärzte schoben damals alles auf die Umstände der Frühgeburt. Dass da allerdings etwas ganz anderes hinter steckte, wusste ich dadurch auch erst einige Jahre später. Dazu komme ich dann später in diesem Buch.

Mein Vater hatte sich von seinem Schlaganfall erholt und somit machte er genauso weiter, wie vor seinem Schlaganfall. Er betrank sich wieder öfter und machte meiner Mutter immer weiter sehr viel Kummer. Meine Mutter hatte jetzt einen Lover, der ihr wohl irgendwie half, das alles durchzustehen. Mein Vater hat niemals in meiner Gegenwart geweint oder emotionale Schwäche gezeigt. Ich bin mir ziemlich sicher, dass er sehr verzweifelt war über seine neue Lebenssituation. Es hätte ihm bestimmt geholfen, wenn er sich psychologische Hilfe geholt hätte, aber das kam in seiner Welt nicht vor. Er nahm dann doch lieber wieder seine Krücke namens Alkohol und obwohl ich genau dieses Muster ja nachlebte, verurteilte ich ihn dafür. Ich hatte das damals immer noch nicht erkannt, dass ich eins zu eins das selbe nachlebte.

Es gab allerdings eine positive Veränderung bei meinem Vater, man konnte sich mit ihm mittlerweile unterhalten. Er hat gekämpft, denn trotz halbseitiger Körperlähmung saß er nicht im Rollstuhl, er ging am

Stock. Er übte das Treppensteigen und ging jeden Tag lange spazieren, um seinen Körper in einen besseren Zustand zu bringen. Er war wirklich sehr willensstark, das bewundere ich sehr an ihm, heute noch viel mehr, als damals.

Die Spitze des Eisberges war dann, dass ich nach ca. 1,5 Jahren Angst, mit allen Symptomen eines Schlaganfalls ins Krankenhaus kam. Ich war mit Anton in einem Supermarkt und ich bekam so eine heftige Panikattacke, dass ich auch halbseitig meinen Körper nicht mehr spürte und Anton mich auf dem schnellsten Weg in ein Krankenhaus brachte.Ich hatte natürlich gar nichts. Die Ärzte behielten mich trotzdem für 4 Tage im Krankenhaus und mit mir sprach dann dort ein Psychologe, der mir vier Tage an die Seite gestellt wurde und mir alles ganz genau erklärte, was da in meinem Körper los war.

Der erklärte mir genau, was mit mir los sei und das ich mein Leben ändern müsse, um wieder „gesund" zu werden. Das habe ich denn auch tatsächlich verstanden, ich wusste allerdings noch nicht, wie ich das denn nun anstellen sollte. Die Tage im Krankenhaus fühlte ich mich sicher, ich hatte sehr große Angst davor, wieder entlassen zu werden. Doch ich wollte dieses Leben so nicht mehr weiter führen, ich wusste, dass ich eines Tages Anton sehr wehtun werde, weil ich ihn verlassen musste. Ich habe es einfach nicht geschafft, für ihn so etwas wie Liebe zu empfinden.

Es ist auch heute noch für mich schwer dort hin zu blicken, weil ich weiß, wie sehr ich ihn verletzt habe und mir ist auch bewusst, dass wenn ich mich gleich gegen eine Beziehung mit ihm entschieden hätte, wäre das nicht in dieser Art passiert. Die Verantwortung dafür trage ich, weil mein Ego immer nur das große leere Loch füllen wollte, ohne Rücksicht auf die Gefühle anderer Menschen. Wie schon gesagt, der Blick in den eigenen Spiegel ist nicht immer schön. Anton hat mir versucht, alles zu geben, was er nur konnte, aber ich konnte ihm nichts zurückgeben. Nachdem ich wieder aus dem Krankenhaus war, habe ich mit meiner Mutter gesprochen, dass ich wieder arbeiten möchte. Weiter holte ich mir einen

Termin in einer Psychologischen Praxis, die auf Angstzustände spezialisiert waren.

Soweit ich mich erinnern kann, arbeitete ich aber nur halbe Tage im Sonnenstudio, in Begleitung meines kleinen Sohnes. Da Arbeiten für mich
schon immer so eine Art Therapie war, half mir das auch, zumindest in
der Zeit, in der ich arbeitete. Wenn ich wieder zuhause war, verschlech-
terte sich mein Zustand dann wieder rapide. Ich nahm weiterhin meine
Medikamente und fing dann meine Therapie an. Da die Praxis mitten in
Hamburg war, musste Anton mich am Anfang dorthin bringen, da ich
nicht in der Lage war, dort alleine mit der Bahn hin zu fahren.

Ich glaube, du kannst dir nicht vorstellen, wie schlimm es für mich war,
mich von Anton fahren zu lassen, denn ich wusste ja, dass am Ende der
Therapie die Trennung von ihm stand. Ich bin mir nicht sicher, ob Anton
das gespürt hat, oder die Hoffnung in sich trug, dass am Ende eine
glückliche Ehe stand. Eigentlich hätte er es merken müssen, denn ich
konnte ihm keine Liebe mehr vormachen, ich war emotional tot. Ich
spürte nichts, auch nach wie vor keinerlei Mutterliebe, nur die Verantwortung für das Leben meines Sohnes. Sascha war ein niedlicher kleiner
Kerl und ich hätte so gerne damals Liebe für ihn empfunden. Warum
sich das Gefühl nicht zeigte, kann ich mir heute nur damit erklären, dass
ich damals viel zu sehr mit meinen Herausforderungen und meinem großen leeren Loch beschäftigt war und das da gar kein Raum war für Liebe
zu einem anderen Menschen. Aus einem leeren Gefäß kann man einfach
nichts rausholen. Du kannst mir glauben, während ich das hier schreibe
muss ich sehr viel weinen, es tut einfach unglaublich weh, diese Themen
anzuschauen.

Die Therapie tat mir sehr gut. Es gab viele Gespräche, wobei der Therapeut viele Mühe damit hatte, meine Mauern einzureißen. Ich hatte eine
Festung um mich gebaut und ich wollte keinen Menschen mehr emotional an mich rankommen lassen. Es machte mir große Angst, mich zu
öffnen und ich bekam auch in der Praxis während dieser Gespräche die

ein oder andere Panikattacke, die mein Therapeut dann gemeinsam mit mir durchstand. In der Therapie machte mein Therapeut mit mir die Dinge wovor ich Angst hatte, wie z.B. Bus fahren, in volle Kaufhäuser gehen usw. Auch meine Medikamente wurden nach und nach runter dosiert. So konnte ich nach einiger Zeit dann auch selbstständig mit der Bahn nach Hamburg fahren.

Im Sonnenstudio lief es zwischen mir und meiner Mutter nach wie vor nicht gut und auch da wurde mir klar, dass ich mir eines Tages eine neue Arbeitsstelle suchen musste.

Mit meiner Mutter war einfach kein Reden und sie war weiterhin grenzüberschreitend und anmaßend. Sie sprach mit Kunden über mich und das nicht mütterlich oder liebevoll. Aber ich war nach wie vor nicht in der Lage, mich da voll von ihr abzugrenzen und sie in ihre Schranken zu weisen. Dazu kam, dass wir mittlerweile ein weiteres Sonnenstudio in Wedel hatten und da meine Mutter die Röhren der Sonnenbänke immer erst auf letzter Rille wechselte, verloren wir den ein oder anderen Kunden. Aber auch da war kein Reden mit ihr, sie wusste immer alles besser und somit lief das Sonnenstudio nicht mehr so gut, wie in den Jahren zuvor. Es war sehr schade, aber selbstgemachtes Elend. Ich war da schon sehr traurig drüber, denn ich hatte das Sonnenstudio mit sehr viel Liebe aufgebaut und in meinen Augen zerstörte meine Mutter das ganze durch ihr Verhalten.

Neue Wege

Ins Sonnenstudio kam ein junger Mann, der auch gerne Zeit bei mir verbrachte, wir unterhielten uns viel und wir trafen uns auch privat. Nach einer kurzen Zeit beschlossen wir, dass ich mit Sascha zu ihm ziehen kann. Anton hatte schon irgendetwas gemerkt und wirkte sehr verzweifelt und traurig. An einem Abend sagte ich ihm dann, dass ich mit Sascha am nächsten Tag ausziehen werde. Es flossen auf beiden Seiten viele Tränen, aber mein Entschluss stand fest und somit packte ich am nächsten Morgen meine 7 Sachen und zog mit Sascha zu, ich nenne ihn mal Carsten. Anton war am Boden zerstört, er sah für eine lange Zeit sehr elend aus und das tat mir auch sehr leid, aber ich konnte nicht bei ihm bleiben.

Carsten arbeitete auch in der Bahnhofsstrasse, im Einzelhandel. Das Leben an seiner Seite war wieder ein anderes. Wir gingen häufig aus und hatten Spaß zusammen. Er ermutigte mich auch, mir im Einzelhandel eine neue Arbeit zu suchen, sobald Sascha mit 3 Jahren in den Kindergarten gehen konnte. Nun konnte ich auch meine Therapie beenden, denn meine Panikattacken waren bis auf wenige Ausnahmen weg. Mein Leben fühlte sich jetzt schon mal wieder nach Leben an. Carsten war auch sehr lieb im Umgang mit Sascha und konnte auch gut mit den ganzen Herausforderungen, die Sascha so mit sich brachte, umgehen. Denn Sascha war weiterhin sehr auffällig. Mit 2 Jahren wurde Sascha immer dicker und er liebte es, zu essen. Sein Hunger war immer sehr groß, eigentlich nicht zu stillen. Er bekam heftige Wutanfälle, wenn er seinen Willen nicht bekam. Er schmiss sich auf die Straße und wütete vor sich hin und es dauerte immer sehr lange, bis ich ihn wieder beruhigt hatte. Das war schon eine ziemliche Herausforderung für mich und ich hatte da schon eine Vorahnung, dass da bei Sascha etwas ganz und gar nicht stimmen konnte und dass das nicht alles nur mit seiner Frühgeburt zu tun haben konnte. Es ist ein schreckliches Gefühl, von Machtlosigkeit, wenn Du von Arzt zu Arzt rennst und keiner dir weiter helfen kann . Sascha war im Vergleich zu anderen Kindern sehr auffällig. Seine ständigen Wutanfälle waren da nur ein Punkt und seine ständig zunehmende Körperfülle waren einfach nicht zu stoppen und belasteten mich sehr.

Auf Grund seiner vielen Auffälligkeiten bekam Sascha einen Platz im Lebenshilfe Kindergarten. Der ging immer bis 16.00 Uhr, was für mich gut war, da ich ja voll berufstätig war.

Sascha liebte es, Wäsche zu waschen und er saß stundenlang vor der laufenden Waschmaschine und beobachtete wie sich die Trommel drehte. Auf Grund seiner Körperfülle lief ich von Arzt zu Arzt, doch keiner konnte uns weiter helfen. Die Aussagen waren" sie ernähren ihr Kind falsch, das liegt in der Familie, oder ihr Kind bewegt sich zu wenig." Wobei es in meiner Familie und in der Familie seines Vaters keine extrem dicken Menschen gibt.

Ich versucht ihn auf Diät zu halten, was bei einen gutem Esser nicht leicht war. Alle 14 Tage war er bei Anton über das Wochenende und da wurde Sascha natürlich sehr verwöhnt. Es war alles andere als leicht, mit Sascha umzugehen. Denn Sascha flippte dann noch häufiger aus und ihn dann irgendwie zu bändigen war sehr schwer und brachte mich nervlich und emotional an meine Grenzen.Dann immer dieses ungute Gefühl in meinem Bauch, dass mit Sascha etwas viel Schlimmeres nicht in Ordnung war. Aber egal welchen Arzt ich gemeinsam mit Sascha aufsuchte, es wurde alles auf die Umstände der Frühgeburt geschoben und auf einen falschen Umgang meiner Seite mit Saschas Auffälligkeiten.

Mittlerweile habe ich im Sonnenstudio meiner Mutter gekündigt und in einer Boutique ganztags gearbeitet. Das hat mir sehr viel Spaß gemacht. Ich hatte für 2 Stunden am Nachmittag eine Tagesmutter, damit Sascha beaufsichtigt war. Auch meiner Tagesmutter fielen Saschas vielen Ausfälligkeiten auf, aber ich hatte immer noch keinen Arzt gefunden, der uns da weiter helfen konnte. Sascha bekam von der Krankenkasse ein sogenanntes Haverrichrad genehmigt. Das ist ein spezielles Fahrrad, vorne ein Rad und hinten zwei Räder, damit er das Gleichgewicht halten konnte. Somit versuchte ich, wenn ich frei hatte, Sascha wenigstens zum Fahrrad fahren zu bewegen, in der Hoffnung, seine enorme Körperfülle so etwas runter zu bringen. Das hat aber ehrlich gesagt, nichts gebracht. Ich wusste, dass mit Sascha etwas nicht stimmte und war neben meiner Arbeit damit beschäftigt, dem auf den Grund zu gehen.

An einem Nachmittag rief mich der Kindergarten an, dass Sascha abgeholt werden müsste, ihm war in der Sandkiste ein anderes Kind auf sein Schienbein gesprungen und es ging Sascha seitdem nicht gut. Ich fuhr mit Sascha zu einem Unfallchirurgen und Saschas Bein wurde geröntgt. Sascha hatte ein Spiralbruch im Schienbein und er bekam erstmal eine Gipsschiene. Nach ein paar Tagen bekam er einen festen Gips. Sascha schrie die ganze Nacht vor Schmerzen und sagte immer wieder, dass ihm seine Ferse weh tat. Am nächsten Morgen ging ich mit ihm wieder zum Arzt, der mir versicherte, dass mit dem Gips alles OK sei und das Sascha sich nur anstellen würde und weiter nichts.   Sascha hat 3 Tage und Nächte geweint, doch der Arzt sagte immer wieder nur, dass Sascha sich anstellen würde.

Ich glaubte dem Arzt, was sich als großer Fehler heraus stellte. An dem Tag, als der Gips abkam, schrie Sascha so schrecklich vor Schmerzen, dass es mir mein Herz zerriss. Als der Gips dann endlich ab war, wir mussten Sascha mit drei Mann festhalten, so hat er sich gewehrt, kam eine halb abgefaulte Ferse zum Vorschein. Die Ferse war schwarz und durch das abmachen des Gipses an einigen Stellen aufgerissen und blutig. Jetzt musste das ganze abgestorbene Gewebe auch noch entfernt werden. Das war einfach nur schrecklich.

Ich hatte so ein schlechtes Gewissen, das ist nicht in Worte zu fassen. Es kam keine Entschuldigung von dem Arzt. Sascha muss unglaubliche Schmerzen gehabt haben. Mir ist damals schon klar geworden, dass es manchmal auch notwendig ist, sich eine zweite Meinung einzuholen.

Das hat mir später, darauf komme ich noch, sehr geholfen eine Arztmeinung anzuzweifeln und das auch mit dem jeweiligen Arzt zu besprechen. Mittlerweile war ich mit Carsten in eine größere Wohnung gezogen. Alkohol war nebenbei bemerkt ein Thema bei Carsten, er trank gerne und auch häufig, was auch dann dafür sorgte, dass wir viel Streit hatten. Schlimm war es dann, wenn ich auch mittrank, was mit der Zeit häufiger vorkam. Somit kamen damit auch wieder meine Dämonen zum Vorschein. Zu Anton hatte ich ein freundschaftliches Verhältnis und er hatte sich mittlerweile auch von unserer Trennung erholt. Als ich mit ihm einmal über die Schwierigkeiten zwischen Carsten und mir sprach, bot er mir sogar an, dass ich zu ihm zurückziehen könnte, doch das kam für mich nicht in Frage. Anton war trotz allem immer für mich da. Zu dem Alkoholkonsum kam noch, dass Carsten ins Spielcasino ging und viel Geld verspielte, was ich am Anfang gar nicht mitbekam, da wir getrennte Konten hatten.

Auch diese Beziehung war für mich und auch für Sascha nicht förderlich, doch auch hier schaute ich nicht hin und übernahm keine Verantwortung für mein Leben. Ich litt darunter, aber das Leiden war ich ja gewohnt. Ich konnte mir ein Leben ohne Leiden gar nicht mehr vorstellen. In Wedel wollte die Firma „Samt und Sonders" eine Filiale eröffnen und ich bewarb mich dort für eine Vollzeitstelle als Verkäuferin. Ich bekam nach einem Bewerbungsgespräch einen neuen Arbeitsplatz. Ich war ganz glücklich und freute mich sehr auf die neue Arbeitsstelle. Es tat auch meinem Selbstbewusstsein gut .

Mittlerweile war Sascha 5,5 Jahre alt und seine Auffälligkeiten nicht mehr zu übersehen. Seine Wutanfälle waren kaum noch zu bändigen und er sah mittlerweile aus wie ein kleiner Buddha, von seiner   stetig zunehmenden Körperfülle. Hinzu kam das Sascha angefangen hatte, sich ständig Hautwunden zuzufügen, indem er solange an der Haut kratzte und pulte, bis es richtig große Wunden waren. Er lief ständig mit blutverschmierten Händen rum und verteilte sein Blut überall und nirgends.

Was mich ehrlich gesagt ziemlich wütend machte, da auch da kein Reden half.

Somit wurden die Auseinandersetzungen immer mehr und ich hatte nur die Wochenenden, an denen Sascha bei seinem Vater war, um mich davon zu erholen. Was natürlich nicht reichte und so wurde mein Nervenkostüm immer dünner und dünner.

Ich nahm an Körpergewicht ab, da ich bei solchem emotionalem Stress nicht wirklich gut essen kann. Dafür rauchte ich zu viel und trank das ein oder andere Glas Wein, um irgendwie von meiner Palme zu kommen. Saschas Vater konnte ich auch nicht nahebringen, das mit Sascha irgendetwas nicht stimmen kann, der wollte da einfach nicht so genau hin schauen.

Verletzungen begegnen

Ich stand im Sommer mit Sascha an einer Ampel und wartete auf grün. Ich hörte wie andere Menschen sagten, schau mal die Mutter ist so schlank und das Kind dazu ist so fett. Das hatte gesessen, ich war sprachlos und unglaublich verletzt über diese Äußerung. Ich wusste ja selber, dass Sascha viel zu dick war, ich konnte es nur nicht verändern, denn er nahm nicht ab, egal was ich auch versuchte, Sascha nahm stetig zu und sein Bauch war mittlerweile sehr dick für diesen kleinen Körper.

Dieser Satz hat im Übrigen dafür gesorgt, dass ich nicht mehr über dicke Menschen urteile, da man ja nicht weiß, ob da eine Krankheit hinter steht, oder die Menschen Medikamente nehmen müssen, die Leibesfülle als Nebenwirkung haben. Die Menschen sagen so häufig unüberlegte Dinge und somit verletzen sie meist ungewollt andere Menschen, was nicht nötig wäre.

Heute 30 Jahre später, würde ich sofort zu diesen Menschen gehen und sie fragen, was ihnen eigentlich einfällt, so eine Äußerung zu treffen. Damals fehlten mir der Mut und die Selbstverantwortung dafür.

Der Befund

Die Beziehung zu Carsten war mittlerweile auch nur noch schwierig, ich liebte auch ihn nicht und blieb nur mit ihm zusammen, weil mir der Mut fehlte, mit Sascha alleine zu sein.

Ich hatte immer noch nicht gelernt, für mich die Selbstverantwortung zu übernehmen. Das Wort Selbstliebe kam auch nach wie vor bei mir nicht vor. Ich gab mich auch hier wieder der Opferrolle hin. Ich litt vor mich hin, weinte viel und trank auch zu viel Alkohol. Es ging mir nur gut, wenn ich arbeitete. Ich war auch hier beliebt bei den Kunden und da ich immer alles gebe, auch bei meinen Vorgesetzten und Kolleginnen. Ich war auch mittlerweile Filialleiterin geworden, worauf ich sehr stolz war.

Nun hatte ich erneut mit Sascha einen Termin bei einem Radiologen, um Saschas Schilddrüse erneut untersuchen zu lassen. Dieser Arzt sah sich Sascha genau an und er untersuchte ihn nicht. Er sagte zu mir, hier stimmt etwas nicht mit ihrem Sohn, was garantiert nichts mit der Schilddrüse zu tun hat. Er riet mir, mit Sascha ins Kinderkrankenhaus Altona zu gehen, um dort eine genetische Untersuchung machen zu lassen. Jetzt hatte ich richtig Panik, was da auf uns zukommen würde. Ich machte schnell einen Termin im Krankenhaus Altona und ein paar Tage später fuhr ich mit Sascha dort hin. Mein Herz rutschte mir echt in die Unterhose. Der Arzt, ein Spezialist für Genstörungen schaute sich Sascha ganz genau an und dann sagte er zu mir: Entweder ist bei Sascha die Hirnanhangsdrüse nicht in Ordnung, oder Sascha hat das Prader- Willi – Syndrom. Ich hatte bis dahin noch nie etwas vom PWS- Syndrom gehört. Um das herauszufinden, müssten wir einen neuen Termin machen, dann würde man Sascha über Nacht dort behalten, um übers Blut eine genetische Untersuchung zu machen. Also machten wir diesen Termin für diese Untersuchung. Nur mal nebenbei bemerkt, es gab damals noch kein Internet, wo ich mich hätte schlau machen können. Ich musste abwarten, was mir nicht leicht viel, zu groß war meine Angst vor dem Unbekannten.

Die Untersuchungen wurden gemacht und einige Tage später hatten wir dann den Termin zur Befunds Besprechung bei dem Arzt im Krankenhaus. Sascha hat das Prader- Willi- Syndrom, war seine Aussage. Er erklärte mir nicht viel dazu, sondern er gab mir die Kontakt- Daten einer Selbsthilfegruppe für PWS. Denn es gab kein Medikament, was Sascha hätte nehmen können und nun war der Arzt nicht mehr zuständig.

Ich stand erstmal total unter Schock, mein Kind war tatsächlich ein behindertes Kind, ich konnte es überhaupt nicht fassen und meine Angst davor war riesengroß, aber ich hatte jetzt wieder die Bestätigung, dass ich mich auf mein Bauchgefühl zu 100 % verlassen kann und die Hoffnung, die Dinge jetzt besser in den Griff zu bekommen.

Ich rief die Selbsthilfegruppe an und die schickten mir sehr viele Unterlagen, über diese Krankheit. Was ist denn das Prader-Willi –Syndrom?

Das Prader- Willi- Syndrom wird durch den Funktionsverlust des väterlichen Chromosoms 15 ausgelöst. Es ist keine Erbkrankheit, sondern eine Laune der Natur.

Es macht sich schon durch wenig Kindsbewegung im Mutterleib bemerkbar.

Muskelschwäche und schlechter Saugreflex, kleine Hände und Füße, Wutanfälle und Verhaltensauffälligkeiten und kein Sättigungsgefühl unter anderem. Menschen mit PWS haben immer richtigen Hunger, was es sehr schwierig macht, ihr Gewicht unter Kontrolle zu bekommen. Die meisten PWS- Kranken sind ihr ganzes Leben auf eine Betreuung angewiesen und können nicht die Eigenverantwortung für ihr Leben übernehmen. Ein Schulabschluss und eine berufliche Ausbildung ist auch in Frage gestellt, aber das ist von Fall zu Fall unterschiedlich.

Nach dem Durchlesen der ganzen Unterlagen bin ich völlig zusammengebrochen. Das war zu viel für mich, wie sollte ich das jemals in den Griff

bekommen, ich sah kei-
nen Ausweg. Anton war
auch ziemlich geschockt
und der Rest der Familie
auch. Wobei es sehr
viele Jahre gedauert hat,
bis Anton sich ernsthaft
mit dem Krankheitsbild
auseinander gesetzt hat
und diese dann auch ak-
zeptieren konnte und
sein Verhalten Sascha
gegenüber anzupassen.

Schmerz und Aufarbeitung

Damit du einen kleinen Eindruck bekommst, was das Schreiben gerade in mir auslöst. Es ist Sonntag 17.30 Uhr, mich übermannt gerade eine so tiefe Traurigkeit, habe mir gerade ein Glas Rotwein eingeschenkt, obwohl ich heute den Alkohol nicht mehr als Krücke benutze. Ich weiß gerade gar nicht, ob ich die Kraft habe, weiter zu schreiben. Ich sitze hier und weine und habe eigentlich gar keine Lust mehr auf dieses Leben, zumal ich auch heute in einer starken Herausforderung stecke. Ich war mein ganzes Leben immer stark und ich bin es auch heute noch, aber ich mag einfach nicht mehr die Starke sein. Jetzt gerade würde ich viel lieber einfach nur weglaufen und hinter meinem Leben einen Punkt machen. Wo das alles gerade herkommt, weiß ich leider nicht, sonst würde ich es sofort auf stumm stellen. Geht nur gerade nicht, blöd, echt blöd.

Warum mache ich das hier eigentlich alles? Ich wollte den Menschen zeigen, dass es sich lohnt, immer wieder aufzustehen und jetzt liege ich auf dem Boden, überwältigt, von diesem Schmerz. Es ist leider eine Tatsache, dass man vorher nicht weiß, ob sich das wieder Aufstehen lohnt. Ich würde so gerne einfach nur weglaufen. Weglaufen vor meiner Vergangenheit und auch vor meiner Gegenwart. Ich würde dir so gerne sagen, wenn du deine Herausforderung gemeistert hast, dann ist alles gut, aber leider heißt das nicht, das da nicht noch eine weitere Herausforderung auf dich wartet und auch der musst du dich stellen. Ich weiß genau, wie schwer das Leben sein kann und wie hoffnungslos es einem erscheint und wie sehr es weh tut. Jetzt läuft auch noch traurige Musik, damit ich meiner Traurigkeit den ganzen Raum gebe, um sich voll und ganz zu zeigen. Es ist nicht schön, aber anscheinend gerade notwendig. Ich dachte nicht, dass in mir eine so große Traurigkeit vorhanden ist, die gesehen werden möchte.

Mit dem Verstand wissen wir so vieles, doch unser Herz weiß einzig und allein wo wir wirklich stehen. Darf ich gerade einmal wieder lernen. Warum tun all diese Erinnerungen so unfassbar weh, ich habe so viel an mir gearbeitet in der Hoffnung, dass es irgendwann nicht mehr so weh tut und jetzt das !

Was will da noch gesehen werden, ich weiß es gerade nicht. Vielleicht muss ich Schwäche zulassen, aber ich habe Angst davor, dass dann hier alles auseinander bricht. Dazu komme ich später noch in meiner Geschichte, sollte ich die Kraft aufbringen, weiterzuschreiben. Ich weiß es gerade echt nicht. Ich bin so unendlich müde von dem Ganzen. Jetzt den Notausgang wählen, wäre für mich ohne meine Familie eine echte Option, aber ich möchte nicht für den damit verbundenen Schmerz meiner Familie verantwortlich sein. Ich liebe meinen Mann und meine Kinder und ich weiß, dass sie sich schuldig fühlen würden. Was sie ganz bestimmt nicht sind. Also werde ich morgen früh wieder in meiner Kosmetikpraxis stehen und meine Kunden verwöhnen und mir ihre Herausforderungen anhören.

Menschen die mein Leben nicht kennen, denken, wenn sie mich erleben, dass es bei mir nichts Schlimmes gab, oder gibt. Das liegt zum einem daran, dass es im Außen nicht sichtbar ist und in mir immer noch das Mädchen Anja lebt. Dieses Mädchen schreit mich ständig an, nicht aufzugeben und weiter zu machen, aber manchmal weiß ich nicht wie. Wie geht mein Leben weiter, auch wenn eigentlich keinerlei Hoffnung und auch gefühlte Kraft mehr vorhanden ist?

Mit Disziplin, ohne geht es nicht. Ich bin diszipliniert bis in den kleinen Zeh, das hat mir mein Leben und Erleben beigebracht. Ohne diese Disziplin wäre ich schon tot, da bin ich mir sicher. Mein kleines Mädchen

Anja verschafft sich gerade sehr viel Raum in mir und gibt mir das Gefühl, dass da noch so viel Wunderbares auf mich wartet. Diese junge Anja ist in solchen Situationen immer präsent und treibt mich an, weiterzumachen und nicht aufzuhören. Diese junge liebe Anja möchte etwas in diese Welt bringen und aus diesem inneren Gefühl heraus mache ich weiter und weiter und schreibe dieses Buch, um dir etwas Mut zu machen, denn das liegt mir so sehr am Herzen.

Überforderung

Heute ist Dienstag und es geht mir deutlich besser. Auch dieses Mal habe ich meiner Traurigkeit den Raum gegeben, die sie brauchte. Wie schon angesprochen, es ist nicht leicht in den eigenen Spiegel zu schauen. Doch ohne das Durchleben dieser Emotionen kannst du nicht heil werden und auch keinen Frieden schließen, mit deinen gemachten Fehlern und deiner Vergangenheit. Was lernen wir daraus? Lass raus, was in dir schlummert, es lohnt sich auf jeden Fall genau dorthin zu spüren, auch wenn es oft weh tut. Mach es einfach und wenn du es alleine nicht schaffst, hole dir Hilfe. Denn wenn wir alle diese aufgestauten Emotionen in uns einsperren, wird eines Tages unser Körper krank und das möchte wohl keiner, oder ?

Jetzt hatte ich einen Überblick, über Saschas Krankheit und den damit verbundenen Herausforderungen. Ich war wie gelähmt und mit dieser Diagnose total überfordert.

Ich hatte ein Gespräch im Lebenshilfekindergarten, mit Saschas Kindergärtnerin und der Kindergartenleiterin. In diesem Gespräch bin ich immer wieder weinend zusammen gebrochen, so dass die Kindergartenleiterin mir den Vorschlag machte, mit mir gemeinsam noch einmal zu dem Arzt zu fahren , damit dieser Arzt uns noch genauer aufklären konnte und Maßnahmen an die Hand gibt, die jetzt für Saschas Entwicklung wichtig sind. Ich machte kurzfristig einen Termin im Kinderkrankenhaus Altona und ich war sehr dankbar für den privaten Einsatz der Kindergartenleiterin, so etwas ist für mich nicht selbstverständlich.

In diesem Gespräch versuchte mich der Arzt zu beruhigen, er erklärte mir, dass es diese Erkrankung in verschiedenen Abstufungen gäbe und er war der Meinung, dass Sascha nur ein leichter Fall sei. Vorrangig ging es jetzt darum, Sascha von seinem starken Übergewicht zu bekommen und zur körperlichen Bewegung zu bringen. Das nächste wären dann seine emotionalen und aggressiven Verhaltensauffälligkeiten unter Kontrolle zu bekommen. Medikamente gab es für sein Krankheitsbild nicht. Noch immer nicht davon überzeugt, dass ich dieser Herausforderung gewachsen sei, stellte ich mich diesem Thema. Es war für mich schon als erstes sehr schwer zu akzeptieren, dass ich ein behindertes Kind hatte. Ich fühlte mich auch hier schuldig und allein dafür verantwortlich. Ich habe es viele Jahre als Strafe für meine Vergangenheit gesehen. Damals wusste ich ja nicht, dass die Ursache dieser Behinderung beim Vater liegt und ich da gar nichts für konnte. Ich möchte hier jetzt auch nicht Anton dafür verantwortlich machen, denn Prader-Willi- Syndrom ist keine Erbkrankheit, sondern eine Laune der Natur. Es trifft von ca. 10 000 Geburten 1 Kind. Auch wird diese Erkrankung bei einer Fruchtwasserpunktion nicht mit untersucht, dass finde ich schon heftig, da viele diese Form der Behinderung nicht kennen.

Nun waren 5,5 Jahre wertvolle Zeit verloren gegangen. Ich musste Saschas Ernährung radikal umstellen und er durfte auch nur noch kleine Portionen essen. Da Sascha ja kein Sättigungsgefühl hatte, war das Ganze mit heftigen Wutausbrüchen verbunden. Wenn ich nicht aufpasste, ging Sascha sogar an den Müll, um darin etwas Essbares zu suchen. Die Tagesmutter, die ich für Sascha hatte, hatte auch jede Menge Schwierigkeiten mit ihm, so dass ich mir eine neue Tagesmutter suchen musste. Sascha hat da z.B. sein großes Geschäft verrichtet, dann aber nicht runter gespült, sondern den ganzen Mist überall verteilt. Sascha war für solche Extreme gut zu haben, was schon dafür gesorgt hat, dass ich ständig super angespannt war, weil ich nie wusste, was als nächstes kam.

Da meine Tagesmutter schon eine ältere Frau war, war sie diesen Herausforderungen nicht gewachsen, wofür ich großes Verständnis hatte. Denn ich war ja selber kaum in der Lage, damit richtig gut umzugehen.

Du bist nervlich immer am Limit und wenn da noch irgendetwas oben drauf kam, dann war das Fass schnell übergelaufen.

Ein behindertes Kind ist schon eine echte schwierige Herausforderung und wenn dann wenig Unterstützung vorhanden ist, ist es fast nicht zu meistern.

Alle 14 Tage war Sascha über das Wochenende bei seinem Vater , was ich sehr genossen habe, aber jedes Mal, wenn Sascha zurück kam, hatte er eine Plastiktüte voll Süßigkeiten dabei. Es gab immer jede Menge Ärger mit ihm, weil ich ihm das ja zuteilen musste und das in sehr kleinen Rationen.

Ich habe unzählige Gespräche mit seinem Vater geführt, dass er das lassen soll, mit dem Ergebnis, dass er sich nicht daran gehalten hat. Mein Exmann hat viele Jahre gebraucht, um dieses Krankheitsbild zu akzeptieren und sich dementsprechend zu verhalten. Was für mich zusätzlich echt anstrengend war.

Sascha hatte überhaupt kein Verständnis dafür, dass ich ihm jedes Mal die Tüte weg nahm und ihm das alles dann zuteilte. Vieles habe ich heimlich entsorgt, ohne das Sascha das mitbekam.

Sascha schmiss sich bei jeder Gelegenheit, in der er nicht seinen Willen bekam, auf den Boden und schrie und tobte vor sich hin. Er legte gerne sein Zimmer in Schutt und Asche und machte einfach alles, was dann gerade in seinem Umfeld war kaputt.

Ich war ehrlich gesagt immer froh, wenn ich ihn im Kindergarten abgeben konnte und wenn er bei seinem Vater war. Sascha hatte aber auch ganz wundervolle und liebevolle Phasen. Er liebte es nach wie vor, Wäsche zu waschen und er spielte mit Puppen. Das erste was er andere Menschen fragte war "Hast du auch eine Waschmaschine und darf ich die mal sehen?" Man konnte auch viel über seine kleinen Eigenarten lachen. Am besten kam mein Vater mit ihm klar. Mein Vater hatte eine sehr ruhige Art mit ihm umzugehen und das tat Sascha gut und auch meinem Vater. Zu der Zeit ,hatte mein Vater schon angefangen, sich in minikleinen Schritten positiv zu verändern. Ich blieb trotzdem, was meinen Vater betraf, auf Abstand, denn ich traute dem Ganzen noch nicht über den Weg, dafür hatte ich viel zu tief liegende Verletzungen und ja auch meine erworbene Meinung über Männer.

Männer waren nicht mein spezielles Feindbild, aber sehr mit Vorsicht zu betrachten und mein Vater hatte ja in der Vergangenheit alles dafür getan, dass ich ihm keine zweite Chance mehr geben wollte.

Dieses Gefühl, dass GOTT mich für mein Vorleben bestrafte, blieb viele Jahre in mir erhalten. Ich hatte mich ja auch in meinen Augen schuldig gemacht. Was da so alles in meinem Hirn los war, kann ich heute 30 Jahre später nicht mehr verstehen. Denn ich habe mich zusätzlich zu meinem Wahnsinn im Aussen, auch noch innerlich fertig gemacht.

Das interessante daran ist für mich nach wie vor, dass Du mir das alles äusserlich überhaupt nicht angesehen hast. Ich war eine junge, schlanke Frau, mit langen braunen Haaren und großen braunen Augen, die immer scheu in die Welt blickten. Mein Erscheinungsbild hat die Menschen, egal ob männlich oder weiblich berührt, warum auch immer.

Diese ganzen Schwierigkeiten sorgten natürlich auch zusätzlich dafür, dass meine Beziehung zu Carsten immer schwieriger wurde und der Alkohol wieder ein großes Thema war. Wenn wir beide etwas getrunken hatten, eskalierte dann die Situation heftig und körperliche Gewalt wurde wieder ein Thema für mich. Es hat Nächte gegeben, da habe ich mich mit Sascha in sein Zimmer eingeschlossen, mit einem Eimer, in dem ich rein pullern konnte, wenn ich mal zur Toilette musste. Wir stritten uns bis aufs letzte. Carsten veränderte sich mit zunehmendem Alkoholkonsum immer mehr ins aggressive Verhalten. Er war jetzt häufig abends weg und kam dann meistens betrunken wieder. Das kannte ich ja alles aus meiner Kindheit und somit lebte ich wieder das Vorleben meiner Mutter weiter. Es ist für mich schon sehr erschreckend , wie häufig Menschen die Muster der Eltern weiterleben und viele sind sich dessen überhaupt nicht bewusst, was dazu führt, dass sich die Negativspirale immer weiter dreht und dreht.

Meine Mutter musste das Sonnenstudio schließen. Es lief so schlecht, dass sie es nicht mehr halten konnte. Ich habe ihr bei der Auflösung nicht geholfen, da sie da in meinen Augen die Verantwortung für trug. Es hat mich zwar traurig gemacht, hatte ich es ja mit viel Liebe aufgebaut, aber ich hatte bei „Samt und Sonders" mein neues Baby gehabt. Ob meine Mutter enttäuscht von mir war, weil ich ihr nicht geholfen habe, weiß ich nicht, ich gehe allerdings davon aus, da sie sich ja nie kritisch unter die Lupe genommen hat. Schuld haben immer nur die Anderen.

Irgendwann war das mit Carsten nicht mehr auszuhalten und ich mietete mir eine kleine Wohnung für mich und Sascha an. Meine Eltern halfen mir bei der Renovierung und ich zog aus. Ich habe noch nie alleine gewohnt und nun sollte ich alleine mit einem behinderten Kind klar kommen. Meine Ängste kamen mit voller Wucht zurück und somit zog ich 6 Wochen später zurück zu Carsten. Ich habe es einfach nicht geschafft, mich der Herausforderung zu stellen. Ich hatte solche Angst alleine in der Wohnung zu sein. Es fühlte sich an, als ob die Wände auf mich zukamen. Wenn ich gearbeitet habe war alles OK, aber am Abend und nachts war es die Hölle. Dann nahm ich doch lieber Streit und Schläge in Kauf. Meine Eltern waren entsetzt und baten mich doch noch etwas abzuwarten, aber es ging nicht.

Selbstverantwortung, Väter- und Opferrollen

Auch hier kannst du wieder ganz genau erkennen, dass ich keine Selbstverantwortung für mich übernommen habe. Damals ging das nicht, ich war dazu nicht in der Lage und ich hatte auch immer noch kaum positive Vorbilder. Mit den ganzen Herausforderungen, die Sascha betraf, umzugehen, war für mich schon eine viel zu schwere Last, an der ich auch schon angefangen hatte, zu zerbrechen. Ich konnte weder sein Körpergewicht, noch seine Wutanfälle kontrollieren. Das Zusammenleben mit Sascha wurde immer schwieriger. Jetzt musste auch noch eine geeignete Schule für ihn gefunden werden. Er war nach wie vor geistig nicht altersentsprechend entwickelt und hinkte da stark hinter her. Körperlich war er auch nicht mit gleichaltrigen Kindern zu vergleichen und dazu kamen dann ja auch noch seine Ausbrüche in regelmäßigen Abständen, also täglich. Es war wie „Täglich grüßt das Murmeltier". Wenn ich arbeitete ging es mir gut und nach Feierabend brach das Elend über mich zusammen. Eine Endlosschleife, die ich nicht zu unterbrechen wusste.

Nach einiger Suche kam Sascha in Hamburg in eine Schule für körperbehinderte Kinder und für Kinder mit besonderen Herausforderungen. Es waren, glaube ich, 8 oder 10 Schüler in der Klasse, es gab eine Lehrerin und eine Erzieherin für die Kinder. Was für Sascha gute Voraussetzungen waren, dort irgendwie gut klar zu kommen.

Sascha machte es den beiden Lehrkräften durch sein trotziges und wütendes Verhalten auch nicht gerade einfach. Die Erzieherin erklärte mir als allererstes, dass Kinder eine konsequente Erziehung brauchen und behinderte Kinder ganz besonders. Dass ich Grenzen setzen musste und diese Grenzen dann auch einhalten müsse, damit Sascha einen Leitfaden bekäme, an dem er sich orientieren könne. Das war leichter gesagt, als getan, denn er reagierte auf alles, was nicht in seinen Kram passte, mit sehr viel Wut und Aggressivität.

Es waren schließlich Jahre vergangen, in denen Sascha das so noch nicht erfahren hatte. Mittlerweile wuchs meine Wut auf ihn immer mehr, ich fühlte mich machtlos und dieser Krankheit namens PWS- Syndrom ausgeliefert. Ich begab mich auch hier in die Opferrolle, ohne eine Hoffnung auf Besserung. Meine Familie und die sogenannten guten Freunde hatten immer gut reden oder klugscheißen, aber geholfen hat mir niemand. Der einzige Mensch der mir in der Zeit etwas Trost gespendet hat, war doch tatsächlich mein Vater.

Aus meiner heutigen Sicht, war es auch nicht ihre Aufgabe, es waren meine und Saschas Herausforderungen und somit auch meine Aufgabe, dieses zu lösen.

Auch hier kann man wieder genau erkennen, dass das einnehmen der Opferrolle einem nicht weiter hilft, sondern die Probleme nur noch verstärken. Es ist viel klüger, sich die Herausforderung genau anzuschauen und dann mit klarem Verstand und fachlich kompetenter Hilfe nach Lösungen zu suchen und in kleinen Schritten weiter zu machen. Egal um welche Herausforderung es sich handelt, im Opferdenken bist du unfähig, die richtigen Schritte zu gehen. Angst blockiert und behindert die Kreativität und das lösungsorientierte Denken. Ich weiß wie schwer es ist, in solch schwierigen Lebenssituationen einen angstfreien, klaren Kopf zu behalten, aber einen anderen Weg gibt es leider nicht.

Ich flüchtete mich weiter in meine Arbeit, dadurch, dass ich Filialleiterin geworden war, hatte ich auch deutlich mehr zu tun und ich fühlte mich für die Filiale verantwortlich. Das machte mich sehr stolz und glücklich und es tat meinem Ego auch sehr gut. Viel arbeiten hat mir noch nie etwas ausgemacht.

Meine Beziehung zu Carsten war auch nur noch ein Drama. Carsten hatte mittlerweile seine Arbeitsstelle verloren, weil ihm sein Arbeitgeber Diebstahl vorwarf. Also kam noch ein Problem mehr dazu.

Es ist jetzt schon wieder einige Wochen her, seitdem ich das letzte Mal an meinem Buch geschrieben habe. Heute beschäftigt mich eine Frage, was wäre aus mir für ein Mensch geworden, wenn ich in meiner Kindheit die Vaterliebe bekommen hätte, die ich so dringend gebraucht habe. Wenn dieses große leere Loch in mir nicht entstanden wäre. Hätte ich alle diese Herausforderungen so nicht erfahren? Wäre ich heute glücklicher? Wäre ich genauso gewachsen? Wäre ich trotzdem so in die innere Stärke gekommen? Mir fehlt mein Vater gerade so sehr, dass es mich fast zerreißt.

Heute weiß ich, dass mein Vater mich immer geliebt hat, er konnte es mir nur damals nicht zeigen, denn er hat selber niemals Vater oder Mutterliebe erfahren.

Ich denke, ich wäre vielleicht nicht so an meine Grenzen gekommen, alle meine Grenzerfahrungen haben mich aber stark und klar gemacht. Also gehe ich davon aus, dass genau diese Erfahrungen Plan meines Lebens sind, auch wenn ich, ehrlich gesagt, auf vieles hätte verzichten könnte.

Aber ich bin auch sehr dankbar, dass ich es gelernt habe, so auf mein Leben zu blicken und nicht mehr in der Opferrolle des Lebens gefangen zu sein.

Das ist doch schon mal ein guter Anfang.

Halbzeit und Resümee

Wie Du an meinen 31 Lebensjahren und den von mir gemachten Erfahrungen erkennen kannst, nützt es Dir nichts, immer nur die Lösung im Außen zu suchen und „Pflaster" auf deine Wunden zu kleben. Damit steuert man immer nur auf die nächste Herausforderung zu und nichts kann wirklich besser werden.

Du veränderst vielleicht die Personen, in meinem Fall die Männer, aber das Drama lebt weiter und kann sich ohne das Innehalten nicht auflösen.

Ich würde Dir gerne etwas anders sagen, aber es ist unumgänglich, sich selbst ganz genau unter die Lupe zu nehmen und sich die geeigneten Menschen zu suchen, die Dir dabei Hilfe und Unterstützung geben.

Ich schreibe dieses Buch, wie Du weißt, vor allem für mich. Aber ich hoffe auch, damit Menschen Mut zu machen, daß sie nicht alleine sind und es wirklich immer einen Weg gibt, aus schlimmen Situationen zu kommen, ohne daran zu zerbrechen.

Trau Dich, Dich so verletzlich zu zeigen wie du bist. Es werden Menschen deinen Weg kreuzen, die Dir wirklich helfen können. Damit das geschehen kann, musst oder solltest du dich wirklich öffnen. Zeig Dich voll und ganz, es lohnt sich wirklich.

Schau mal, ich schreibe dieses Buch, schonungslos ehrlich und authentisch und um dich zu berühren und dir Mut zu machen. Ich frage dich jetzt, was macht das mit dir?
Lehnst du mich ab und findest meine Ehrlichkeit blöd, oder konnte ich dich bis jetzt ermutigen etwas tiefer in deine eigenen Themen einzusteigen?

Wenn du mir antworten magst, freue ich mich sehr.
Dann schreibe mir eine Email unter: anja@knebel.li

Druckprobe

Ich bin mittlerweile so müde geworden. Der Druck, der auf mir lastet, ist für mich unerträglich und ich weiß wirklich nicht, wie ich meinem Sohn vernünftig durch seine Herausforderungen ins Leben begleiten kann. Ich kann einfach nicht mehr und das macht mich so unendlich traurig.

Ich habe immer noch so viel mit mir selber zu tun und die Pflaster die ich kleben muss, werden immer größer und größer.

Meine Hoffnung auf etwas Glück und vor allem Liebe in meinem Leben ist auf den Nullpunkt gesunken.

Ich fühle mich verantwortlich für meinen Sohn, aber die Last, diese Verantwortung zu tragen, ist einfach viel zu groß für meine kleine Seele.

Es ist niemand da, der mir da wirklich weiter helfen kann.

Ich stürze mich wie immer in meine Arbeit. Ich liebe den Umgang mit anderen Menschen und es macht mir sehr viel Freude die Filiale von „Samt und Sonders" zu leiten. Nichts ist mir zu viel, machmal gehe ich sogar am Sonntag ins Geschäft und räume einfach irgendwelche Regale um, nur um nicht zu Hause sein zu müssen.

Ich laufe wie schon so oft in meinem Leben weg, weg vor meinen schlechten Gefühlen und dem damit verbundenen Schmerz in mir. Dabei bin ich sehr dankbar, dass ich etwas habe, auch wenn es Arbeit heisst, was mich ablenkt und was mir hilft „weiterzumachen".

Alexander

Eines Tages kommt meine Chefin auf mich zu, sie würde mich gerne auf ein Seminar für „kreatives Führungsverhalten" schicken. Dieses Seminar geht von Januar bis Mai immer einen Tag im Monat. Ich willige ein, obwohl ich große Angst davor habe. Ich fühlte mich in meiner Filiale sicher, aber nicht außerhalb.

Was da wohl für andere Menschen hin kommen und ich bin ja sowieso nicht gut genug und alle meine Gespenster melden sich zu Wort und versuchen mir das auszureden. Da ich ja nach wie vor keinen Selbstwert in mir trage, ist das für mich eine sehr große Herausforderung, zumal meine Nerven durch meinen Sohn sowieso schon angespannt waren und ich diese Anspannung kaum aushalten konnte.

Kennst Du diese schlimmen Stimmen in deinem Kopf, die Dich immer klein halten wollen und dir erzählen, wie wertlos Du bist ? In meinem Fall ermahnen sie mich auch immer, wenn deine Vergangenheit ans Tageslicht kommt und du aufgeflogen bist, dann hast du diesen Arbeitsplatz sowieso nicht mehr. Alle Menschen werden mit dem Finger auf Dich zeigen, denn Du bist   „schmutzig" und „schuldig".

Ich fühlte mich schuldig an allem und besonders an der Behinderung meines Sohnes. Er musste nun alles ausbaden in meinen Augen, weil ich mich versündigt hatte in der Zeit auf dem Kietz.

Es gab nichts, wofür ich nicht die Schuld trug. Das machte mich immer kleiner und kleiner.

Dieser zusätzliche Kampf in mir macht mich ganz schön fertig.

Ich achte immer sehr darauf, dass mein äußeres Erscheinungsbild perfekt ist, damit niemand, so hoffte ich, auf die Idee kommen könnte, dass mit mir etwas nicht stimmte. Ich bin schüchtern und sehr zurückhaltend „Hauptsache, nicht negativ auffallen"- ist meine Devise. Ich kann dir sagen, dass ist echt sehr anstrengend, diese Fassade aufrecht zu halten. Meine Lebenserfahrung hatte mir ja auch gezeigt, wenn es dir nicht gut geht und eine andere Person merkt das, dann haut sie auch noch oben drauf und macht dich zusätzlich runter.

Genauso war ich die perfekte Mitarbeiterin, da ich immer restlos alles gab, ohne auch nur einen Deut auf mich und meinen Körper Rücksicht zu nehmen.

Ich wollte, dass meine Chefin stolz auf mich war und hoffte, dass sie mir das denn auch zeigte. Ich war nicht stolz   auf mich, ausser das ich Filialleiterin geworden war, obwohl ich ja doch so einiges leistete und meine Sache, ob nun im Geschäft oder mit Sascha ganz gut meisterte. Aber das sah ich so damals natürlich nicht.

Ich habe nichts Positives an mir gesehen und meinen schweren Lebensweg einfach nur versucht zu meistern.

Im Januar 1994 geht also dieses Seminar los.

Mir ist so schlecht an diesem Morgen, aber ich muss da ja nun hin, denn meine Chefin hat für mich und mein Weiterkommen viel Geld bezahlt und ich möchte sie auf keinen Fall enttäuschen, denn außer meinen Eltern hat noch keiner für mich und meine persönliche Entwicklung Geld ausgegeben. Dafür muss ich alles geben, um so viel wie möglich zu lernen und dann in meiner Filiale umzusetzen.

Mir war dabei überhaupt nicht wichtig, ob ich da auch etwas nur für mich und meine Persönlichkeit mitnehmen konnte. Die Hauptsache war für mich, dass ich eine noch bessere Mitarbeiterin wurde. Mich und mein inneres Weiterkommen, das gab es für mich nicht.

Ich bin dann auch gleich am ersten Tag zu spät gekommen. Oh nein, jetzt muss ich auch noch an die Tür klopfen und alleine an allen Seminarteilnehmern und dem Seminarleiter vorbei gehen. Ich habe so große

Angst, dass ich erst mal zur Toilette gehe, um mich erstmal aus meiner hochkommenden Panik zu holen. Jetzt machen sich meine Ängste so richtig bemerkbar, mir ist so schrecklich übel, dass ich Mühe habe meinen Mageninhalt in mir zu behalten. Ich zittere am ganzen Körper und versuche mich da jetzt auf der Toilette zu beruhigen. Einfach erstmal nur auf die Atmung zu konzentrieren, so wie ich es in der Therapie gelernt hatte.

Nachdem ich wieder ruhiger atmen konnte, gehe ich zu meinem Seminarraum und klopfe an die Tür. Ich habe so Herzrasen, dass es mich nicht wundern würde, jetzt auch noch in Ohnmacht zu fallen.
Ein sehr freundlicher, älterer Herr läßt mich rein und zeigt mir meinen Platz.
Erstmal sitzen und atmen, das ist alles was ich gerade kann.
Ich habe es geschafft, mich gegen meine Angst zu stellen und somit kann sich mein Nervenkostüm wieder beruhigen, bis zu dem Zeitpunkt, als ich dran bin, mich allen Teilnehmern vorzustellen. Mit zitternder Stimme sage ich meinen Namen und meinen Arbeitgeber, zu mehr bin ich in dem Moment noch nicht in der Lage.
Ich bin total nass geschwitzt und ich hoffe, dass ich jetzt nicht auch noch unangenehm nach Schweiß rieche. Im Moment bin ich davon überzeugt, dass ich dieses Seminar nicht zu Ende bringen werde, weil es mich einfach zu sehr anstrengt, gegen meine Dämonen an zu kämpfen.

Neben mir sitzt ein Mann, der mich völlig in den Bann zieht. Er sieht sehr gut aus und hat eine sehr kraftvolle Ausstrahlung. Aus dem Augenwinkel schaue ich ihn immer wieder an. Ich hoffe, er merkt das nicht, denn das wäre mir sehr unangenehm gewesen.
Wenn er spricht, höre ich ihm gebannt zu, so einen Mann habe ich in meinem ganzen Leben noch nicht kennengelernt. Er wirkt so klug und cool und auf der anderen Seite so gelassen. Ich bin völlig fasziniert von

ihm. Alles was er sagt hat Hand und Fuß, für mich ist diese Begegnung wie ein Traum. Ich wusste nicht, dass es auch solche Männer gibt.

Auf der anderen Seite höre ich in meinem Hirn die Alarmglocken, die mir sagen, es ist auch nur ein Mann, Finger weg, pass auf dich auf, usw. Nun müssen wir in dem Seminar ein Rollenspiel spielen und dieser Mann, er heißt Alexander, wählt mich als seine Partnerin. Das gibt es nicht, er hat tatsächlich mich gemeint!
Das Rollenspiel zwischen uns lief dann auch sehr gut und der Seminarleiter lobte auch mich, was mir ein ganz bisschen Sicherheit gab.

Danach ist Mittagspause und auch in der Pause sitzen wir nebeneinander, was nicht von mir ausging, denn das hätte ich mich nie getraut, mich unaufgefordert neben ihn zu setzten.   Alexander riecht auch noch sehr gut und ich fange an mich in seiner Gegenwart wohl zu fühlen. Essen kann ich allerdings nicht viel, da mein Magen immer noch sehr unruhig ist und ich nicht möchte, dass mir wieder so schlecht wird wie am Morgen.

Wir unterhalten uns miteinander und Alexander scheint meine Angst und Unsicherheit zu spüren und er geht sehr behutsam mit mir um, was ich so auch noch nicht erlebt habe.
Von dieser Pause an verbringen wir alle Pausen zusammen und machen auch viele von den gestellten Aufgaben innerhalb des Seminars zusammen.
Das geht alles nicht von mir aus, sondern von Alexander, was mir schmeichelt.

Der Seminarleiter scheint auch ein Gefühl für meine Ängste zu haben und er unterstützt mich sehr, durch seine liebevolle und väterliche Art. Ich bin immer noch vollkommen durcheinander, dass es so andere Männer gibt.

Am Ende des Seminartages verabschieden wir uns von einander und ich sehe, wie Alexander in einen Porsche steigt und davon fährt.

Ein Mann mit der Ausstrahlung und dann auch noch mit Geld, für den bin ich sowieso nichts, denn ich bin ja die Schmutzige, sind dann auch gleich meine Gedanken dazu in meinem Kopf.

Ich schlage mir alle romantische Gedanken aus dem Kopf, denn ich bin ein Niemand gegen Alexander, dessen bin ich mir sicher. Trotz aller meiner negativen Gedanken habe ich echt Schmetterlinge in meinem Bauch, die sind jetzt auch nicht mehr weg zu denken. Es ist das erste mal, nach meiner Zeit als Prostituierte, dass sich in mir solche Gefühle zeigen. Alleine dafür bin ich in dem Moment unfassbar dankbar, denn ich hatte mittlerweile schon Angst, dass ich zu echten Gefühlen nicht mehr fähig bin, denn ich hatte auch zu dieser Zeit immer noch keine Muttergefühle, was mich sehr belastete, ich es aber nicht verändern konnte.

Was für ein Tag ,ich bin tatsächlich heute glücklich, auch dieses Gefühl kannte ich viele, viele Jahre meines Lebens nicht mehr.

Das größte Geschenk dieses ersten Seminartages ist für mich, dass ich wirklich etwas Gefühlt habe und sich in mir damit die Hoffnung breit macht, dass ich doch noch fähig bin wirklich zu fühlen und ich kein Zombie bin. Das kannst Du dir vielleicht jetzt alles nicht vorstellen, aber wenn Du dich so von deinen Gefühlen abgeschnitten hast, wie ich es getan habe, ist es schwer das wieder umzudrehen, um wieder ins positive Fühlen zu kommen.

Glücklich fahre ich wieder nach Hause und ich freue mich schon auf die weiteren Seminartage, auch wenn es noch 4 Wochen dauert, bis es weitergeht.

Auch wenn ich die Hausaufgabe hatte, ein spezielles Buch zu lesen und über den gelesenen Inhalt dann beim nächsten Mal berichten sollte. Das war ja auch nicht meins, alleine vor Menschen zu sprechen, was auch noch gute Informationen beinhalten sollte.

Schon bei dem Gedanken daran bekam ich schon Herzrasen und Schweissausbrüche, das kann man sich heute gar nicht mehr vorstellen, da habe ich mich echt sehr gut weiterentwickelt, was ich später noch erzählen werde.

Die Probleme mit meinem Sohn werden immer heftiger. Sascha ist in der Schule immer wieder sehr auffällig durch sein aggressives Verhalten. Zu seinem Krankheitsbild gehört auch das Aufkratzen der Haut, wie schon erwähnt. Sascha fügt sich ständig neue Wunden zu und das leider immer im Gesicht. Er hat fast immer blutige Finger vom Aufkratzen der Haut. Natürlich schmiert er das Blut auch überall in der Wohnung an die Möbel. Es ist schwer auszuhalten und ihn davon abzuhalten ist unmöglich.

Ich habe ihm das ein oder andere Mal die Hände zusammen gebunden, in der Hoffnung ihn irgendwie zur Vernunft zu bringen. Aber egal was ich auch versucht habe, nichts hat geholfen. Er schreit und tobt und rastet täglich aus, ohne Rücksicht auf Verluste. Es ist wirklich sehr schwer damit angemessen umzugehen, ohne selber wütend zu werden.

Außer Saschas Lehrerin und Erzieherin in der Schule ist niemand da, der mir wirklich weiter helfen kann.

Sein Vater ist zwar immer sehr betroffen, aber auch er ist ratlos und auch sprachlos. Erschwerend kommt dazu auch noch, dass sich Saschas Vater nach wie vor mit dem Krankheitsbild nicht beschäftigt hat. Es hat aus meiner Ansicht Jahre gedauert, bis Anton wirklich akzeptiert hat, dass sein Sohn dieses Krankheitsbild hat.

Ich bin da total anders aufgestellt, ich möchte immer ganz genau wissen, mit was ich es zu tun habe, denn wegschauen hilft dir in keiner Situation weiter.

Die 4 Wochen bis zum nächsten Seminartag kommen mir endlos vor. Ich bin total aufgeregt Alexander wieder zu sehen, auch wenn ich mir keine Hoffnung mache, dass aus uns ein Liebespaar werden könnte. Denn ich war ja in meinen Augen unwürdig und befleckt.

Ich habe das Buch, was ich lesen sollte, richtig studiert, damit meine Buchvorstellung richtig gut wird. Immer wenn ich Zeit hatte, habe ich vor dem Spiegel gestanden und es mir vorgesprochen. Ich habe an der richtigen Betonung gearbeitet und so konnte ich meinen Vortrag dann auch auswendig sprechen, was mir etwas Sicherheit gab. Wie schon erwähnt, ich bin sehr fleissig und ich mache keine halben Sachen.

So war denn auch meine Buchvorstellung ein voller Erfolg und danach hatte ich irgendwie einen anderen Stand in der Teilnehmergruppe. Denn alle hingen an meinen Lippen und waren total überrascht von meinem Vortrag, ehrlich gesagt, ich selber auch. Aber ich hatte so sehr geübt, um es möglichst perfekt zu machen und auch noch mit den notwendigen Gefühlen versehen. Da steckte ein Talent hinter, was aber auch sehr viele Jahre brauchte, um an die Oberfläche zu gelangen.

Die nächsten Seminartage laufen immer gleich ab. Ich sitze neben Alexander, wir machen alle an uns gestellten Aufgaben zusammen und wir unterhalten uns in den Pausen. Ich habe ihm mittlerweile auch von meinem behinderten Sohn erzählt und ich war sehr verwundert, dass er anschliessend immer noch neben mir sitzen wollte und genauso in seinem Verhalten mir gegenüber geblieben ist, wie vorher.

Denn Alexander war es schon bewusst, dass ein behindertes Kind eine ungeheure Belastung für alle beteiligten Personen ist.

Es gibt bestimmt Behinderungen, die leichter zu händeln sind, bei meinem Sohn ist eben die Aggressivität im Vordergrund und ich habe immer das Gefühl, eine tickende Zeitbombe neben mir zu haben. Das macht ein gemeinsames Leben nicht gerade leicht. Selbst wenn ich voller Mutterliebe gewesen wäre, hätte es daran nichts geändert, dessen bin ich mir sicher.

Die Beziehung zu meinem damaligen Partner wird auch immer wieder von unschönen Szenen durchgerüttelt und sie läuft aufs Ende zu. Er trank viel zu viel Alkohol und liebte das Spielkasino zu sehr. Ich weiß nicht, ob er richtig spielsüchtig war, aber es ging schon in diese Richtung.

Aber das machte mir nichts mehr aus, da ich ja in meinen Gedanken auf Wolke 7 schwebte.

Am letzten Seminartag brachte Alexander mich am Ende zur Bahn und er verabschiedet sich mit den Worten, na ja vielleicht sieht man sich ja mal wieder.

Außer dass Alexander immer sehr freundlich zu mir war und wir viel Zeit an den Seminartagen miteinander verbrachten, war da kein Annäherungsversuch von seiner Seite.

Mein Seminarleiter nahm mich am letzten Tag auch an seine Seite, um mir zu sagen, was ich für ein wundervolles Wesen sei, es aber noch nicht erkannt habe und er hofft, dass ich ein weiteres Seminar bei ihm buchen würde und er mir noch mehr mit auf den Weg geben könnte. Du denkst jetzt vielleicht darüber nach, wie alt ich zu dem Zeitpunkt war, ich war gerade 30 Jahre alt geworden, mit schon so vielen gemachten Erfahrungen.

Das war es jetzt also. Er wohnte in Trittau und ich wohnte in Wedel, die Wahrscheinlichkeit, dass wir uns mal wiedersehen ist meiner Ansicht nach gleich Null.

Ich fahre also traurig nach Hause, denn ich bin tatsächlich das erste Mal seit meiner Zeit im Eros- Center wieder verliebt bis über beide Ohren. Alleine, das ich mich doch tatsächlich wieder verliebt habe, war für mich ein großes Geschenk, denn ich fühlte mich ja über 10 Jahre wie ein Zombie.

Am nächsten Tag rufe ich bei ihm an, ich nehme all meinen Mut zusammen, es kann doch jetzt nicht einfach so zu Ende sein.

Es läuft der Anrufbeantworter von Bettina, Max und Alexander.

Ich lege völlig geplättet den Telefonhörer auf die Gabel. Er ist in einer Beziehung und davon wusste ich bislang nichts.

Ich bin unendlich traurig, aber in eine bestehende Beziehung grätsche ich nicht ein. Ich fühlte mich eigentlich auch irgendwie verarscht, dass er mir das nicht einfach erzählt hat, mein schlechtes Bild, was ich über Männer hatte, wurde somit auch wieder bestätigt, was mich sehr traurig machte. Denn das hatte ich so, ehrlich gesagt, von Alexander nicht erwartet.

Ich war mal wieder sehr verletzt und in meinem minderoptimalen Männerbild bestätigt.

Mein Leben geht also so traurig und trostlos und um eine weitere Enttäuschung weiter.

Ich arbeite sehr viel, um mich von dieser Enttäuschung abzulenken.

Auch habe ich nach wie vor keinen Mut, mich aus meiner ungesunden Beziehung zu trennen und eine gute Lösung für meinen Sohn habe ich auch noch nicht im Blick.

Eine Idee, in welche Richtung ich denn nun mal mein Leben lenken sollte hatte ich auch nicht, geschweige denn die Kraft, die es mich gekostet hätte.

Ich arbeitete nach wie vor mit voller Leidenschaft und ich war sehr beliebt bei den Kunden. Ich hatte jede Menge Verehrer, aber Männer interessierten mich jetzt schon mal überhaupt nicht mehr.

Doch, so wie ich Feierabend oder frei hatte, war meine Welt dunkelgrau und traurig. Ich war an einem Punkt in meinem Leben angekommen, an dem es für wirklich keinerlei Hoffnung mehr gab und ich dachte sehr oft darüber nach, mich umzubringen und meinem großen Schmerz ein Ende zu setzten. Aber da war ja immer die kleine Anja, die sich dann lautstark zu Wort meldete und mich zur Ordnung rief, darin war sie super.

Dafür bin ich ihr heute sehr dankbar, damals allerdings nicht, ich habe diesen inneren Antreiber zeitweise wirklich gehasst und wenn ich gewusst hätte wie, hätte ich diesen Antreiber auf stumm gestellt. Mir war mein Leben viel zu anstrengend geworden und ich wollte einfach so nicht weiter machen.

Aber es passierte ein Wunder und mein Leben sollte sich dann doch tatsächlich doch noch verändern.

Heute ist der 22. November 1994, ich habe Filialleitersitzung in Ahrensburg.

Ich habe nach wie vor keinen Führerschein und muss somit von Wedel mit Bus und Bahn dort hin fahren. Normalerweise dauert so eine Sitzung immer den ganzen Tag und ich bin erst später am Abend zurück. An diesem Tag ist sie allerdings schon am frühen Nachmittag zu Ende.

Während ich mich wieder auf den Rückweg befinde, überlege ich mir nochmal in meine Filiale zu gehen und schon mal die Preisreduzierungen umzusetzen und das bevorstehende Weihnachtsgeschäft mit meinen Kolleginnen zu besprechen.

Ich sitze mit einer Kollegin in meinem Büro und wir besprechen gemeinsam, was in den nächsten Tagen so ansteht, denn wir müssen uns gut auf das bevorstehende Weihnachtsgeschäft vorbereiten, usw. Du weißt ja, ich will immer mein Bestes geben.

Danach möchte ich nach Hause gehen, doch eine andere Kollegin von mir sagt, dass da gerade jemand nach mir gefragt hat und gleich noch einmal wiederkommen will und ich das doch noch kurz abwarten soll.

Ich habe eigentlich keine Lust mehr darauf zu warten, aber irgendetwas in mir sagt BLEIB   Also warte ich und räume mal wieder in den Regalen rum, denn das macht mir immer wieder viel Freude.

Und dann steht er vor mir, Alexander, er ist tatsächlich zu mir gekommen. Angeblich hatte er beruflich in Blankenese zu tun und wollte nur mal hören wie es mir so geht.

Ich habe so Herzklopfen und bin im ersten Moment sprachlos.

Nachdem wir so das übliche Geplänkel hinter uns hatten, nehme ich meinen ganzen Mut zusammen und gestehe ihm, dass ich mich total in ihn verliebt habe. Denn ich habe nichts zu verlieren und ich sage ihm auch, dass ich bei ihm angerufen habe und weiß, dass er in einer Beziehung lebt und das ich ihn nicht in irgendwelche Schwierigkeiten bringen möchte durch meine Aussage.

Alexander schaut mich einfach nur lange an und lächelt mir zu und meine innere Scheu geht etwas in den Hintergrund und jetzt höre ich ihm zu.

Alexander erzählt mir, dass er sich von seiner damaligen Freundin getrennt hat und das ich ihn so sehr berührt habe, aber er noch nicht weiß, was daraus wird.

Er habe die letzten Monate damit verbracht, sich darüber Gedanken zu machen, ob er mit einem behinderten Kind klar kommt und mit den damit verbunden Herausforderungen dauerhaft umgehen kann und möchte. Wofür ich echt vollstes Verständnis hatte, da ich ja weiß, wie schwierig das tagtäglich ist und eine Pause gibt es ja nur alle 14 Tage, wenn Sascha bei seinem Vater ist.

Wir verabreden uns für den übernächsten Tag und ich verbrachte meine Mittagspause mit ihm.

Wir haben uns ganz langsam angenähert und unzählige wundervolle Gespräche geführt, in denen ich immer wieder erfahren durfte, wie anders Alexander doch im Vergleich zu allen anderen Männer ist, die ich bis zu dem Zeitpunkt kannte. Es öffnete sich für mich eine ganz andere Welt und diese Welt fühlte sich wundervoll an.

Was soll ich sagen, wir wurden ein Paar. Im Dezember 1994 unterschrieben wir einen Mietvertrag, obwohl wir erst seit November zusammen waren, im Januar 1995 zogen wir zusammen und am 12. Mai 1995 haben wir dann auch schon geheiratet.

Es war eine wundervolle kirchliche Hochzeit, mit allem was dazu gehörte. Alexander hat die ganze Zeit der kirchlichen Trauung nur geweint. Wir waren füreinander bestimmt und das fühlten wir beide.

Das war sicherlich sportlich, einige würden vielleicht sagen, viel zu schnell, usw. , aber wir haben beide gespürt, dass wir für einander bestimmt sind und daran ließ sich nicht mehr rütteln. Wir waren glücklich, wenn wir zusammen waren und alles andere zählte nicht mehr. Selbst unser Pastor war von dem, was von uns als Paar ausging, sehr berührt.

Ich habe Alexander natürlich, bevor wir ein richtiges Paar wurden, von meiner Vergangenheit erzählt, mit der Erwartung, dass er aufsteht und geht.

Aber dem war nicht so. Auch Alexander war sehr betroffen, von dem, was ich alles so erlebt hatte und war unglaublich lieb mit mir. Wir haben nächtelang einfach nur geredet, so dass Alexander einen Einblick in meine kleine Seele bekam. Aber er sagte mir auch, dass genau diese enorme Verletzlichkeit meiner kleinen Seele ihn angesprochen hat. Er erzählte mir, dass mein zartes Äusseres genau mein Inneres widerspiegelte und dass es genau das war, was sich in sein Herz geschlichen hat. Ein so zartes Wesen, mit so einer auf der einen Seite zarten Ausstrahlung und auf der anderen Seite dieses Kraftvolle, was da auch deutlich zu erkennen war, wenn man sich die Mühe machte, da genau hinzuschauen.

Ich habe in meinem ganzen Leben vorher noch nie so etwas für einen Mann gefühlt und ich habe mich auch noch nie in meinem Leben so sicher gefühlt wie an Alexanders Seite.

Ich war so glücklich , dass ich es kaum fassen konnte und das sah man mir auch an. Die Frauen werden einfach immer schöner, wenn sie wirklich glücklich sind und sich geliebt fühlen. Ich hatte so eine tolle Ausstrahlung, die ich selber gar nicht wahr nahm, dass mich sogar die Kunden darauf hin ansprachen und sich sehr für mich freuten. Menschen auf der Straße, die ich gar nicht näher kannte, sprachen mich an und sagten mir, wie wunderschön ich doch in letzter Zeit geworden war. Unglaublich, was ich zu der Zeit erlebte. Ein Freund von Alexander sagte mir Jahre später, dass er einfach nur der Boden sein wollte, auf dem ich gerade stehe. Das soll hier kein Eigenlob sein, oder das du den Eindruck bekommst, dass ich eingebildet sei, aber es war genauso, wie ich es hier beschreibe.

Was sagt uns das, wahre Schönheit kommt von innen. Ich fühlte mich in meinem ganzen Leben noch nicht so behütet und geliebt, wie zu diesem Zeitpunkt in meinem Leben und auch aufgehoben. Ich schwebte auf einer rosa Wolke.

Und ich war so unsagbar glücklich, daran erinnere ich mich auch heute noch sehr gerne und es spendet mir nach wie vor die Kraft, die ich für mein Leben immer noch brauche.

Schicksalsthema Schwangerschaft

Alexander wollte so gerne bis zu seinem 40. Lebensjahr Vater werden, dass war auch ein sportlicher Wunsch, da Alexander im März 1995   39 Jahre alt wurde. Nun musste ich meine Ängste überwinden, wieder ein behindertes Kind zu bekommen, denn zu dem Zeitpunkt wußte ich ja noch nicht, dass ich nicht die Verursacherin von Saschas Erkrankung war. Ich fühlte mich ja nach wie vor schuldig und minderwertig. Nach unseren Flitterwochen war ich denn auch tatsächlich schwanger. Meine Ängste kamen wieder mit voller Wucht hoch, aber da Alexanders Freude so groß war, endlich Vater zu werden, lernte ich damit irgendwie umzugehen. Ich konnte mit ihm immer darüber sprechen und er versuchte mir, so gut es ging, die Angst zu nehmen.

Ich war in der 8. Woche schwanger und mein Frauenarzt teilte mir mit, dass ich Zwillinge erwarten würde. OK gleich zwei Kinder, das wird neben den Herausforderungen, die wir durch Sascha hatten, eine echte Aufgabe. Ich hatte echt große Angst davor. Die Verantwortung für noch gleich zwei Kinder erschien mir sehr groß. Dann kam da noch hinzu, dass ich weiterhin berufstätig bleiben wollte. Nur Hausfrau und Mutter zu sein, kam für mich nicht in Frage, da es für mich sehr wichtig ist, ein Leben ausserhalb von der Familie zu haben und finanziell nicht von meinem Mann abhängig zu sei. Dazu kam auch noch, dass ich einen knallharten Ehevertrag unterschrieben habe. Ich wollte auch, wenn ich Alexander ein Geschenk machte, es von meinem Geld bezahlen und nicht von seinem Geld, da hatte ich ganz genaue Vorstellungen.

Das dann mit 3 Kindern hinzubekommen erschien mir schwierig. Aber was ist schon schwierig, da hatte ich ja schon ganz andere Herausforderungen in meinem Leben gemeistert.

In der 11. Woche hatte ich einen Termin beim Frauenarzt und danach teilte mir der Arzt mit, dass meine Schwangerschaft nicht problemlos sei, denn in der Zwischenzeit war ein Zwilling abgestorben und der andere Zwilling aber nur 6 Wochen weit entwickelt. Er riet mir, die Schwangerschaft im Krankenhaus unter Beobachtung weiter auszutragen. Das kam für mich überhaupt nicht in Frage, da meine Angst, noch ein behindertes Kind zu bekommen, einfach zu groß war.

Ich ließ nach langen Gesprächen mit Alexander einen Schwangerschaftsabbruch durchführen, eine andere Lösung kam für mich nicht in Frage. Wir waren beide sehr traurig, aber ich konnte nicht anders handeln und Alexander hatte dafür auch sehr großes Verständnis und versuchte gar nicht erst mich umzustimmen oder irgendeinen unnötigen Druck aufzubauen. Er liebte mich und es tat ihm unglaublich leid, was ich jetzt wieder durchmachen musste.

Nun war ich erstmal mit einer erneuten Schwangerschaft durch und ob ich überhaupt noch einmal schwanger werden wollte, wusste ich zu dem Zeitpunkt auch nicht, davon erzählte ich meinem Mann allerdings erst mal nichts.

Ich wollte da erstmal in mir zu einer Klarheit kommen und dafür brauchte ich Zeit.

Sascha

Die Probleme mit Sascha wurden immer unerträglicher. Sein aggressives Verhalten steigerte sich immer weiter und ich hatte wöchentlich Gespräche mit seiner Lehrerin und seiner Erzieherin. Manchmal dachte ich, ich bringe ihn um, ich bringe mich um oder ich bringe uns beide um. Ich konnte einfach nicht mehr. Auch wenn Alexander wirklich alles versucht hat, mich und Sascha zu unterstützen, für mich war der Punkt gekommen, an dem ich eine Entscheidung treffen musste, denn trotz meines Glücks mit Alexander waren meine Akkus leer und ich wusste nicht, wo ich noch die Kraft hernehmen sollte, die ich aber brauchte. Ich war mittlerweile mehr als schlank und musste auf mich und meine Gesundheit aufpassen. Mein Kreislauf sackte regelmäßig in die Knie und ich fiel in regelmäßigen Abständen von jetzt auf gleich um. Ich konnte kaum noch etwas essen und somit wurde ich immer dünner, was Alexander sehr besorgte.

Nach wieder einem schlimmen Vorfall in der Schule wurden wir zu einem Gespräch in die Schule zitiert und wir fuhren mit einem schweren Gefühl in die Schule. Selbst die Schulleiterin der Schule war anwesend, mir war schlecht vor Anspannung und ich weinte ständig, weil ich mich so machtlos fühlte und ich hatte ehrlich gesagt auch große Angst davor, dass es Alexander denn doch zu viel wurde und er mich verliess.

Mir wurde in dem Gespräch mit Nachdruck nahegelegt, nach einer geeigneten Lösung für Sascha zu suchen, da es so einfach nicht mehr weitergehen konnte.

Die Schule konnte und wollte diese Herausforderungen, die durch Saschas Verhalten täglich auf sie zukam, nicht mehr stemmen, da es keine Sicht auf eine Besserung gab und Sascha den ganzen Unterricht blockierte und die anderen Kinder unter ihm litten. Die Optionen waren, das Unterbringen in ein spezielles Internat, wo Sascha dann am Wochenende nach Hause kam oder eine geeignete Einrichtung zu suchen, die auf so schwierige Fälle spezialisiert sind, in der Sascha dann immer lebt und nur noch in den Ferien nach Hause kommt.

Abgründe taten sich in mir auf, ich war so verzweifelt, das kann ich auch heute noch nicht in Worte fassen und es war für Alexander eine echte Aufgabe, mich zu stützen. Wir suchten gemeinsam nach der richtigen Unterbringung für Sascha.
Ich lief sogar zu unserem Pastor, der uns auch getraut hatte und fragte ihn um Rat.
Er, ein wundervoller, sehr menschlicher Pastor, gab mir einen Satz mit auf dem Weg, der mir sehr geholfen hat, der Satz war: „Manchmal bekommt man Aufgaben im Leben, denen ist man nicht gewachsen, dann darf man diese Aufgabe in Liebe abgeben"! Und so wie Du hier vor mir sitzt, bist du doch gar nicht mehr in der Lage, diese Aufgabe zu bewältigen, ohne daran zu zerbrechen.

Diese Aussage hat mir sehr geholfen weiterzusuchen, trotz aller Vorwürfen aus meiner eigenen Familie und aus meinem Freundeskreis. Mein Ex- Mann war natürlich auch nicht davon begeistert, dass ich ein Heim für Sascha suchte. Auf der anderen Seite war er aber auch nicht bereit, Sascha zu sich zu nehmen, denn diese Möglichkeit gab es ja auch noch, von der Anton aber nichts wissen wollte.
Es kamen Argumente, wie: „Ich muss den ganzen Tag arbeiten", usw.
Ich war zu dem Zeitpunkt auch voll berufstätig, was soll ich dazu sagen ?

Ich habe ihm das nicht vorgeworfen, weil ich auch gesehen habe, dass Anton sich im Rahmen seiner Möglichkeiten sehr gut um Sascha kümmerte. Da gibt es ja bekanntlich auch ganz andere Väter, die sich nach einer Trennung gar nicht mehr um ihre Kinder kümmern.

Ich wollte und konnte diese Last nicht mehr tragen und auch ertragen, dass liess sich nicht mehr verändern und so stand ich denn für mich und meinen Sohn ein, in der Hoffnung, dass sich Saschas Verhalten bessert und er vielleicht eines Tages zurück zu mir ziehen kann.

Wir bezogen Saschas Vater überall mit ein und wir schauten uns einige mögliche Einrichtungen an und nach ein paar Besichtigungen haben wir die geeignete Einrichtung für Saschas Schwierigkeiten gefunden. Es war das Heilpädagogium an der Ostsee in Eckernförde.

Nachdem ich zuerst mit Alexander dort war und wir mit den Betreibern ein langes Gespräch hatten und wir uns die Einrichtung angesehen haben und auch ein Eindruck und ein Gefühl davon bekamen, wie Saschas Leben dort aussieht, erzählte ich Anton davon und wir fuhren mit ihm und Sascha ein zweites mal dort hin.

Sascha erzählte ich, dass er ja ein besonderes Kind sei und diese neue „Schule" ihn ganz speziell fördern kann, aber da sie so weit weg ist, müsste er denn da auch wohnen. Da Sascha es liebte, besonders zu sein, ging er zu diesem Termin dann auch fröhlich und aufgeschlossen mit. Was mir und allen Beteiligten half, mit dieser Situation etwas entspannter umzugehen.

Auch wenn die Einrichtung einen wirklich guten Eindruck gemacht hat, fühlte ich mich schon auf dem Rückweg furchtbar, ich war eine Rabenmutter und hatte meiner Meinung nach voll und ganz versagt. Ich war nicht imstande, meinem Kind das zu geben, was er brauchte. Das war für mich sehr schwer zu ertragen.

Die Einrichtung war aufgebaut wie die SOS-Kinderdörfer, es gab 7 verschiedene Beschulungsmöglichkeiten, einen Esel, eine eigene kleine Kirche, viel Platz zum draußen Spielen, der Strand war fast vor der Tür, usw..
Der Erzieher, der für Saschas zukünftige Wohngruppe die Leitung hatte, machte einen sehr kompetenten Eindruck und war gleich sehr lieb mit Sascha. Er unterhielt sich auf spielerischer Weise mit Sascha, zeigte Ihm die Wohngruppe und sein zukünftiges Zimmer, was er bekommen sollte, wenn Sascha dort einziehen würde.

Sascha machte auch nicht den Eindruck, dass es ihm da nicht gefallen würde und genoss die Aufmerksamkeit, die Ihm von allen Seiten entgegengebracht wurde. Sascha stand sehr gerne im Mittelpunkt.
Anton war auch mit unserer Wahl einverstanden und konnte während des Termins alle seine Fragen stellen. Aber ich war trotzdem völlig am Ende.
Es war November und Sascha sollte im Januar in diese Einrichtung ziehen.
Diese Wochen waren für mich echt ein Albtraum, meine Dämonen waren voll aktiv, es hagelte lauter Vorwürfe aus meiner eigenen Familie und meinem Freundeskreis. Es hieß, jetzt hat sie einen neuen Mann, der mit Saschas Behinderung nicht klar kommt und nun muss dieser arme kranke Junge ins Heim.
Niemand von denen hat mir je geholfen, mich unterstützt, oder mir Mut zugesprochen und jetzt das. Ich war ziemlich aufgebracht und verstand die Welt nicht mehr. Verletzt wie ein gebrochener Vogel zog ich mich von diesen Menschen immer weiter zurück, auch von meinen Eltern, denn ich brach zu ihnen erneut den Kontakt ab. Selber hatten sie ja so viel falsch gemacht und jetzt urteilten sie über meine Entscheidung, dass wollte und konnte ich nicht mehr ertragen.
Dazu kam, dass ich im Geschäft im Weihnachtsgeschäft war und diese Zeit war immer besonders schön, aber auch sehr anstrengend. Und wie schon erwähnt, gebe ich immer 100 %.

Sascha zog im Januar 1996 in diese Einrichtung, mit 9,5 Jahren.

Es war die schwerste Entscheidung in meinem Leben, aber es war die beste Entscheidung, die ich für Sascha und auch für mich und Alexander treffen konnte.

Ich habe auf Grund dieser Entscheidung Freunde verloren und ich musste mir sehr viele Vorwürfe aus meiner Familie anhören. Es ist für mich auch heute noch unverständlich, warum meine damaligen Freunde und auch meine Familie so minderoptimal reagiert haben und es nicht mal in Betracht zogen, dass ich jetzt vielleicht seelische Unterstützung brauchen könnte.

Es ging mir die erste Zeit nach Saschas Umzug richtig schlecht.

Ich konnte wochenlang sein Zimmer nicht betreten und weinte ständig und ich bekam auch Wutanfälle, „Warum ist das Leben für mich denn immer einfach nur so schwer?". Da konnte mir dann auch Alexander nicht weiterhelfen, da ich ihn auch von mir wegstieß und ihn nicht mehr an mich ranließ, denn ich wollte einfach leiden und mich wieder in meiner Opferrolle suhlen, dass Muster kannte ich ja gut, half mir nur nicht weiter.

Das Ganze ging 6 Wochen so weiter, bis ich das erste Mal mit Sascha telefonieren durfte und feststellte, dass Sascha zwar Heimweh hatte, sich aber trotzdem wohl fühlte.

Wieder etwas gelernt

Was ist denn mein Geschenk hinter dieser gemachten Erfahrung?

Auch hier habe ich Rückgrat bewiesen. Menschen, die nicht in deiner Situation stecken, immer nur klugscheißen können und dir nicht wirklich helfend zur Seite stehen, sind keine guten Ratgeber. Es gibt so viele Menschen, die noch nie in solchen oder anderen schwierigen Situationen gesteckt haben und meinen, sie hätten die Weisheit mit Löffeln gefressen.

Das ist einfach nur anmaßend und auf keinen Fall zielführend. Wie gesagt, es sind nur Klugscheißer und weiter nichts.

Ich habe dafür leider keine anderen oder netteren Worte, denn ich hatte und habe genug von solchen Menschen.

Ich bin eine gute Mutter, weil ich eingesehen habe, dass ich mit dieser Aufgabe total überfordert bin und den Mut aufgebracht habe zu mir zu stehen, egal wie das andere Menschen bewerten und bewertet haben.

Es macht einen sehr viel stärker, wenn Du lernst, voll und ganz zu deinen getroffenen Entscheidungen zu sehen. Du musst dich nur trauen, wirklich für dich und deine Belange voll und ganz einzustehen, auch wenn du so richtig Gegenwind bekommst, musst du standhaft bleiben und genau das tun, was du für richtig hältst. Das führt auch dazu, dass dein Selbstvertrauen anfängt zu wachsen.

Freunde, die sich nur wie Freunde verhalten, wenn du so handelst, wie sie es für richtig halten, sind keine Freunde. Auf solche Menschen kann man gut und gerne verzichten.

Es kommen dann eines Tages Menschen in dein Leben, die besser zu dir passen und dir unterstützend zur Seite stehen und das sind die wertvollen Menschen in deinem Leben.

In der Familie ist es genauso, nur weil sie sich Vater oder Mutter nennen haben sie nicht das Recht, deine Entscheidungen so dermaßen zu verurteilen, geschweige denn, dir irgendeinen Vorwurf zu machen.

Es gibt Entscheidungen, die sehr schwer wiegen und trotzdem müssen sie getroffen werden, wenn du dein Leben in eine bessere Richtung lenken möchtest.

Schwangerschaft und Ängste
Ein Lebensthema

Und weiter geht die Reise:
Mir geht es körperlich überhaupt nicht gut, ich bin immer sehr müde und ich habe komischerweise häufig mit Übelkeit zu tun, dass habe ich anfänglich auf meinen traurigen Zustand geschoben, denn ich habe in der Vergangenheit immer mit Übelkeit und nichts essen zu können reagiert. Trotzdem gehe ich jetzt doch mal zum Frauenarzt, da sich meine Übelkeit immer weiter verstärkte und meine Periode ausgeblieben war. Was ich auf meinen schlechten Gemütszustand schob und überhaupt nicht damit rechnete, eventuell schwanger zu sein.

Und tatsächlich, ich bin wieder schwanger, in der 6. Woche.
In mit tobt jetzt das totale Chaos, ist das doch wieder ein gefundenes Fressen für all die sogenannten Freunde. Das kranke Kind gibt sie weg, um Platz zu machen für das neue Kind. Ich bin total durcheinander, aber da Alexander überglücklich ist, freue ich mich dann auch, zwar etwas zeitverzögert, aber ich freue mich dann auch noch einmal Mutter zu werden.

Die einzigen zwei Fragen, die mich jetzt doch sehr stark beschäftigen sind

1. Wie erkläre ich das Sascha und
2. Ist das Kind gesund???

In meinem Leben gab es keine Freude, ohne ein Ja, Aber.

In der Schwangerschaft ist es normal, dass man emotionale Höhenflüge und Talfahrten hat, dass sind die Hormone, bei mir waren die Ausschläge in die Talfahrten aber sehr extrem und ich war für Alexander eine große Herausforderung.

Ich bin sehr emotional damals und heute, das macht mich aus, im Positiven und leider auch im Negativen. Es ist aber in extremen Situationen eine echte Herausforderung für alle.

Ich bin wieder in der 11. Woche schwanger und was soll ich sagen, ich bekomme Blutungen und werde eine Woche krank geschrieben, Bettruhe. Na toll, keine Ablenkung durch meine Arbeit und somit kommen meine Dämonen wieder zum Vorschein. Alexander musste einige male früher von der Arbeit nach Hause kommen, weil es ohne seine Nähe für mich nicht auszuhalten war.   Dieser Schmerz, der anscheinend so tief liegt, tut so weh, dass es mich fast zerreißt.

Nach einer Woche waren die Blutungen weg und ich ging fröhlich wieder an die Arbeit für eine Woche.

Sonntags Nacht schoß mir das Blut aus dem Unterleib, so stark, als ob du den Wasserhahn voll aufgedreht hast. Es war 23.00 Uhr und Alexander wollte sofort ins Krankenhaus fahren, aber ich sagte ihm, dass das Kind mit Sicherheit abgegangen ist und es reicht, wenn wir am Morgen in die Klinik fahren.

Ich schlief die ganze Nacht nicht, zumal ich nach wie vor sehr stark blutete. Für mich war das auch nicht weiter verwunderlich, bei dem ganzen Gefühlschaos in mir, wie soll sich da ein Embryo halten. In meinen Augen hatte ich eine Fehlgeburt erlitten und am nächsten Tag erwartete mich dann wohl eine Ausschabung.

Am nächsten Morgen fuhren wir zwei dann traurig ins Krankenhaus.

Ich dachte darüber nach, ob unsere Ehe diese ganzen Dramen wohl aushalten würde oder das Ende auch schon eingeläutet ist. Ich sprach das aber Alexander gegenüber nicht aus, denn ich hatte Angst vor seiner Antwort, da ich ja meinte, diese zu kennen.

Im Krankenhaus unterschrieb ich die OP- Einwilligung und dann machte man mich auch schon für die OP fertig. Die Ärztin machte noch einen Ultraschall und rief voller Erstaunen, das Kind ist noch da, ich hatte keine Fehlgeburt erlitten

Ich sagte ihr, dass sie bitte trotzdem einen Abbruch machen soll, da meine Angst, ein krankes Kind zu bekommen, jetzt doch sehr groß sei, ich war allein mit ihr, denn Alexander musste draußen warten.

Die Ärztin kannte mich und meine Geschichte und sagte dazu nur: „Nein, wir sprechen jetzt erst einmal in Ruhe gemeinsam mit ihrem Mann."

Ich war dagegen, aber sie ließ sich auf keine Diskussion mit mir ein und schob mich in mein Zimmer, wo Alexander auf mich wartete.

Alexander war überglücklich, dass ich nach wie vor schwanger war, ich ganz und gar nicht. Ich wollte unbedingt einen Abbruch und dann auf keinen Fall noch einmal schwanger werden. Also mein Plan war ein Abbruch, mit einer Sterilisation, so dass eine erneute Schwangerschaft nicht passieren konnte. Ich hatte genug, vom Kinderkriegen, usw.

Die Ärztin gab mir den Rat, schon sehr früh eine Fruchtwasserpunktion machen zu lassen und wenn dann mit dem Kind etwas nicht OK wäre, könnte man immer noch handeln.

Da Alexander weinend vor mir saß, ließ ich mich darauf ein. Ich bekam Medikamente um die Blutungen zu stoppen und dann verließ ich auf eigene Verantwortung wieder das Krankenhaus. Die Blutungen liessen nach und ich konnte endlich wieder arbeiten und mich ablenken und betäuben.

Ein paar Wochen später machte ich dann eine Fruchtwasserpunktion.

Der Eingriff war nicht schlimm. Mir wurde gesagt, dass sie ja nicht extra das PWS- Syndrom untersuchen lassen müssen, da ich ja jetzt einen neuen Partner habe und das PWS- Syndrom nur vom Mann verursacht wird.

Was für eine Befreiung, dieser Satz hat mir meine Schuldgefühle Sascha gegenüber genommen. Ich dachte ja die ganze Zeit, dass das die Strafe für meine Vergangenheit war.

Ich bestand aber trotz der Aussage darauf, dass das PWS- Syndrom mit untersucht wird, denn zu groß war meine Angst davor.

Ich bekam nach einiger Zeit, ich weiß heute nicht mehr wie lange es gedauert hat, bis ich das Ergebnis bekam, die Information, dass ich zu 98% eine gesunde Tochter erwarte. Ich habe mich nicht über die 98% gefreut, sondern mir immer Gedanken gemacht, was die 2% denn noch sein könnten.

„Geburtsrestrisko" hieß es damals.

Heute weiß ich leider, dass es viele bekannte Gendefekte gibt, die bei einer normalen Fruchtwasserpunktion nicht mit untersucht werden, wie z.B. das PWS- Syndrom. Zum Glück wußte ich das alles damals noch nicht.

Wenn Du jetzt denkst, dass ich generell für die Abtreibung von behinderten Kindern bin, dann irrst Du dich. Ich finde es nur besser für die werdenden Eltern, wenn man eine Wahl hat, dieses selbst zu entscheiden .

Das Leben mit einem behinderten Kind stellt einen Menschen vor vielen Herausforderungen und nicht jeder ist so einer Herausforderung gewachsen.

Der lange Rest meiner Schwangerschaft verlief jetzt ohne weitere Komplikationen, ich konnte die Zeit sogar genießen.

Als mein Bauch dann nicht mehr zu übersehen war, erzählten wir Sascha dann auch davon und er reagierte voller Liebe und Freude, dass er jetzt eine kleine Schwester bekommen sollte, was mich sehr freute.

Nochmal Sascha

Sascha hatte sich in der Zwischenzeit auch sehr gut eingelebt im Heilpädagogium.

Wir besuchten ihn alle 6 Wochen und telefonierten jede Woche miteinander. In den Schulferien kam er zu uns, oder zu seinem Vater. Es gab auch da immer wieder Probleme mit Saschas aggressiven Verhaltensweisen, aber die Mitarbeiter dort konnten damit gut umgehen und Sascha und sein aggressives Verhalten besser lenken.

Es ist leichter, solche Schwierigkeiten in den Griff zu bekommen, wenn die Personen nicht emotional betroffen sind.

Am Anfang der Diagnose von Sascha und nachdem ich alles über dieses Krankheitsbild gelesen hatte, dachte ich, OK es wird nicht leicht, aber einen Hauptschulabschluss und eine Lehre wird wohl machbar sein, damit Sascha später ein selbständiges Leben leben kann.

Saschas Entwicklung lief aber alles andere als rosig, sein aggressives Verhalten steigerte sich mit zunehmenden Alter, dazu kam dann auch noch, dass er andere Menschen, sprich seine Mitbewohner und Erzieher körperlich angriff.

Es gab ruhige Phasen und mega anstrengende Phasen.

Da muss ich mal eine Erfahrung mit einem Chefarzt der Endokrinologie im Krankenhaus Kiel mit Euch teilen.

Sascha bekam täglich Wachstumshormone gespritzt, da PWS- Kranke kleinwüchsig sind und wir die Hoffnung hatten, dass Sascha größer wird und somit auch mehr essen kann. Er musste ja streng Diät halten, da PWS- Kranke einen veränderten Stoffwechsel haben und normalerweise extrem übergewichtig werden und dann an den Folgen des extremen Übergewichtes frühzeitig sterben.

Die Generation vor Sascha ist schon mit ca. 20 Jahren verstorben.

Als Sascha dann 14 Jahre alt war, war der Arzt der Meinung, Sascha müsste jetzt zusätzlich männliche Hormone bekommen, damit Sascha in die Pubertät kommen kann. Nachdem der Arzt uns nur über die Vorteile dieser Hormontherapie aufgeklärt hatte, willigten wir ein und Sascha bekam jetzt zusätzlich männliche Hormone.

Wir wurden nicht über eventuell auftretende Nebenwirkungen aufgeklärt, was sich als schlimmer Fehler herausstellte.

Sascha wurde noch aggressiver und wütete nur noch, dazu kam, dass er ständig an seinem Penis herumspielte und sich also bei jeder Gelegenheit versuchte, einen runterzuholen. Neben uns auf dem Sofa, beim Spazierengehen usw.

Er trat eine schwere Eichentür ein, die dann ein Erzieher in den Rücken bekam.

Sascha war überhaupt nicht mehr zu bändigen. Das ging dann soweit, dass ich Sascha nicht mehr nach Hause holen konnte, denn ich hatte ja meine kleine Tochter, die ich mittlerweile vor Sascha schützen musste.

Ich weiss nicht mehr, wie oft ich versucht habe mit diesem Arzt zu sprechen, dass dieses Medikament wieder abgesetzt werden müssen. Er wiegelte alles ab und meinte nur, dass sich das wiedergeben wird. Aber statt besser wurde es immer schlimmer.

Nachdem der Arzt dann für mich nicht mehr zu sprechen war, nahm ich Kontakt zu einer Endokrinologin auf, die auch auf PWS spezialisiert war. Die riet mir dann dazu die Hormone sofort abzusetzen. Das taten wir dann auch und nach ein paar Wochen besserte sich dann auch Saschas Zustand und er wurde wieder handzahmer.

Was lernen wir aus dieser Geschichte:

Es liegt immer in unserer Verantwortung ein Medikament zu nehmen oder eben nicht. Ein Mediziner spricht immer nur aus seiner Hose und wenn du der Meinung bist, dass das verordneten Medikament Dir oder deinen Angehörigen am Ende nur schadet, musst Du eine Entscheidung treffen und die Verantwortung tragen und dir auch immer eine zweite Meinung einholen. Ein Arzt ist auch nur ein Mensch und nicht allwissend.

Es ist für mich eine sehr große Herausforderung gewesen, mich diesen ganzen Themen zu stellen, da ich ja immer noch mit mir und meinen Dämonen aus der Vergangenheit zu kämpfen hatte.

Vater, Mutter, Kind

Am 7.Oktober 1996 brachte ich per Kaiserschnitt eine gesunde Tochter auf die Welt.

Ein zauberhaftes Wesen und von Anfang an ein großes Geschenk für mich und Alexander. Alicia, ist mein persönliches Weltwunder. Sie war von Anfang an ein zufriedenes Baby und machte uns überhaupt keinen Stress.

Im Januar 1997 ziehen wir von Rissen nach Emmelndorf, da Alexander keine Lust mehr darauf hatte, sich täglich 2 mal durch den Elbtunnel zu quälen.

Damit begann erneut eine Reise für mich des „Unglücklich seins".

Ich vermisste mein altes Umfeld und ich wollte unbedingt nach Rissen zurückziehen. Das kam für Alexander nicht in Frage und somit machten sich meine Dämonen wieder viel Platz in meinem Leben. Dazu kam, dass ich meinen Arbeitsplatz als Filialleiterin nicht mehr ausüben konnte, da wir Alicia nicht 5 Tage die Woche von fremden Menschen beaufsichtigen lassen wollten.

Einer meiner Träume war den Beruf der Kosmetikerin zu lernen und somit bezahlte mir Alexander diverse Ausbildungen in dieser Branche. Wofür ich ihm auch heute noch sehr dankbar bin.

Nach Ende der Ausbildung arbeitete ich dann 1 ganzen Tag in einer Kosmetikpraxis und Alicia ging an dem Tag zu einer liebevollen Tagesomi.

Ich war nach wie vor immer noch sehr unglücklich, nicht mehr in Rissen zu wohnen und ich hatte viel Streit deswegen mit Alexander. Er verstand mich nicht und ich verstand ihn nicht.

Wir hatten zu dem Zeitpunkt eine Ferienwohnung in Niendorf an der Ostsee, da fuhren wir immer Freitags Abends hin und am Sonntag Abends wieder zurück. Das waren immer sehr schöne Wochenenden.

Alicia entwickelte sich prächtig und sie war unser Sonnenschein.

Sascha kam wieder regelmäßig zu uns und seine Ferien verbrachten wir dann an der Ostsee.

Auch wenn das Zusammensein mit Sascha immer eine große Herausforderung war, denn er hatte immer wieder diese Wutanfälle und ich stand ständig unter dem Druck, meine Tochter schützen zu müssen. Das habe ich alles nur mit sehr viel Disziplin geschafft, denn ich war ja innerlich immer dieser zerrissene, sich schuldig und schmutzig fühlende Mensch geblieben.

1999 ziehen wir dann von Emmelndorf nach Buxtehude, in die Nähe von guten Freunden und der Hoffnung, dass es mir da besser gehen würde. Dem war aber leider nicht so, denn ich fühlte mich allein, denn Alexander war beruflich sehr eingespannt und kam erst am Abend wieder nach Hause und somit hatten meine Dämonen viel Zeit, in mir ihr Unwesen zu treiben.

Immer wenn ich alleine war, tobte in mir ein Krieg und ich wusste nicht, wie ich das stoppen kann. Ich hätte mir professionelle Hilfe holen können, aber auf die Idee kam ich nicht, ich bevorzugte nach wie vor die Opferrolle.

1999 war auch das Jahr, in dem ich wieder, nach fast 5 Jahren, Kontakt zu meiner Mutter aufnahm. Ich tat das, weil ich meiner Tochter ihre Oma nicht vorenthalten wollte. Mein Vater kam in meinen Überlegungen nach wie vor nicht vor. Ich hasste ihn nach wie vor, denn in meinen Augen war er nach wie vor die Ursache für meinen erlebten Schmerz und dafür, dass ich nicht zur Ruhe kam in meinem Inneren.

Ich rief meine Mutter an und kurze Zeit später fuhr ich mit Alicia zu meinen Eltern. Alicia war mittlerweile 2,5 Jahre alt und ein bezauberndes kleines Mädchen, die man einfach nur lieben konnte. Da hatte ich auch tatsächlich Muttergefühle, die ich nach wie vor für Sascha nicht hatte.

Mein Vater war glücklicherweise nicht da. Ich saß mit meiner Mutter in der Küche an einem runden Tisch, sie saß mir gegenüber, meine Tochter saß auf meinem Schoß und unsere Labradorhündin saß an meiner rechten Seite. Unser Gespräch verlief oberflächlich nett und freundlich, mehr aber auch nicht.

Zwischen mir und meiner Mutter hatte es eine Spaltung gegeben, die wir beide nicht überwinden konnten.

Während wir uns unterhielten , kam mein Vater nach Hause. Mein Herz fing wie wild an zu schlagen und ich wäre am liebsten sofort aufgesprungen und gegangen. Da ich meine Tochter nicht erschrecken wollte blieb ich doch lieber sitzen und sprach einfach weiter, ohne meinen Vater zu beachten .

Mein Vater, er war nüchtern, setzte sich neben mich auf meine linke Seite. Ich hätte im Strahl kotzen können, aber ich blieb äußerlich ruhig und sagte nur kurz Hallo zu ihm. Kurze Zeit später stand meine wundervolle Hündin auf und sie setzte sich zu den Füßen meines Vaters und himmelte ihn an. Jetzt krabbelte meine Tochter von meinem Schoß und krabbelte auf den Schoß ihres Opas. Ich war denn mal sprachlos und rückte etwas von ihm ab, um mir diese Situation genauer anzusehen. Mir war schlagartig bewusst, dass es in meinem Vater eine Veränderung gegeben haben muss, denn sonst wären mein Hund und meine Tochter niemals zu ihm gegangen. Mein Vater war sichtbar von beiden angetan und streichelte den Hund und sprach sehr liebevoll mit Alicia. Ich war echt sprachlos, hatte meine Tochter aber im Blick, damit ihr nichts passierte, ich hatte ja meine gemachten Erfahrungen mit meinem Vater im Hinterkopf.

Das war der wundervolle Beginn von 12 wundervollen Jahren mit meinem Vater.
Voll von Liebe und Versöhnung, ein ganz großes Geschenk für mich und meine Familie.

Was zeigt diese wundervolle Begebenheit und was habe ich daraus gelernt ?

Menschen, egal in welchem Alter, können sich tatsächlich ändern.
Kein Mensch ist durch und durch böse, auch mein Vater nicht.
Wenn Du es schaffst, die Brille der Vergangenheit abzusetzen und versuchst, deinem
Gegenüber mit offenem Herzen zu begegnen, kann Heilung geschehen, auf beiden Seiten. Für diese Erfahrung in meinem Leben bin ich unglaublich dankbar.

Mein Vater war der beste Opa, den man sich nur vorstellen konnte, meine Hündin wich niemals von seiner Seite, wenn er bei uns war. Denn mein Vater war sehr häufig bei uns, da meine Mutter immer noch ihren Freund hatte, mit dem sie regelmäßig in den Urlaub fuhr. Bevor wir wieder Kontakt hatten, musste mein Vater dann für diese Zeit in die Kurzzeitpflege, da er halbseitig gelähmt war und so ganz alleine nicht klar kam nach Meinung meiner Mutter. Nun kam mein Papa dann immer zu uns und auch häufiger mal zwischendurch, auch wenn meine Mutter nicht verreist war. Es waren wunderschöne Zeiten, wenn mein Vater bei uns war. Wir gaben ihm nie das Gefühl, dass er eine Belastung für uns war, dass war er auch nicht. Ich kochte dann zur großen Freude meines Mannes auch mal sogenannte Hausmannskost, was es bei mir eigentlich nicht gab. Aber ich wusste, dass ich meinem Vater damit eine große Freude machte und das war mir sehr wichtig. Wir konnten auch über viele Dinge sprechen und ich fing an ihn mit ganz anderen Augen zu sehen.

Alicia liebte ihren Opa sehr und sie leidet auch heute noch unter seinem viel zu frühen Tod, genauso wie ich.

Es waren wirklich tolle und heilende Jahre für mich und auch für meinem Vater. Sein für mich viel zu früher Tod 2010 hat eine große Lücke hinterlassen, die nicht mehr zu füllen ist. Hättest du mir das vor diesen Jahren erzählt, hätte ich dir das nie geglaubt.

Weiter geht es in meiner Geschichte:

Meine Tochter hat eine Frühblüherallergie und seitdem wir in der Wohnung in Buxtehude wohnen, geht es ihr immer schlechter. Sie hat mittlerweile asthmatische Zustände. Und sie muss mehrfach täglich inhalieren, um besser Luft zu bekommen.
Wie wir erfahren haben, war die Wohnung vor unserem Einzug voll mit Schimmel und darauf reagierte Alicia extrem.
8 Monate später zogen wir von Buxtehude nach Ahrensburg, dichter an die Ostsee.
Wirklich gut ging es Alicia aber immer nur, wenn wir an den Wochenenden an der Ostsee waren. Dann konnte sie richtig durchatmen.
Nun beschlossen wir, unsere Ferienwohnung zu verkaufen und uns dort ein Haus zu kaufen, damit es Alicia dauerhaft besserging. Was sich für mich allerdings als Fehler herausstellte.

2000 zogen wir dann nach Timmendorf. Wir haben ein altes Haus gekauft, es total umgebaut und auf unsere Bedürfnisse zurecht renoviert.
Damit begann wieder ein neuer und alter Albtraum für mich. Mein Mann war den ganzen Tag über weg und ich hatte kein soziales Umfeld. Ich

bekam wieder Angstzustände und eine handfeste Depression. Die einheimischen Ostseebewohner wollten in der Masse nichts mit den zugezogenen Städtern zu tun haben. Es gab selbst nach 2 Jahren immer noch Mütter im Kindergarten, die mich nicht einmal begrüßt haben. Meine große Angst vor Ablehnung wurde also schön gefüttert. Mein Vater kam oft wochenlang zu uns, damit ich nicht komplett durchdrehte. Es half alles nichts, ich musste da wieder weg und so machte ich Alexander regelmäßig heftige Szenen, damit er doch mal einsehen muss, wie unglücklich ich dort war.

Für Alexander war alles perfekt, er liebte die Ostsee, denn er hatte seine Kindheit dort verbracht. Jeden Morgen joggte er von Timmendorf nach Scharbeutz und am Abend, wenn er wieder zu Hause war, gingen wir an der Promenade spazieren. Er konnte meine seelischen Qualen einfach nicht nachvollziehen. Am Anfang hatte er noch die Hoffnung, dass sich mein Zustand mit der Zeit bessern würde, aber es half alles nichts. Jedes Wochenende ging er mit mir Shoppen und kaufte mir alles, was mein Herz begehrte, aber es waren auch nur teure Pflaster, die mir nicht halfen. Am Ende drohte ich ihm, dass ich ihn mit Alicia verlassen würde, wenn er weiterhin darauf bestand, dort wohnen zu bleiben.

Das hat dann tatsächlich Wirkung gezeigt und wir suchten uns eine neue Bleibe in Seevetal. Das Haus in Timmendorf ließ sich nur nicht so schnell verkaufen, wie wir gehofft hatten, aber bei mir überwog die Freude, da wieder wegzukommen.
Wie immer lief ich vor meinen Dämonen weg, dass ich diese Dämonen aber immer mitnahm, weil sie ja in mir steckten, darüber dachte ich natürlich nicht nach. Ich versuchte immer alles im Aussen zu verändern und kümmerte mich nicht um mein Inneres, was gesehen werden wollte. Dafür fehlte mir damals immer noch das Bewusstsein.

Was habe ich daraus gelernt?

Du musst dich deinen Dämonen stellen, sie holen dich immer wieder ein und machen dir dein Leben so lange schwer, bis du sie aufgearbeitet hast. Mit jedem Jahr werden die Pflaster immer größer, bis sich die inneren Wunden nicht mehr verstecken lassen. Ich habe mich immer mit aller Macht auf meinen vollen Mülleimer gesetzt, in der Hoffnung der Deckel bleibt geschlossen, es hat am Ende alles nichts geholfen.

Genauso ist die Geisteshaltung einer Opferrolle, sie hilft dir nicht weiter, denn wenn du die Verantwortung nicht für dich übernimmst und endlich ganz genau hinsiehst, kann sich nichts im Inneren und somit auch nichts im Außen verändern.

Die Opferrolle ist zwar irgendwie anstrengend, aber auch eine Sicherheit, dass man sich schön weiter in seiner Komfortzone aufhalten kann, weil, wer weiß denn schon, wie es ausserhalb der Komfortzone aussieht. Doch die Veränderung und die Freiheit liegt außerhalb der Komfortzone.

Wir kauften das Haus im Ortskern von Hittfeld, der Ort, in dem ich meinen Zuhälter in der Disco kennengelernt habe und der Ort, in dem nach wie vor einer meiner Puffchefs wohnte, was ich aber zum Zeitpunkt des Hauskaufes nicht wusste.

Alicia wurde dort eingeschult und ich eröffnete eine Kosmetikpraxis bei uns am Haus.

Meine Angst, entdeckt zu werden, war riesengroß und ich malte mir die schlimmsten Dinge aus. Ich wollte auf keinen Fall, dass Alicia vor ihrem 18. Lebensjahr von meiner Vergangenheit erfuhr und ich wollte der Mensch sein, der ihr das erzählt. Du kannst dir sicherlich vorstellen, dass bei mir im Hirn ständig die Post abging.

Jetzt fragst du dich wahrscheinlich, warum ziehst du denn genau in diesen Ort zurück ? Mir war ehrlich gesagt vorher gar nicht bewusst, dass das wohnen in diesem Ort in mir diese Ängste auslösen können, da habe ich mal wieder das Denken vergessen, wie schon so häufig in meinem Leben.

Meine Ehe war durch die vielen Achs und Wenns auch nicht mehr wirklich glücklich. Wir hatten häufig Streit und wir verstanden einander nicht mehr wirklich.
Aber wir hielten beide an unserer Beziehung fest, egal wie schwer es auch war.
Es war für mich schon traurig, weil es ja angefangen hat wie in einem Märchen und ich hätte mir gar nicht vorstellen können, dass sich das einmal verändern könnte.

Wir lebten uns gut ein und hatten kurze Zeit später auch ein soziales Umfeld und Alicia Freundinnen in der Schule.
Wir waren mit den angesehenen Familien des Ortes befreundet und das fühlte sich für mich gut an. War auch nur eine Illusion, dazu komme ich später noch mal zurück. Erstmal war meine Welt so einigermaßen in Ordnung.

Neue Herausforderungen

Dann kam die folgende Geschichte

Wir hatten neben uns Nachbarn, die Kinder betreuten. Am Anfang waren es ca. 8 Kinder und 2008 habe ich ca. 30 Kinder gezählt, bei nur einer Aufsichtsperson. Die Kinderwagen wurden Mittags in den Garten geschoben und nicht beaufsichtigt.

Das alles machte mir echt zu schaffen, da ich mir Gedanken machte, wie geht das alles ohne mindestens noch 2 Kindergärtnerinnen. Im Mai 2008 rief ich bei der Gemeinde in Hittfeld an, um da mal nachzufragen, was ist das eigentlich, Kindergarten oder Tagesmutter? Mir wurde gesagt, dass die Gemeinde davon nichts wüsste und man gab mir eine Telefonnummer in Buchholz, die für Tagesmütter zuständig waren. Dass der Herr von der Gemeinde mich angelogen hatte, wußte ich zu dem Zeitpunkt nicht. Fakt ist, dass die Gemeinde davon wußte und den Eltern, die keinen Kindergartenplatz hatten, davon erzählten.

Ich rief also bei der anderen Telefonnummer an und fragte dort nach.

Die Antwort war, dazu kann ich nichts sagen, dass müssen wir überprüfen, darf ich ihren Namen nennen. Natürlich durfte sie meinen Namen nennen, denn ich wollte ja nichts böses, ich machte mir nur Sorgen um die Kinder.

Kurz gesagt, am nächsten Morgen wurde meine Nachbarin überprüft und die ganze Sache flog auf und wurde noch am selben Tag geschlossen. Alle Eltern mussten ihre Kinder wieder abholen. Da war was los, ich hatte mit einem Mal 30 Elternpaare zum Feind.

Meine Angst vor Ablehnung bekam wieder ordentlich Futter. Mir wurden wütende Briefe geschrieben, ich wurde angepöbelt, was mich das eigentlich alles anging, mir wurde vor die Füsse gespuckt, usw.

Ich habe dann meinen Hund ins Auto geladen und bin dann woanders spazieren gegangen. Meine Nachbarn waren natürlich auch hasserfüllt uns gegenüber.

Bei uns meldete sich dann das Kultusministerium, um mit uns zu sprechen. Wie lange wir denn einverstanden wären, dass meine Nachbarin mit einer zusätzlichen Kraft und weniger Kindern weiter machen dürfte, da man Schwierigkeiten damit hatte, die ganzen Kinder auf andere Kindergärten zu verteilen.

Wir stimmte zu, dass sie bis zu den Sommerferien, 6 Wochen später, weiter arbeiten kann.

Hätte ich gewußt, wie feindselig die Eltern weiter täglich an unserem Haus vorbeigingen, hätte ich mich darauf nicht eingelassen. Nun mussten wir da irgendwie durch.

Ich finde es so nebenbei bemerkt, nach wie vor richtig, dass ich diesen Schritt gegangen bin. Auch wenn mir diese Konsequenzen, die das nach sich zog, nicht bewusst waren.   Es kann nicht sein, dass so viele Kinder nur von einer Person beaufsichtigt werden und es dann auch noch Eltern gibt, denen das anscheinend völlig gleichgültig ist. Für mich hätte sich jedes Elternpaar auch noch vor dem Gesetzgeber verantworten müssen. Denn so kleine Kinder können sich nicht wehren und es braucht aufmerksame Menschen, die sich auch mal unbeliebt machen, wenn es um den Schutz von Kindern geht. Es gab viele Menschen die davon wussten, aber einfach zu feige waren zu handeln. Die Mentalität, „das geht mich nichts an, da schaue ich lieber weg," ist ja weit verbreitet.

Da bei uns durch diese Begebenheit viel los war, zog mein Papa wieder mal bei uns ein. Er hatte eine Ausstrahlung, die mich immer getragen hat und mir Mut gemacht hat. Mein Vater hat vor unserem Haus den

Garten gemacht und diesen unverschämten Eltern die Stirn geboten. Ihm konnte das alles nichts anhaben und so traute ich mich dann auch wieder mehr nach draußen.

Es ist Vatertag und mein Vater klagt über Druck im Kopf. Ich frage ihn, ob wir einen Arzt rufen sollen, aber er wiegelt ab, dass sei nicht so schlimm.

Ich hätte auf mein komisches Bauchgefühl hören sollen, ich wusste doch eigentlich, dass mein Bauchgefühl mich immer richtig leitet und trotzdem habe ich nicht darauf gehört.

Zwei Tage später ist mein Vater seltsam und kann seine Tabletten nicht mehr greifen. Ich rufe meine Mutter an und sie fährt sofort mit meinem Vater ins Krankenhaus. Mein Vater wollte keinen Krankenwagen. Immer noch der alte Starrkopf, wenn es um seine Gesundheit geht.

Mein Vater hatte eine schwere Hirnblutung, die man nicht operieren konnte und er lag jetzt in Altona auf der Intensivstation mit unbekanntem Ausgang.

Mein Papa, ich brauchte ihn doch noch so dringend. Wir sind alle unter Schock und beten für seine Heilung. Meine Tochter ist am Boden zerstört, denn mein Vater war für sie neben uns die wichtigste Person in ihrem Leben. Wir weinen viel zusammen und wir besuchen ihn im Krankenhaus.

Jetzt sind die hasserfüllten Eltern des ehemaligen Kindergartens nur noch zu einer Nebensache geworden. Es zählte nur noch mein Papa, dass er wieder gesund wird, alles andere war unwichtig geworden.

Mein Vater erholt sich doch tatsächlich auch davon, obwohl er nie wieder der Alte wird. Wir suchen für meine Eltern eine Wohnung in Hittfeld, damit ich meine Mutter bei der Pflege meines Vaters unterstützen kann, so war zumindest damals der Plan, doch dazu kam es nicht.

Während mein Vater im Krankenhaus liegt und anschließend zur Reha kommt, macht meine Mutter mit der Hilfe ihres Freundes den Umzug.

Mein Vater wird knapp 4 Wochen vor dem geplanten Einzug in die neue Wohnung meiner Eltern aus der Reha entlassen, was zu früh war, denn mein Vater war nun auf einen Rollstuhl angewiesen und die alte Wohnung meiner Eltern lag im 3. Stock, ohne Fahrstuhl.

Damit er nicht in ein Pflegeheim muss, holen wir ihn zu uns, denn für meinen Vater wäre die Unterbringung in einem Pflegeheim die Hölle gewesen und ich wollte alles tun, damit es ihm wieder besser ging, egal was.

Wir räumen um und mein Vater zieht zu uns.

Ich bespreche alles mit unserem Internisten, der dann regelmäßig zu uns kommt und meinen Vater medizinisch versorgt.

Ich habe alles getan, so gut es auf die Schnelle ging, um meinem Vater und auch meiner Mutter zu helfen. Wobei, ehrlich gesagt, ging es mir dabei mehr um meinen Papa.

Mein Papa ist ein Vollpflegefall. Windeln wechseln, Spritzen geben, ihn duschen, usw. Sind jetzt zusätzliche Aufgaben für mich. Meinem Papa ist das alles unangenehm und er schämt sich, sich so hilflos vor uns zu zeigen. Ich mache immer kleine Scherze mit ihm, wenn ich ihn z.B. unter die Dusche stelle, damit ich ihm irgendwie die Scham nehmen kann. Es ist mir aber nicht geglückt. Es geht ihm ziemlich schlecht, er hat eine Blasenentzündung und regelmäßig kommt unser Arzt, um nach ihm zu sehen. Es tut so weh, seinen körperlichen Verfall zu sehen, denn heute liebe ich meinen Vater sehr und ich wünsche mir so sehr, dass er wieder so wird, wie vor der Hirnblutung. Alicia und Alexander sind auch unfassbar traurig und auch sie versuchen meinem Vater Mut zu machen, aber mit der Hirnblutung ist sein Kampfgeist verloren gegangen und er schämt sich, so hilflos zu sein. Das kann ich täglich spüren und das tut unsagbar weh, dass ich ihm das nicht nehmen konnte.

Meine Mutter musste sich allerdings an 3 Termine halten, an denen sie zu uns kommen sollte, da wir die Termine nicht absagen konnten und es wäre in meinen Augen verantwortungslos gewesen, meinen Vater alleine zu lassen, was meine Mutter allerdings ganz anders sah.

Gleich beim ersten Termin kam sie nicht und ich musste sie suchen. Mein Mann war darüber so erbost, dass er meiner Mutter nach unserem Termin unverhohlen seine Meinung sagte. Meine Mutter konnte noch nie mit Kritik umgehen und somit war die Beziehung zwischen uns endgültig kaputt und das ist bis heute 2020 auch so geblieben. Obwohl ich bei dem Gespräch nicht dabei war und dafür auch nicht die Verantwortung trage, ist meine Mutter auch nicht mehr bereit, mit mir vernünftig zu sprechen. Ganz das Gegenteil ist der Fall, sie ist sogar so dreist, dass sie meinen Vater damit belastet, wenn sie ihn zwischendurch in unserem Haus besucht.

Ich habe sie mehrfach gebeten, meinen Vater damit in Ruhe zu lassen, aber sie hörte damit nicht auf. Das führte dann leider auch dazu, dass sich mein Vater unwohl fühlte, was ich auch nicht verändern konnte. Leider war mit meiner Mutter kein Reden mehr und sie belastete weiterhin meinen Vater damit, was ich unglaublich mies von ihr fand. Ich hätte ihr am liebsten Hausverbot erteilt, aber dass konnte ich meinem Vater nicht auch noch antun.

Mein Mann war schon lange von der Übergriffigkeit meiner Mutter genervt und das hatte das Fass jetzt zum Überlaufen gebracht. Meine Mutter war uns auch in keinster Weise dankbar, für den Einsatz, denn wir gebracht haben.

Meine Mutter weiß immer alles besser und lässt eine andere Meinung nicht gelten, was es sehr schwierig macht, mit ihr umzugehen, wenn man nicht immer klein beigeben will, nur um des Friedens Willen. Es hätte vielleicht einen besseren Zeitpunkt für dieses Gespräch gegeben, da ja auch ihre Nerven blank lagen, aber die Vergangenheit ist vergangen und nicht mehr zu ändern.

Knapp 4 Wochen später ist der Umzug vollzogen und meine Mutter, die einen Haustürschlüssel hat, holt, während ich arbeite, meinen Vater bei uns ab.
Sie hinterlässt mir das ganze Chaos, legt unseren Schlüssel auf den Tisch und ist weg. Als ich wieder rüberkomme, um nach meinem Vater zu sehen ist er weg. Kein Danke oder sonst irgendein nettes Wort. Du kannst dir sicherlich vorstellen, wie sehr so ein Verhalten weh tut. Ich stehe da und kann es gar nicht fassen, wie ein Mensch so sein kann.

Da meine Mutter keinen Kontakt mehr zu uns haben möchte und mein Vater hilflos ist, kann ich ihn jetzt nicht mehr sehen, oder mit ihm telefonieren.
Ich bin unendlich traurig, aber ich möchte keinen Ärger machen und so halte ich mich zurück. Alicia geht ab und zu ihren Opa besuchen und erzählt mir dann, wie es ihm geht.

 Neue Herausforderungen

Meine Mutter — Eine Aufarbeitung

Was ich über meine Mutter denke, möchtest du vielleicht jetzt wissen.

Die Mutter meiner Kindheit gab ihr Bestes und sie hat sich und ihre Bedürfnisse immer ganz hinten angestellt, dass ist alles richtig.

Sie hat aber in ihrem Kopf so eine, „Das bist du mir schuldig- Liste" eingerichtet und da hat sie innerlich alles festgehalten.

Mit beginnender Pubertät wurde es, wie ja beschrieben, zwischen uns sehr schwierig. Ja, sie hat mich sehr dabei unterstützt aus der Prostitution zu kommen, aber sie hat mir immer das Gefühl gegeben, einen Makel zu haben und sie hat mich anschließend als Angestellte in ihrem Sonnenstudio ausgenutzt und schlecht bezahlt. Ich bin in ihren Augen auch immer die Prostituierte geblieben und ihrer Meinung nach hat sie mich da ja persönlich rausgeholt. Was so ja auch nicht stimmte. Sie hat mir sehr geholfen und dafür bin ich ihr auch ewig dankbar und trotzdem hat sie keinen Freifahrtsschein, mich zu behandeln wie eine Aussätzige oder wie ein Kleinkind, das nicht bis drei zählen kann.

Sie war eifersüchtig auf das Verhältnis zwischen uns und meinem Vater. Sie konnte nicht verstehen, dass wir meinen Papa nicht mit den Augen der Vergangenheit betrachtet haben und ihm soviel Liebe gegeben haben, wie wir nur konnten.

Meine Mutter hat meinem Vater immer eins ausgewischt, am liebsten, wenn andere Menschen mit dabei waren. Sie war frustriert von ihrem Leben und gab einzig und allein meinem Vater dafür die Schuld. Auch sie ist in der Opferrolle ihres Lebens gefangen und sieht nicht, dass sie immer auch eine andere Entscheidung hätte treffen können.

Ich bin, wie schon gesagt, meiner Mutter nicht böse, aber ich empfinde leider auch sonst nichts. Für mich ist sie heute eine fremde Frau und solange sie meine Hilfe nicht braucht, fühle ich mich nicht angesprochen.
Es ist für mich, wenn ich das hier schreibe, immer noch seltsam, dass ich so gefühlsstumm bin, was meine Mutter angeht, aber ich möchte das auch nicht mehr ändern. Wir kommen beide besser ohne einander klar und das ist auch gut so.

 Meine Mutter – eine Aufarbeitung

Das Geschenk meines Vaters

Ganz selten kann ich meinen Vater gemeinsam mit Alicia besuchen, mein Vater hat sich zwar wie-der erholt, aber er ist nicht mehr der Alte und möchte auch nicht mehr zu uns nach Hause kommen. Er war der Gehirnwäsche meiner Mutter jetzt voll ausgeliefert und wir waren ihre Feindbilder, daran ließ sich nichts mehr ändern.

Also lerne ich damit zu leben, auch wenn es mich sehr traurig macht und ich meinen Vater sehr vermisse. Alicia geht häufiger zu ihrem Opa, da stellt sich meine Mutter nicht dagegen.

Aber sie bringt ziemlich häßliche Äußerungen.

Hier ein kurzes Beispiel:

Kurz vor meinem 50.Geburtstag war Sascha bei uns zu Besuch und beide gingen ihren Opa besuchen. Meine Mutter sagte zu meinen Kindern: Oh, bald wird eure Mutter 50, dann bringt sie sich bestimmt um, weil sie hat ja mit dem „älter werden" ein großes Problem!!!!!

Meine Tochter kann mit solch dummen Aussagen umgehen, da sie ja tagtäglich mit mir zusammen ist und mich kennt und auch weiß, was meine Mutter für ein böser Mensch sein kann. Mein Sohn hatte da anschließend aber doch Gesprächsbedarf, da er das für bare Münze gehalten hat.

Ich hatte eine Stinkwut auf meine Mutter und mir war klar, dass Sascha da nicht mehr ohne meine Aufsicht hingeht, wer weiß denn schon, was diese Dame noch so von sich gibt.

Ich konnte meinen Vater genau einmal unter der Aufsicht und den bösen Blicken meiner Mutter besuchen.

Im November 2010 gehe ich zu meinem Arzt, um ein Rezept abzuholen. Dort erfahre ich, dass es meinem Vater sehr schlecht geht und er in Buchholz im Krankenhaus liegt.
Das ist meine Chance, meinen Papa endlich wiederzusehen, ohne unter der Aufsicht meiner Mutter zu stehen. Ich fahre gleich am nächsten Morgen mit meinem Mann zu ihm.
Mein Papa ist nur noch ein „Häufchen Mensch", als er uns sieht, fängt er an zu weinen und sagt mir, dass es vorbei ist. In meinem Hirn kommt immer nur VORBEI, was ist vorbei?
Mein Vater hat ein Bronchialkarzinom im Endstadium und Metastasen im ganzen Körper, keine Chance auf Heilung, mein Vater wird sterben.

Ich bin am Boden und als ich aus dem Krankenhaus gehe, lasse ich meinen Tränen freien Lauf. Ich werde meinen heißgeliebten Vater verlieren, dass wollte ich nicht wahrhaben.
Zuhause bereite ich Alicia auf diese Situation vor, sie kann sich auch nicht vorstellen, dass ihr Opa sterben wird. In den nächsten 14 Tagen besuchen wir meinen Papa häufig im Krankenhaus, bis er zum Sterben nach Hause entlassen wird. Jetzt wird es für mich schwierig meinen Papa zu sehen, da meine Mutter nach wie vor in ihrem Film steckt. Dann besuche ich ihn mit Alicia und er sagt mir, dass er auch Sascha noch einmal sehen möchte. Es ist der 13. Dezember 2010, in Deutschland ist dickster Winter mit sehr viel Schnee. Ich fahre nach Rethem in Saschas Einrichtung und hole ihn nach Hause. Sascha ist auch sehr traurig und freut sich aber gleichzeitig sehr darüber, seinen Opa noch einmal zu sehen.
Die Fahrt nach Rethem war für mich eine echte Herausforderung, es viel so viel Schnee, man konnte kaum etwas sehen und meine Nerven lagen blank.

 Das Geschenk meines Vaters

Am nächsten Tag besuchen wir meinen Papa, er sieht so schlecht aus, der Tod war schon sichtbar und mir brach es mein Herz, ihn so zu sehen. Mein Vater hatte aber für uns alle noch viele liebe Worte und weinte, als wir gingen. Das war meine letzte Begegnung mit meinem Papa.
Am 17.12.2010 schläft mein Papa friedlich in den Armen meiner Mutter ein.

Wir sind alle völlig fertig und ich kann es gar nicht begreifen, dass mein Papa wirklich gestorben ist. Er fehlt auch heute noch und ich werde ihn immer in meinem Herzen bei mir tragen. Es sind mittlerweile fast 10 Jahre vergangen und immer, wenn ich an meinen Papa denke, werde ich so traurig. Er fehlt mir jeden Tag in meinem Leben. Das ist zwar auf der einen Seite schön, weil ich dadurch weiß, dass ich die Themen mit meinem Vater geklärt habe und auf der anderen Seite tut es aber immer noch sehr weh.

Das Geschenk für mich ist „erlebte Vaterliebe" und das Erleben und Beobachten, was mein Papa für ein wundervoller Opa war. Wieviel tolle Erinnerungen er bei uns allen hinterlassen hat. Das wäre ohne das Absetzen der Brille der Vergangenheit nicht möglich gewesen. Mein Vater war Liebe pur und das konnte er auch ohne große Worte nach Außen transportieren.
Er hat mich immer geliebt, konnte es mir aber früher nicht zeigen, dessen bin ich mir sicher. Er hatte auch seine Gespenster, mit denen er zu kämpfen hatte. Und ich konnte auch erfahren, zu wieviel Tochterliebe ich fähig war.

Damit es nicht so langatmig wird, springe ich jetzt in meinem Lebenslauf etwas schneller nach vorne, auf die wichtigen Herausforderungen. Ich möchte Dich ja nicht langweilen. Die Jahre von 2010 bis 2012 waren schon sehr von der Trauer um meinen Vater überschattet.

Denke jetzt nicht, dass meine Herausforderungen jetzt ein Ende haben, leider Nein.

Im November 2012 schiebt der Geschäftspartner meines Mannes ihm den Stuhl vor die Tür. Ohne ein persönlichen Gespräch und das nach über 20 Jahren! Ich bin sprachlos, aber mein Mann ist erleichtert und froh, denn Alexander war schon lange unglücklich in diesem Job, hat es aber nie geäußert.

Die Konsequenz daraus ist, dass wir unsere beiden Häuser verkaufen müssen, da mein Mann noch keine Ahnung hat, was er in Zukunft beruflich machen möchte und wir das Geld brauchten, um zu überleben. Es war für mich schwer, mein Zuhause in Hittfeld zu verlassen und meinen Ruhepool auf Mallorca auch.
Es ist für mich sehr schwer, das alles auszuhalten, aber nicht mehr zu ändern.
In Hittfeld zerreißen sich die Leute das Maul über uns, es wird vermutet und bunt spekuliert, was wohl bei uns los ist und das füttert wieder meine große Angst vor Ablehnung. Ich glaube, Alexander hatte damals einen Burn out, gab es aber nicht zu. Monatelang saß er nur vor dem Fernseher und hatte keinen blassen Schimmer davon, wie es jetzt für ihn weiter geht. Alicia war mitten in der Pubertät und fand das alles natürlich auch nicht witzig. Alexander war für mich nicht mehr greifbar und das machte mir große Angst, mit der ich nicht gut umgehen konnte, aber es sollte noch schlimmer kommen.

Im Januar 2013 fliegt mein Sohn aus seiner Einrichtung, weil er immer wieder solche aggressiven Ausbrüche hat und Mitarbeiter der Einrichtung mehrfach schwer verletzt hat.
Es gab vor dieser Kündigung des Heimvertrages viele Gespräche mit Sascha, aber er war nicht zur Vernunft zu bringen. Ich konnte ihn schon

lange nicht mehr nach Hause holen, denn zu groß war die Gefahr eines Ausrasters von Sascha und ich hatte große Angst um Alicia.

Da ich die Betreuerin von Sascha war, musste ich jetzt eine neue Einrichtung für Sascha suchen. Dafür hatte ich knapp drei Monate Zeit.

Du denkst jetzt sicher, die Zeit wird ja wohl reichen, aber Sascha hatte ja mittlerweile eine dicke Ak-te, die ich ja immer mit schicken musste, was sich als großes Problem herausstellte. Meine Nerven lagen mal wieder blank, die Ängste, was wird aus Alexander und somit auch mit mir und Alicia und dann diese Herausforderung mit Saschas neuer Unterbringung.

Ich bekam eine Absage nach der Anderen. Es fand sich einfach keine Einrichtung, die Sascha aufnehmen wollte.

Ich war mit meinen Nerven am Ende. Wenn ich mit der zuständigen Behörde telefonierte und nach-fragte, was passiert denn, wenn ich keine neue Einrichtung finde vor Ablauf der Frist, dann bekam ich die Antwort: Dann müssen Sie ihren Sohn zu sich nach Hause nehmen!!!! Oder wollen sie, dass ihr Sohn auf der Straße landet?

Hallo, was sollte das denn jetzt?

Vier Erzieher bekommen Sascha nicht in den Griff, aber ich soll das schaffen.

Jetzt hatte ich endgültig die Nase voll und legte von heute auf morgen die Betreuung nieder. Das war für mich keine leichte Entscheidung, aber ich war am Ende mit meinen Nerven und meine Angst, keine passende Einrichtung zu finden, war riesengroß.

Es wurde ein Betreuer für Sascha eingesetzt und der fand dann auch zeitnah eine neue Einrichtung für Sascha. Sascha kam nach Sottrum, in eine Einrichtung für behinderte Menschen mit einem erhöhten Aggressions- Potenzial.

Damit kehrte dann bei uns auch, was dieses Thema anging, wieder Ruhe ein.

Es war für mich nicht leicht, die Betreuung niederzulegen, doch auch hier war der Druck, der auf mir lastete, einfach zu groß und ich konnte diese schwere Verantwortung nicht mehr länger tragen und ertragen. Es war aber im Nachhinein auch eine sehr gute Entscheidung. Heute bin ich nur noch Mutter und das hat das Verhältnis zwischen mir und Sascha deutlich entspannt und wir haben seitdem einen guten Draht zueinander. Manchmal muss man Entscheidungen treffen, die so schwer sind, aber unumgänglich sind, um die Situation zu verbessern.

Egal wie andere Menschen deine Entscheidung bewerten; Tu das, was für dich richtig ist und höre nicht auf das Geplapper anderer Menschen, die sich gar nicht vorstellen können, wie es in so einer Situation ist und sie auch nicht ausbaden müssen.

Im November 2013 zogen wir dann aus unserem Haus aus.

Es war für mich echt schwer, mein Zuhause aufzugeben und es hat richtig weh getan. Auf der anderen Seite war ich aber auch froh, von meinen Nachbarn weg zu kommen.

Alexander wusste zu dem Zeitpunkt immer noch nicht, wo seine berufliche Reise hingehen sollte und das machte mir zusätzlich sehr große Angst.

Ich kam auch nicht wirklich an ihn ran und wir stritten uns häufig. Ich arbeitete 10 bis 14 Stunden 5 Tage die Woche, um das sinkende Schiff irgendwie aufzuhalten.

Die Menschen aus unserem Umfeld zerrissen sich zusätzlich das Maul, was alles nicht gerade leichter machte.

Die Beichte

2014 wurde meine Tochter 18 Jahre alt und ich hatte mir ja vorgenommen, Alicia meine Geschichte zu erzählen.

Ich verbrachte mit ihr einen wunderschönen Tag. Wir gingen ins Beauty Spa und ließen uns verwöhnen und dann gingen wir Essen. Ich hatte große Angst davor, wie sie reagieren würde, denn meine Tochter ist für mich der wichtigste Mensch und ich wollte nicht, dass sie schlecht von mir dachte.

Als wir am Abend zu Hause waren stellte ich eine Flasche Wodka auf den Tisch und ich erzählte ihr dann meine Geschichte. Ich sagte ihr auch, dass ich sehr große Angst davor habe, dass sie mich jetzt nicht mehr lieb hat und mich ablehnt.

Meine Tochter stand auf und nahm mich in den Arm und sagte:

Mama, was denkst du denn von mir, ich habe dich so lieb und ich bin dir so dankbar, dass du mir diese Geschichte erzählt hast, denn erst jetzt kann ich dich wirklich verstehen !!

Denn ich war als Mama für sie nicht immer leicht zu verstehen. Ich war keine Mutter, die ihr viel verboten hat, sie bekam alle Freiheiten, die sie brauchte. Aber wenn sie mir erzählte, dass sie am Wochenende zum Feiern auf die Reeperbahn fährt, wurde ich blass und stumm. Ich hatte so eine große Angst um meine Tochter, dass sprach ich nie aus, aber sie hat es trotzdem gespürt und konnte sich das nicht erklären. Nun wusste sie, woher das kam.

Dieses Gespräch hat mir sehr geholfen.

Widerstände

Wir haben jetzt das Jahr 2016, mein Mann ist immer noch nicht wieder beruflich richtig tätig. Wir haben gemeinsam mit Alicia einige Ausbildungen zum Thema Persönlichkeitsentwicklung gemacht. Das hat uns viele Erkenntnisse gebracht, aber Alexander kommt nicht wirklich wieder in seine Kraft.

Im Dezember 2016 fliegen wir zu dritt nach Amerika auf ein 6- tägiges Seminar von Antony Robbins. Dieses Seminar war unglaublich und es hat uns allen viele neue Erkenntnisse gebracht.

Was Alexander nur nicht erzählt hat, er hatte seit September Blut im Stuhl und mittlerweile auch schwere Verdauungsbeschwerden, wie Durchfall und einen aufgeblähten Bauch. Er wollte unbedingt auf dieses Seminar und da er wusste, dass ich in dem Fall nicht fliegen würde, verschwieg er mir das alles.

Nachdem wir zurück waren ging es ihm dann richtig schlecht und er ging dann doch tatsächlich zum Arzt. Er kam mit der Aussage, „ich habe entweder Darmkrebs oder Colitis Ulzerosa", wieder nach Hause.

Das war zwei Tage vor Weihnachten. Mein so starker Mann war jetzt auch noch richtig krank. Ich bekomme wieder massive Ängste und ich mache mir natürlich große Sorgen um meinen Mann und natürlich auch um unsere Zukunft.

Ich arbeite weiterhin 5 Tage die Woche täglich 10 bis 14 Stunden, um uns zu ernähren, gut, dass mir viel Arbeiten noch nie etwas ausgemacht hat.

Am 1. Weihnachtstag hat Alexander 40 Grad Fieber und ich bringe ihn auf Anraten der Ärztin ins Krankenhaus.

Ich weiß nicht, wann ich das letzte mal so fertig war. Alexander war, so lange wir zusammen waren, noch nie wirklich krank gewesen und ich fühlte einen enormen Druck, der jetzt auf mir lastete, noch mehr Druck, als sowieso schon .

Einen Tag vor Silvester kam Alexander mit der Diagnose „Colitis Ulzerosa" wieder nach Hause. Dadurch, dass Alexander drei Monate nicht angemessen gehandelt hat, war der komplette Dickdarm entzündet und es dauert eine Zeit, bis das dann durch viele Medikamente wieder OK war.

Seitdem ist Alexander immer wieder schwer krank, was auch dafür sorgt, dass er beruflich nicht richtig auf die Füsse kommt.

Dazu kommt auch noch, dass es viele „sogenannte Freunde" in unserem Umfeld nicht mehr gibt. Finanzieller Absturz ist das eine, damit hatte sich der erste Schwung von unserem Umfeld verabschiedet. Krankheit und Elend, damit wollen die meistern Menschen nichts zu tun haben. Eine traurige Erkenntnis.

Im Februar 2017 ziehen wir von Seevetal in den Hafen von Harburg auf die Schlossinsel. Es ist wundervoll dort zu wohnen. Raus aus dem Dorf und weg von den vielen Lästermäulern.

Wir haben uns von vielen unserer angeblichen Freunde zurückgezogen. Menschen mit denen ich nur zusammen Essen gehen und Wein trinken kann, die aber nur oberflächliche Sprüche auf Lager haben, wenn meine Welt gerade einem Krieg ähnelt, die brauche ich in meinem Leben nicht mehr.

Ich bin von so vielen Menschen in meinem Leben so enttäuscht, inklusive meines Mannes, denn soviel Unvernunft hatte ich ihm nicht zugetraut und auch nicht für möglich gehalten. Aber eines weiß ich mittlerweile ganz genau, ich kann mich zu 100 % auf mich verlassen und das ist mittlerweile alles auf was ich noch bauen werde.

2018 ist ein sehr schweres Jahr für uns.

Alexander hat einen Schub (so nennt man die immer wieder kehrenden chronischen Entzündungen des Dickdarms) nach dem anderen. Seinen damit verbundenen körperlichen und mentalen Verfall zu beobachten ist entsetzlich für mich. Am 1.9.2018 ziehe ich mit meiner Kosmetikpraxis auch auf die Schlossinsel nach Harburg. Ich eröffne mit meiner Tochter das Zen Center. Ein Ort der Menschlichkeit. Auch für Yoga, denn meine Tochter ist mittlerweile Yogalehrerin und praktiziert Kosmetik, Massagen und Wimpernverlängerung. Es ist ein wundervoller Ort der Ruhe und inneren Einkehr geworden. Auch wenn es einige meiner Stammkunden gibt, die eine Autofahrt von 15 Minuten nicht in Kauf nehmen wollen und heute nicht mehr zu meinen Kunden zählen, bin ich nach wie vor davon überzeugt, dass es der richtige Schritt für mich und meine Tochter war.

Zu dieser Zeit hat Alexander so einen schweren Schub, dass er ins Krankenhaus muss. Es ist echt eine harte Zeit, ich arbeite sehr viel und dazu kommen noch zwei Hunde, Haushalt usw. Und natürlich die große Sorge um meinen Mann.

Obendrauf kommt noch meine an Demenz erkrankte 92 Jährige Schwiegermutter, die altersstarr-sinnig und bockig ist und sich weigert, ins Pflegeheim zu gehen.

Meine Nerven sind mal wieder zum Zerreißen gespannt. Ich fühle mich überfordert und so ziemlich alleine mit der ganzen Situation.

Mein Mann wird vollgepumpt mit Medikamenten, Kortison, andere Tabletten, die das Immunsystem runter fahren und jetzt kommt noch eine sogenannte TNF- Therapie dazu. Diese Therapie fährt das Immunsystem noch weiter runter.

Nach 14 Tagen kommt Alexander sichtlich geschwächt wieder aus dem Krankenhaus.

Zwei Wochen später fängt mein Mann an zu husten, da ich mir ja immer die Nebenwirkungen der verordneten Medikamente durchlese und somit weiß, dass er seinen Arzt bei Husten aufsuchen muss, spreche ich ihn darauf an. Ich übernehme die Rolle seiner Mutter und übernehme auch die Verantwortung für die Gesundheit meines Mannes. Eigentlich ja nicht meine Aufgabe, aber was soll es.

Mein Mann wiegelt alles ab und sagt. Hör auf zu unken, es ist nur weißer Schleim!
Damit ist das Thema Arzt für ihn erledigt.
So geht das 14 Tage, ich bitte ihn ständig zum Arzt zu gehen und er weigert sich, genauso dickschädelig, wie mein Vater es war. Warum ich das noch einmal erleben darf, begreife ich zu dem Zeitpunkt noch nicht.

An einem Freitag Abend bekommt Alexander dann 40 Grad Fieber. Ich schleppe ihn hochfiebernd durch das Wochenende und am Montag geht er dann doch tatsächlich zum Arzt. Nun hat er eine Lungenentzündung und er bekommt zwei verschiedene Antibiotika verordnet. Am Mittwoch gibt es nach wie vor keine Besserung und der Arzt überweist ihn in ein Krankenhaus.
Dort wird eine Bronchoskopie gemacht und festgestellt, dass Alexander eine Pilzinfektion der Lunge hat. Daran kann man so nebenbei bemerkt sterben.
Mein Bauchgefühl hatte mir die ganze Zeit gesagt, dass hier etwas ganz und gar nicht stimmt, nur mein sturer Mann wollte davon natürlich wie immer nichts wissen. Das ist schon echt eine Herausforderung, wenn Du da dann vollkommen machtlos daneben stehst und einfach überhaupt nicht eingreifen kannst.
Mich hat das im übrigen mittlerweile auch sehr wütend auf meinen Mann gemacht.
Solch ein Verhalten geht meiner Ansicht nach überhaupt nicht, wenn man in einer Partnerschaft lebt.

Wie sah denn mein Leben in dieser Zeit aus ?

Ich habe jeden Tag mindestens 10 Stunden in meiner Kosmetikpraxis gearbeitet und versucht meine Kosmetikpraxis, so gut es mir möglich war, zu führen. Ohne Rücksicht auf mich, meinen Körper, oder meine Nerven zu nehmen. Dann hatte ich eigentlich ständig meinen Mann im Auge und natürlich auch in meinem Hirn.

Immer die große Frage, wie bekomme ich meinen Mann wieder gesund, was ja nicht meine Aufgabe war.

Dazu kam, dass ich nicht mehr wirklich schlafen, geschweige denn essen konnte.

Ich bin wirklich sehr stark, aber diese Situation fing an, mich zu überfordern und auszubrennen.

Jetzt sitze ich mit zitternden Händen in meiner Kosmetikpraxis und so bekomme ich keine Wimper mehr auf die Augen meiner Kundinnen geklebt.

Ich rufe völlig verzweifelt meine Ärztin an und sie verschreibt mir Tavor, dass ist ein starkes Beruhigungsmittel, damit ich irgendwie arbeitsfähig bleibe, weil ich das unbedingt möchte. Dieses Medikament nehme ich hochdosiert 3 Tage und stelle dann fest, dass ich den totalen emotionalen Abstand bekommen habe. Ich setzte die Tabletten wieder ab und was soll ich dir sagen, ich werde so wütend auf meinen Mann. Dass er genauso verantwortungslos mit seiner Gesundheit umgeht, wie es mein Vater getan hat.

Das will ich so nicht mehr mitmachen und ich sage ihm sehr deutlich: Wenn er sich so noch ein einziges Mal verhält, werde ich meine Beine in die Hand nehmen und weglaufen. Ich bin weder seine Mutter, noch seine Krankenschwester oder seine Altenpflegerin. Das kommt für mich so alles nicht mehr in Frage. Ich lebe auch nicht das Leben meiner Mutter nach und opfere mich komplett für ihn auf. Jetzt ist „Schluss mit Lustig", ich bin so böse auf Alexander, das überwiegt gerade. Das hat dann auch tatsächlich gesessen und er reagiert ziemlich betroffen.

Dieses Gespräch hat telefonisch stattgefunden, da Alexander ja nach wie vor im Krankenhaus liegt.

Ich bin von mir so überrascht, dass ich damit auch erst einmal klarkommen muss, denn irgendetwas hat sich dadurch in mir verändert, was ich noch nicht so richtig greifen kann. Aber diese Wut gibt mir zusätzlich die Kraft, um weiterzumachen und meine Praxis am Laufen zu halten.

Vielleicht fragst Du dich jetzt, warum ich so wütend auf meinen Mann bin, dass möchte ich Dir gerne erklären.

Der erste Punkt ist sein Umgang mit dem Beginn seiner Erkrankung, denn ich bin davon überzeugt, wenn er zeitnah zum Arzt gegangen wäre, hätte eine Therapie frühzeitig eingeleitet werden können und mit hoher Wahrscheinlichkeit hätte sich die Entzündung nicht im kompletten Dickdarm ausgebreitet. Und das hätte dann dazu geführt, dass es ihm körperlich nicht so schlecht gegangen wäre und der Krankheitsverlauf nicht so schlimm gekommen wäre.

Als Alexander im August 2018 einen schweren Schub hatte, musste mein Mann auch ins Krankenhaus. Da am 1. September die Neueröffnung meiner Kosmetikpraxis anstand und ich am 3.9. Geburtstag hatte, ist er dann am Wochenende nach Hause gekommen, um dabei zu sein. Das ist ja vom Grundsatz her sehr lieb, aber Alexander ist zu dieser Zeit stündlich auf die Toilette gegangen, Tag und Nacht und du kannst dir sicherlich vorstellen, wie es ihm da ging und dass meine Nerven total runter waren.

Ich konnte meine Einweihungsfeier nicht genießen, da ich permanent damit beschäftigt war, meinen Mann im Auge zu behalten, da Alexander mir am Abend vor meiner Einweihungsfeier ohnmächtig vor die Füße gefallen ist. Davon hatte ich mich, als dann die Pilzinfektion im Raum stand, noch nicht erholt. Es ist ein schreckliches Gefühl, wenn Du deinen einst so starken Mann bewusstlos auf dem Boden liegen hast und das nicht nur für ein paar Sekunden. Ich war echt fertig mit der Welt, dass kannst Du mir glauben.

Bei der Lungeninfektion habe ich ja auch 14 Tage versucht, ihn zum Arzt zu bewegen, aber auch da stieß ich nur auf taube Ohren und dann darf ich mich wieder rund um die Uhr um meinen hoch fiebernden Mann kümmern.

Ich hatte im Prinzip ständig Angst davor, dass mein Mann mir wieder umkippt oder noch Schlimmeres passiert.

Eine chronische Entzündung im Dickdarm macht sich durch extreme Durchfälle bemerkbar und bei meinem Mann auch mit starken Blutungen aus dem Darm dazu.

Ich bin nicht bereit, ständig in so großer Angst um meinen unvernünftigen Mann zu sein, wo alles Sprechen nichts hilft.

Ich war auch nervlich am Ende und konnte und will das nach wie vor so nicht mehr aushalten.

Jeder ist für sich verantwortlich und auch für den eigenen vernünftigen Umgang mit einer schweren Erkrankung. Jeder darf so handeln wie er es möchte, aber bei einer solchen Unvernunft sollte man dann auch so fair sein, dass man dann alleine lebt und nicht die Menschen, die man liebt, in den nervlichen und emotionalen Abgrund stürzt.

Weiter geht es:

Ich muss noch eine Verabredung mit „Freunden" absagen, da Alexander im Krankenhaus bleiben muss und alleine habe ich keine Lust und auf oberflächliche Gespräche auch nicht. Ich möchte meine wenige freie Zeit lieber dafür nutzen mein Gedankenkarussell zu ordnen.

Ich bekomme per WhatsApp eine Antwort, die ich so herzlos finde. „Dein Mann hat dieses Jahr aber keinen guten Lauf!"
Ich bin ziemlich geplättet, kein Wort von: Kann ich dir irgendwie helfen, oder wie geht es dir, oder, oder, oder.

Wir hatten zum Teil ein Umfeld, was einfach nur oberflächlich war, es sind keine Freunde, die sich so ohne jegliche Empathie und Mitgefühl verhalten. Kein anderer Mensch sollte mitleiden, aber irgendwie versuchen, eine Unterstützung sein. Da reicht schon ein Satz wie, „Ich denke an Dich und drücke die Daumen!"

Diese ganzen minderoptimalen Erfahrungen haben bei mir dazu geführt, dass ich nur noch sehr wenige Menschen in mein privates Umfeld lasse. Ich bin lieber mit mir alleine und mit meiner Familie zusammen, als mit Menschen, die nur an der Oberfläche nett sind und auf die man sich im Ernstfall nicht verlassen kann.

Bis heute hat Alexander immer wieder mit schweren gesundheitlichen Herausforderungen zu kämpfen, zum großen Glück nicht mehr so dramatisch wie 2018.

Selbstanalyse

Was hat das alles mit mir gemacht ?

Ich bin erwachsen geworden und mir heute meiner unglaublichen Stärke bewusst.
Zu was ich fähig bin, dass weiß ich mittlerweile und ich habe die Verantwortung für mein Leben übernommen und verlasse mich 100% auf mein Bauchgefühl.
Ich brauchte auch die Erfahrung eines schwer erkrankten Partners an meiner Seite, um in die Selbstverantwortung zu kommen.

Bevor Alexander krank wurde, war er immer der Fels in der Brandung, der auch für mich die Richtung vorgegeben hat. Ich hatte ihm unbewusst die Verantwortung für mein Leben übertragen und als Alexander dann krank wurde, brauchte er seine ganze Kraft für sich und ich fiel mit meinen ganzen Bedürfnissen hinten runter. Mit einem Mal war da niemand mehr, der mich auffing und mir weiterhalf, wenn es mir schlecht ging. Es waren noch nicht einmal mehr Gespräche möglich, die ich mit meinem Mann führen konnte.
Es gab eine Nacht, da bin ich völlig zusammengebrochen und fragte dann meinen Mann, ob ihm das den völlig egal ist, wie es mir ging und er Antwortete mit JA!!!!
Das hat mich innerlich komplett auseinandergerissen und ehrlich gesagt, brauchte ich ein paar Grappa, um diese Aussage zu verdauen.
Ich war mir bewusst, ich bin ganz alleine, auch wenn ich nicht alleine lebe und ich bin die einzige Person, die mir weiterhelfen kann.
Ich habe getrunken und auch geraucht wie eine Dampflokomotive, um mich irgendwie zu beruhigen.

Ich bin kein Suchtraucher, aber bei emotionalem Stress rauche ich sehr viel, um mich zu beruhigen, was ja auch nicht wirklich funktioniert, dessen bin ich mir sehr bewusst.

Diese Aussage hat mir zusätzlich deutlich gemacht, dass der Alexander, den ich geheiratet hatte, schon verstorben war und ich zwingend umdenken musste.
Mich dem zu stellen, war nicht einfach und eins kann ich dir sagen, auch heute Ende 2020 macht mich diese Erkenntnis sehr traurig. Aber ich bin ein Mensch, der den Dingen sehr genau in die Augen schaut und heute kämpfe ich für mich und stehe für mich ein.

Ich stand mit meinen ganzen Ängsten und Dämonen mit einem Mal ganz alleine da und somit durfte ich lernen, damit umzugehen, nicht wie ein Kleinkind, sondern wie eine erwachsene Frau. Der Weg war am Anfang sehr schwer, aber ich musste ihn gehen, damit mein Leben positiv weitergehen kann.
Ich habe mich auch ganz bewusst damit auseinandergesetzt, dass mein Mann nicht alt werden könnte oder auch ein Pflegefall werden könnte. Denn eins ist mir in Zwischenzeit auch klar geworden, dass kein Körper solche Extreme dauerhaft gut wegstecken kann, denn ich konnte ja sehen, was die vergangenen Jahre mit meinem Mann gemacht haben und wie sehr er sich körperlich und mental schon verändert hatte.
Ja, auch da ganz genau hinzuschauen tut weh, aber auch dieses Hinsehen ist genauso wichtig, wie die Überlegung, wie soll denn meine Zukunft aussehen, vollkommen unabhängig von der Gesundheit meines Mannes.
Auch meine nächste Erkenntnis ist für mich sehr wichtig.
Ich habe mich fast vier Jahre für meinen Mann aufgeopfert und mich dabei vollkommen aus den Augen verloren. Ich bin nirgends mehr hingegangen oder hatte auch nur ansatzweise etwas Spass und Freude. Mich gab es als Person im Privatem nicht mehr.

Ich habe sehr viel gearbeitet und irgendwie immer funktioniert, ganz gleichgültig, wie es mir ging.

Am Wochenende habe ich mich um unseren Haushalt gekümmert, Einkaufen, Wochenplanung, was essen wir und vorkochen. Daneben Buchhaltung und meine Kinder, für mich blieb einfach keine Zeit.

Zusätzlich habe ich alles über dieses Krankheitsbild gelesen, was ich finden konnte. Habe Bücher über Ernährung gelesen und dann auch unsere Ernährungsform dementsprechend verändert.   Ich habe mir von jedem Medikament den Beipackzettel genau durchgelesen und studiert. Begriffe, die ich nicht verstand habe ich gegoogelt, um ganz genau Bescheid zu wissen. Ich weiss genau, was in einer Schubphase negativ passieren kann, ich wollte auf alle Eventualitäten vorbereitet sein. Ich könnte dir noch Unmengen erzählen, was ich alles noch so übernommen und unternommen habe, in der Hoffnung etwas Kontrolle über die Krankheit zu bekommen.

Ich wollte einfach das Gefühl haben, diese „Scheiße" kontrollieren zu können, was ja, ehrlich gesagt, nicht möglich ist.

Mein Mann hat sich so nebenbei bis heute, wir haben jetzt den 29.10.2020, nicht mal ansatzweise mit dieser Erkrankung auseinandergesetzt, geschweige denn, dass er sich mit den Folgen des Krankheitsbildes auseinander setzt.

Du wunderst dich vielleicht, dass wir jetzt schon Ende 2020 haben, aber ich konnte in den vergangenen Monaten nicht weiter schreiben, da ich zu sehr mit mir selber beschäftigt war.

Was soll ich dazu sagen: Ich bin nicht seine Mutter, nicht seine Krankenschwester und auch nicht seine Pflegekraft, dafür stehe ich heute nicht mehr zur Verfügung.

Ich hatte allerdings 2019 noch komplett die Verantwortung für die Gesundheit meines Mannes übernommen und diese Verantwortung wog einfach zu schwer für mich und meine Seele.

Ich konnte nicht mehr und was noch viel gravierender war, ich wollte das alles auch nicht mehr, ich wollte nach all den vielen Jahren einfach nur mal leben und irgendwie glücklich sein, egal wie.

Mein Mann hat mir in unserer Ehe sehr viel gegeben und das werde ich auch niemals vergessen und ich werde ihm dafür bis zum Ende meines Lebens dankbar sein, aber ich habe ihm im Gegenzug auch alles gegeben und mehr kann und will ich nicht. Ich weiß nicht, ob du auch schon mal an einem Punkt in deinem Leben standest, an dem du dich wirklich für dich und dein Leben entschei-den musstest, an diesem Punkt stehe ich.

Dazu eine kurze Geschichte:

Ich gehe seit 17 Jahren in die Ballettschule, meine Lehrerin ist 83 Jahre alt, mein ganz persönliches Vorbild, wie ich älter werden möchte. Sie ist eine ganz tolle Frau, fit und durchtrainiert, positiv und lebensfroh und nach wie vor wunderschön.

2018 als es meinem Mann so schlecht ging, bin ich nicht mehr zum Unterricht gegangen, weil mir einfach die Kraft dafür fehlte.

Nachdem ich ein paar Mal nicht da war, rief mich meine Lehrerin an und fragte, warum ich nicht zum Training komme.

Natürlich bin ich dann während des Telefonates ins Jammertal gefallen und Sie fragte mich nur: Anja bist Du krank ? Nein bin ich nicht.

Darauf sagte sie nur, na das ist doch gut, dann sehen wir uns am Donnerstag beim Training. Sie hat mir deutlich zu verstehen gegeben, dass ich nicht KO-Krank werden sollte und mein Leben bitte, so gut es in dieser Situation geht, zu leben.

Ich bin von da an auch wieder regelmäßig zum Training gegangen und es hat mir körperlich und seelisch sehr gut getan. Was mir auch sehr deutlich gemacht hat, wie wichtig es ist, auch an mich selber zu denken und dementsprechend zu handeln und wie wichtig gute Vorbilder sind.

Ich stehe heute voll und ganz zu mir und meiner Lebensgeschichte und ich bin auch ehrlich stolz auf mich und meine gemachten Erfahrungen. Wie es endgültig zu meinem ganz persönlichen Durchbruch kam, erfährst Du jetzt.

Eine neue Aufgabe wartet

Im Mai 2019 habe ich angefangen eine Ausbildung zur Speakerin zu machen.

Mein geplantes Thema, über das ich eigentlich sprechen wollte, war, was passiert mit einem Mädchen, wenn es in der Kindheit keine Vaterliebe erlebt und was können die Folgen für das weitere eigene Leben sein.

Als meine beiden Lehrerinnen von meiner Geschichte erfuhren, baten sie mich doch über das Thema meiner Prostitution zu sprechen und die Folgen daraus, denn damit könnte ich anderen Frauen sehr viel mehr Mut machen.

Da musste ich dann doch erstmal drüber nachdenken, da ich diesen Teil meiner Geschichte noch immer geheimhielt. Ich hatte ja noch immer in meinem Kopf, dass ich gesteinigt werde, wenn die Menschen von meiner Vergangenheit erfahren und ich dann mit großer Wahrscheinlichkeit mit meiner Kosmetikpraxis pleitegehen könnte. Wer will sich schon von einer exprostituierten Kosmetikerin anfassen lassen?

So viele Dämonen in meinem Kopf sprachen auf mich ein und das machte mir wieder mal sehr große Angst.

Ich sprach mit meinem Mann und meiner Tochter darüber, denn in meinen Augen betraf sie das ja auch, wenn meine Vergangenheit öffentlich wird.

Beide bestärkten mich, dass ich das unbedingt tun soll, ganz vorneweg war meine Tochter.

Nachdem ich mich dafür entschieden hatte, musste ich noch einmal ganz tief in diese Geschichte eintauchen, um auch wirklich sicher zu gehen, dass ich diese gemachten Erfahrungen auch alle überwunden und verarbeitet hatte.

Dem war natürlich nicht so und so musste ich da dann auch noch einmal ran.

Es war ein sehr schmerzvoller Prozess, aber sehr heilend. Das Schreiben dieses Buches hat mir dabei auch sehr geholfen, die ganzen Dinge noch einmal unter die Lupe zu nehmen und aufzuarbeiten.

Als ich das erste Mal vor meiner Ausbildungsgruppe stand und meine Geschichte erzählte, zitterte ich am ganzen Körper und hinterher brach ich in Tränen aus.

Eine meiner Lehrerinnen fing mich aber sehr gut auf und alle Frauen, die mir zugehört hatten waren emotional sehr angefasst und nahmen mich in ihre Arme. Auch diese Frauen bestärkten mich dabei, mit meiner Geschichte rauszugehen. Keine von Ihnen hat mich verurteilt oder mich hinterher komisch angesehen. Im Gegenteil, sie waren alle noch offener und liebevoller im Umgang mit mir.

Auch dieses Erlebnis hat mir für meinen weiteren Weg sehr viel Mut gemacht.

Im September 2019 war dann in Köln vor einem echtem Publikum meine Prüfung. Meine wundervolle Tochter Alicia begleitete mich nach Köln, da sie genau spürte, wieviel Angst ich hatte. Ich hatte auf Deutsch gesagt, so richtig die Hosen voll und ich hätte am liebsten gekniffen.

Am Freitag Abend war die Generalprobe, die auch sehr gut für mich lief und trotzdem wollte ich meine Tasche packen und wieder nach Hause fahren.

Mir war so schlecht vor Angst, obwohl mich alle immer wieder bestärkten, damit rauszugehen.

Am Ende blieb ich dann auch und brachte, was ich angefangen hatte, dann auch zu Ende.

Ihr glaubt es vielleicht nicht, aber am Tag der Prüfung war ich die Ruhe selbst.

Ich hatte meine Sprechzeit vor der Mittagspause, damit das Publikum Zeit hatte, hinterher meine schwere Kost zu verdauen.

Obwohl ich nicht aus der Opferrolle spreche, ist es doch ein schweres Thema für alle Frauen.

Meine Tochter weinte die ganze Zeit, während ich sprach und hinterher fielen wir uns in die Arme und hielten uns einfach nur fest umarmt.

In der Mittagspause kamen viele Frauen aus dem Publikum zu mir und sagten mir, wie großartig und mutig sie mich finden .

Ich war erleichtert, dass alle so positiv auf mich reagiert haben und auch dieses Erlebnis machte mir Mut für meine weiteren Ziele.

Du kannst dir wahrscheinlich nicht vorstellen, was das für mich für ein erster Befreiungsschlag war. Ich habe 35 Jahre meines Lebens geglaubt, dass die Menschen mich auf Grund meiner Vergangenheit steinigen und ablehnen werden und dann reagiert kein einziger Mensch negativ auf mich, da bin ich immer noch völlig sprachlos , dankbar und echt glücklich drüber.

Was uns hier auch wieder ganz deutlich macht, unser größte Feind sitzt in unseren eigenen Köpfen. Wenn wir den nicht ausschalten, kann er uns unser ganzes Leben erschweren und auch zerstören.

Meine Tochter hat dann mit mir gesprochen und mir eine Deadline gegeben, dass wir meine Speech am 1.1.2020 auf YouTube, Facebook und Instagram stellen.

Ich hatte ja noch etwas Zeit, um darüber nachzudenken, denn ich hatte ja immer noch etwas Angst in mir. Die Angst war zwar schon deutlich kleiner geworden, aber machte sich dann doch gerne mal wieder bemerkbar. So frei nach dem Motto, fühle dich nicht allzu sicher, ich bin immer noch da und warte   nur darauf, mich zu zeigen, um dir dein Leben zu erschweren.

Weitere Sorgen

Mein Mann hatte Anfang 2019 auch wieder einen Schub und das war für mich auch der Beweggrund diese Ausbildung zu machen. Ich wollte mich endlich nicht mehr nur mit seiner Krankheit und seinem Elend beschäftigen, ich wollte neue Menschen kennen lernen und raus aus diesem Elend. Ich hatte echt die Nase voll, von Krankheit und Elend, usw..

Dieser Schub war keine Katastrophe und Alexander musste auch nicht ins Krankenhaus. Alexander bekam im Februar ein neues Medikament , dass dann auch tatsächlich wirkte und Alexander war ab Juni in Remission, dass heißt so, wenn die Entzündung im Darm komplett ausgeheilt ist.
Was dafür sorgte, dass meine Nerven sich auch beruhigen konnten.

Am 1. Januar stellte Alicia dann auch meine Speech auf allen möglichen Kanälen öffentlich. Mir war vor lauter Anspannung ziemlich übel und somit erwartete ich dieses mal einen Shit- Storm.
Aber auch hier passierte ganz das Gegenteil. Ich bekam auf allen möglichen Wegen nur positives Feedback und das machte mich sehr glücklich und spornt mich an, weiterzumachen.

2020 ist für die gesamte Menschheit eine schwere Herausforderung, denn wir haben eine Pandemie Namens Corona.

Dazu möchte ich jetzt gar nicht viel sagen, da jeder seine eigene Meinung zu hat.

Ich bin nur leider beruflich immer wieder vom Lockdown betroffen, da ich ja eine Kosmetikpraxis habe. Das stellt mich vor die Herausforderung, es nicht in meiner Hand zu haben und damit lerne ich gerade umzuge-hen.

Unser 2020 startet gleich wieder mit einem erneuten Schub von Alexan-der.
Dieser Schub ist nicht leicht, aber nicht so schlimm, dass mein Mann ins Krankenhaus muss, was ja schon mal schön ist. Aber dieser Schub ist Stand heute 5.11.2020 noch nicht ausgeheilt. Was eine sehr lange Zeit ist, denn es ist ja immer eine Entzündung im Körper vorhanden, was für den ganzen Organismus minderoptimal ist.

Diese Krankheit schafft mich und zerrt an meinen Nerven.
Wieder wird das Medikament umgestellt, mit der Hoffnung, dass es möglichst schnell greift, was allerdings leider nicht der Fall ist.

Für mich ist der sichtbare körperliche Abbau meines Mannes sehr schwer zu ertragen.
Ich fühle mich machtlos und dieser Krankheit total ausgeliefert, auch wenn ich selber nicht betroffen bin.

Wie du dich vielleicht erinnerst, habe ich meinem Mann, als er die Lun-geninfektion hatte glasklar die Ansage gemacht: Noch einmal eine un-vernünftige Handlung, im Zusammenhang mit deiner Erkrankung und ich bin raus!!!!

Ungefähr 10 Tage vor Ostern nahm Alexanders Schub wieder Fahrt auf.
Mindestens 16 Stuhlgänge am Tag und ein sehr hoher Blutverlust.
Du kannst dir bestimmt nicht vorstellen, wie mein Mann mittlerweile aussieht.

Er ist nicht nur dünn geworden, auch seine ganze Muskulatur hatte sich mittlerweile abgebaut, eigentlich sieht er aus, wie ich es so sage, wie der Tod auf Latschen.

Jeder, der meinen Mann sieht, spricht mich an, aber ich bin machtlos, dies zu verändern.

Von Karfreitag auf Ostersamstag ist meinem Mann nachts das Blut aus dem Enddarm gelaufen, alles ins Bett und das waren keine drei Tropfen.

Sein Arzt hatte zu dem Zeitpunkt Urlaub, war durch den Lockdown aber zuhause und hatte meinem Mann gesagt, wenn sich etwas an seinem Gesundheitszustand verschlechtert, möchte mein Mann ihm bitte eine Email schreiben.

Also bat ich Alexander seinem Arzt eine Email zu schreiben.
Seine Antwort war „NEIN, dass tue ich nicht, ich habe in 14 Tagen sowieso einen Termin bei meinem Arzt."

Ich bat ihn, wenn er diese Email nicht für sich schreibt, dann soll er das bitte für mich tun, damit ich runter komme von meiner Palme, denn ich habe echt Angst davor, dass er mir tot vor die Füße fällt.
Alexanders Antwort war: DAS SIND DEINE ÄNGSTE UND NICHT MEINE; ICH SCHREIBE DIESE EMAIL NICHT!!!

Was soll ich euch sagen, ich glaubte meinen Ohren nicht zu trauen und ich war erstmal sprachlos und auch sehr traurig.
Wie bin ich damit umgegangen?
Ich habe meinem Mann noch an dem Tag gesagt: OK DAS SIND MEINE ÄNGSTE; ABER DEINE KRANKHEIT UND FÜR MICH IST JETZT SCHLUSS MIT LUSTIG!!!
In mir ist etwas kaputtgegangen, wir haben heute den 31.10.2020 und das lässt sich nicht mehr reparieren.

Ich bin mir heute der wichtigste Mensch in meinem Leben !

Die unvernünftige Dickschädeligkeit meines Mannes werde ich nicht verändern können, egal, was auch immer ich sage oder tue.

Also ist für mich nur noch Selbstschutz angesagt.

Ich bin nach wie vor da und nicht gleich ausgezogen, aber von meiner Seite aus steht jetzt zwischen uns eine Mauer, die ich aus Selbstschutz errichtet habe und das wird auch erst einmal so bleiben.

Ich versuche mein Leben, so gut es geht, zu Leben und auch Spass und Freude zu haben.

Ich sehe meine Mann heute mit einer emotionalen Distanz und auch das wird so bleiben, da ich da-von ausgehe, dass mein Mann sich nicht mehr verändern wird was dieses Thema angeht.

Es ist sein Leben und es sind seine eigenen Entscheidungen, dass Recht dazu kann und will ich ihm auch nicht nehmen.

Genauso nehme ich mir das Recht raus in Zukunft anders damit umzugehen und mich nicht mehr für ihn aufzuopfern.

Darüber habe ich auch sehr ehrlich mit Alexander gesprochen, ich bin da gnadenlos ehrlich und ich spreche nicht mehr im Sing -Sang Ton.

Das Maß meiner Leidensfähigkeit ist deutlich überschritten und da hilft auch Liebe oder Verbundenheit, Verständnis oder Mitgefühl nicht mehr.

Ich will diesen minderoptimalen Umgang mit dieser Erkrankung nicht mehr zu meinem Problem machen. Ende der Durchsage!!!!!

Ich bin, ehrlich gesagt, immer wieder von mir selber überrascht, wie ich mich doch in den letzten Jahren verändert habe.

Aber für mich gibt es da kein Zurück mehr, weil mir sehr bewusst ist, dass ich sonst die Rechnung bezahlen werde und in meinen Augen habe ich schon mehr als genug in meinem Leben ausgehalten und ertragen.

Jetzt ist Schluss damit!

Jetzt sagst Du vielleicht, ja aber dein Mann ist doch krank, dafür kann er doch nichts.

Auch wenn Du es Schicksal nennst, oder was auch immer, darfst Du meiner Ansicht nach nicht so rücksichtslos mit deinen Lieben umgehen.

Wenn du als erkrankter Mensch glaubst, du kannst ohne Rücksicht auf deine Lieben handeln wie es dir in deinen Kram passt, darfst du das auch tun, wenn du dir über die folgenden Konsequenzen für dich und deine Lieben bewusst bist. Und wenn Du es auch akzeptierst, dass deine Lieben auch ein Recht darauf haben, für ihr eigenes Leben andere Entscheidungen zu treffen.

Dazu eine kleine anschauliche Geschichte:

Als ich Anfang 20 war, war ich mit einer Frau befreundet, die 47 Jahre alt war, nach einem Brustkrebs hatte sie jetzt Knochenkrebs im Endstadium, ich habe Marion schon in diesem Buch erwähnt.

Ihr Ehemann ging damit gut um, hatte aber eine Freundin, mit der er sich jedes Wochenende traf.

Ich war an den Wochenenden immer der Notdienst, falls es meiner Freundin schlechter ging, da sie zuhause lebte.

Damals hatte ich null, null Verständnis für den Mann meiner Freundin, ich fand ihn egoistisch und herzlos, daneben auch noch verantwortungslos.

Heute mit meiner gemachten Lebenserfahrung habe ich dafür 100% Verständnis.

Du gehst unter mit Pauken und Trompeten, wenn Du nicht gut für dich sorgst und Du Dinge tust, die dir einfach nur guttun und wenn es eben eine Liebschaft nebenbei ist.

So hart oder gemein es sich jetzt vielleicht für dich anhört.

Ich hätte auch niemals geglaubt, dass ich einmal in meinem Leben so denken werde, aber es ist so.

Viele Dinge kann man sich einfach nicht vorstellen, bis man sie selber durchlebt hat.

P.S.
Wir haben jetzt März 2021 und mein Mann hat seit ein paar Monaten einen ganz neuen Umgang mit seiner Erkrankung.
Er arbeitet auf allen Ebenen an seiner Gesundheit und ist mittlerweile gesundheitlich stabil.
Ich arbeite jetzt daran, meine Mauern wieder zu entfernen, da ich keinen Selbstschutz mehr benötige.

Teil 2- Für DICH!

Nun kennst meine Lebensgeschichte und konntest dir ein Bild von mir machen.
Ich habe bestimmt nicht die schwerste aller Lebensgeschichten, aber wenn ich mir meine ganzen Herausforderungen so ansehe, gibt es auch viele leichtere Herausforderungen, die man so in einem Leben haben kann

Teil 2

für DICH!

Nun kennst meine Lebensgeschichte und konntest dir ein Bild von mir machen.

Ich habe bestimmt nicht die schwerste aller Lebensgeschichten, aber wenn ich mir meine ganzen Herausforderungen so ansehe, gibt es auch viele leichtere Herausforderungen, die man so in einem Leben haben kann.

Nichts von dem was ich erlebt habe, hat mich gebrochen, ich glaube nach wie vor an das Gute im Menschen, auch wenn ich es bei einigen Menschen nicht gleich erkennen kann, ist es doch vorhanden.

Heute ist es mir nicht mehr wichtig, ob jeder Mensch, dem ich begegne mich sympathisch findet, oder eben nicht. Ich habe gelernt mit Ablehnung und Vorurteilen zu leben.

Ich setze Grenze und zeige mich authentisch, so wie ich bin. Sage ehrlich meine Meinung, immer mit dem notwendigen Respekt und Achtung meines Gegenübers.

Ich sage nicht mehr Ja, obwohl ich Nein meine.

Auch klebe ich keine Pflaster mehr auf noch vorhandene Wunden, die gesehen werden wollen. Ich nehme mir dann die Zeit, um den Dingen auf die Schliche zu kommen.

Es war ein langer schmerzvoller Weg, aber ich bin ihn gegangen und gehe ihn immer weiter und weiter.

Das wichtigste ist doch, dass wir den Glauben an uns und unsere Fähigkeiten nicht verlieren. Es hat lange gedauert, bis ich in der Lage war, hinter all dem, was gewesen ist, meine Geschenke zu finden. Aber es ist immer möglich, wenn du den Blickwinkel veränderst und versuchst, anders auf die Situation zu blicken.

Raus aus dem Opferbewusstsein, rein in die Selbstverantwortung, denn ohne Selbstverantwortung geht nichts in deinem Leben wirklich positiv weiter !
Menschen nehmen unbewusst deinen Minderwert auf und sie nutzen das schamlos für ihre Zwecke aus. Das ist noch nicht einmal böse, auch das passiert im Unterbewusstsein.
Wenn du jetzt sagst, ich übernehme doch die Verantwortung für mich, möchte ich dir ein Beispiel geben, wie mir bewusst geworden ist, dass ich noch nicht in der Selbstverantwortung bin.

Ich dachte immer, dass ich für mich die Verantwortung getragen habe, erst als mein für mich von außen Betrachtet starker Mann schwach wurde und ich mich nicht mehr auf ihn stützen konnte, habe ich gemerkt, dass ich meine Verantwortung für mich und mein Glück auf ihn übertragen habe. Als seine Stärke für uns beide nicht mehr reichte landete ich hart auf dem emotionalen Boden. Ich musste mich ohne seine Hilfe, denn er war ja nur noch mit sich und seinem Elend beschäftigt, meinen Ängsten Auge in Auge stellen. Das war hart für mich, aber es hat mir auch sehr geholfen meinen wahren Kern zu entdecken. Ich habe begriffen, dass ich doch gar nicht so hilflos und schwach bin, wie ich überzeugt war zu sein.
Ganz das Gegenteil ist nämlich der Fall, ich bin eine sehr starke Person, ich war mir nur meiner Stärke niemals bewusst, denn ich befand mich nach wie vor in der Opferrolle.

Wir bekommen unsere Herausforderungen, um daran zu wachsen und dass wir uns weiter entwickeln und nicht um daran zu zerbrechen. Auch wenn es Zeiten gibt in denen man schwach ist und sich erstmal seine Wunden lecken muss, ist es unumgänglich, wieder aufzustehen.

Hinfallen ist nicht das Drama, sondern das „Nicht Wieder Aufstehen".

Es gab auch bei mir Zeiten, an denen ich mich Übereden musste, um überhaupt am Morgen wieder aufzustehen und dann den ganzen Tag fröhlich in meiner Kosmetikpraxis zu stehen und so zu tun, als ob bei mir alles fein ist.

Es war nicht leicht, aber es gab nicht einen Tag, an dem ich auch nur einen Termin abgesagt habe. Am Ende hat mir meine Disziplin dabei sehr geholfen.

Es hat mir auch sehr geholfen, mit anderen Menschen über belanglose Dinge zu sprechen und mich nicht permanent nur mit meinem Elend und der Gesundheit meines Mannes zu beschäftigen.

Wenn solch schwere Herausforderungen in deinem Leben sind, bekommst Du das nie so ganz aus deinem Hirn, aber so kleine Ablenkungen helfen dir dabei sehr, nicht im Sumpf des Selbstmitleides zu versinken. Du denkst jetzt vielleicht, die Anja ist aber hart, was hat das denn mit Selbstmitleid zu tun?

Aber Gedanken wie: Warum immer ich, warum ist es immer nur für mich so anstrengend, die Anderen haben doch immer mehr Glück usw, ist Selbstmitleid und weiter nichts und schon gar nicht zielführend.

Ich habe Kundinnen, die schon 15 Jahre zu mir kommen und natürlich konnte ich vor ihnen meinen Zustand nicht ganz verbergen. Es ist immer in den Augen sichtbar und das konnte ich nicht irgendwie weg schminken. Natürlich habe ich auch in meiner Praxis mit ganz langjährigen Kunden darüber gesprochen, dass bleibt leider nicht aus. Aber ich wollte nie meine Kunden mit meinen Problemen belasten, denn jeder Mensch hat ja sein eigenes Päckchen zu tragen.

Weiter ist es von immenser Bedeutung, voll und ganz zu Dir und deiner Lebensgeschichte zu stehen. Wenn du auch nur einen Teil von dir und deiner Geschichte ablehnst, dann gehst du automatisch in die Selbstverleugnung und somit kann dann auch keine Selbstliebe in dir entstehen. Jeder Mensch macht Fehler und das darf auch so sein, sonst wären wir ja programmierte Roboter und keine Menschen. Wir dürfen nur lernen, zu uns und unseren gemachten Fehlern zu stehen. Es ist doch dein Leben und es sind deine Erfahrungen und am Ende hat niemand das Recht darüber zu urteilen oder dich zu verurteilen und Du solltest das auch nicht tun.

Sei die wichtigste Person in deinem Leben, denn nur Du bist vom ersten bis zum letzten Tag mit dir zusammen, niemand sonst !
Menschen kommen und gehen in deinem Leben und du solltest der Meinung anderer Menschen nicht zu viel Raum geben. Ich nehme Ratschläge nur noch an, wenn der Ratgeber ähnliche Erfahrungen gemacht hat wie ich und sich somit auch vorstellen kann, wie sich diese Lebenssituation anfühlt.
Auch deine Kinder sind irgendwann erwachsen und gehen ihre eigenen Wege und deine Kinder sind auch nicht dafür verantwortlich, dass es dir nach ihrem Auszug gut geht, dass ist ganz und alleine deine Verantwortung.

Allzu häufig meinen Menschen, sie können zu allem ihren Senf dazugeben und sie meinen zu wissen, was gut für dich ist und was nicht, aber dem ist häufig nicht so.
Wer zum Beispiel keine Prostitution erlebt hat und die damit verbundene Gewalt usw. kann mir keinen Rat geben. Da diese Person nicht wirklich nachfühlen kann, wie sich so ein Erlebnis in deinem ganzen Sein ausbreitet und wie schmutzig und wertlos ich mich danach immer noch gefühlt habe.

Ich habe auch die Erfahrung gemacht, dass Therapeuten da auch nicht die richtigen Ratgeber sind, da muss Du schon ganz genau schauen, was für ein Spezialgebiet dieser Therapeut hat.

Du gehst ja auch nicht mit einer Mandelentzündung zum Urologen, oder?

Auch deine Familie und deine Freunde können dir nur bedingt weiter helfen. Sie können dich trösten und für dich da sein, aber wirklich helfen können sie dir meistens nicht.

Ich habe immer den Ratschlag bekommen, meine Geschichte geheim zu halten, damit die Menschen mich nicht verurteilen, dass war für mich der falsche Ratschlag, da er meine Angst vor Ablehnung nur noch weiter verstärkt hat und ich immer mehr Angst davor bekam aufzufliegen und dann gesteinigte zu werden.

Das hört sich für dich jetzt vielleicht hart an, aber mich haben solche Ratschläge Jahrzehnte lang negativ beeinflusst und zum Teil habe ich auch sehr darunter gelitten und war sehr traurig.

Falsche Ratschläge

Auch hier bringe ich dir ein anschauliches Beispiel!

Wenn ich vor ein paar Jahren mich mal getraut habe vor einer „Freundin" meine Prostitution zu erwähnen, kam sofort der Rat: „Das darfst du aber niemanden weitererzählen, dann wirst du abgestempelt und es wird hier im ganzen Ort schlecht von dir gesprochen und du kannst dann deine Kosmetikpraxis dicht machen."

Was hat Sie damit nur erreicht, sie hat nur meinen eh schon vorhandenen Minderwert gefüttert, nichts weiter. Es kam niemals der Satz „Egal was die Leute über dich sagen, du bist ein wertvoller Mensch, ich halte zu dir, hab keine Angst. Tu was du tun musst, ich stehe zu dir und auch hinter dir."

Das finde ich immer noch sehr traurig, wie ein großer Teil der Menschheit so tickt.
Häufig werden unüberlegte Sätze einfach so rausgehauen, ohne dass sich über die betreffende Person wirklich Gedanken gemacht wird.

Ich bin davon überzeugt, wenn jeder Mensch, bevor er einem anderen Menschen einen Rat gibt, sich erst einmal wirklich emotional versucht in dessen Lage zu versetzen, hätten wir viel weniger Missverständnisse oder Auseinandersetzungen untereinander und auch viel weniger Menschen, die glauben nicht OK zu sein, oder mit ihnen sei irgendetwas falsch.

Nicht das du glaubst, dass ich ein Mensch bin, der nie Ratschläge gegeben hat, heute tue ich das aber viel bewusster und da, wo ich gar keine eigenen Erfahrungen habe, da halte ich meinen Mund, oder sage ganz ehrlich, dass ich dazu nichts raten kann, da ich auch nicht weiß, wie ich in der Situation handeln würde.

Dazu habe ich auch ein kleines Beispiel:

Vor ein paar Jahren hatte ich eine Kundin, da war der Mann schwer an Krebs erkrankt und es war sicher, dass er in naher Zukunft sterben würde.
Ich hatte damals einen kerngesunden Partner und konnte mich überhaupt nicht in ihre Lage ver-setzten. Trotzdem gab ich ihr den Rat, doch ihr eigenes Leben so gut es ging weiterzuleben und sich selber nicht zu vergessen.

Der Rat an sich war ja nicht unbedingt falsch, ich habe ihn ja Jahre später auch bekommen. Trotzdem konnte ich ihre Verzweiflung nicht nachempfinden, da ich noch nie in so einer Situation steckte.
Heute würde ich solche Gespräche ganz anders führen, da ich ganz genau weiß, wie schlecht es den betroffenen Menschen geht.

Auch habe ich heute keine Angst mehr über meine Geschichte zu sprechen, ich tue das sogar öffentlich als Speakerin und ich schreibe dieses Buch, um anderen Menschen ein Stück weiterzuhelfen. Mir ist es völlig gleichgültig, was andere über mich denken. Es ist mir nur wichtig, was ich über mich denke, meine Tochter und mein Mann. Der Rest darf denken was er will, denn es sind die Filme von anderen Menschen, nicht meine.
Das ist sehr befreiend nach über 30 Jahren, dass kannst du mir glauben. Es fühlt sich für mich so an, als ob ich mich aus meinem eigenen inneren Gefängnis befreit habe. Das wäre niemals möglich gewesen, wenn ich mich nicht getraut hätte, meine Geschichte öffentlich zu machen.

In der Vergangenheit habe ich mich immer besonders angestrengt, habe immer alles gegeben, auch wenn ich wußte, dass ich nur ausgenutzt werde. Ich war immer weniger wertvoll als andere Menschen, weil ich ja diese Vergangenheit habe. Und so habe ich mich immer kleiner gemacht und das haben dann andere Menschen schamlos ausgenutzt. Ich war das perfekte „Du" für alle anderen und ein schlechtes „Ich" für mich.
Ich gebe immer noch alles was in meiner Macht steht, aber nur, wenn ich das auch ganz wirklich möchte und nicht glaube, dass ich das tun muss.

Steh zu DIR !

Es so wichtig, dass du zu allem, was war und ist, voll stehst und nach Möglichkeit auch noch stolz auf dich bist.

Die Menschen reden sowieso, denn es ist einfacher, über Andere zu sprechen und zu schludern, als sich seinen eigenen Themen zuzuwenden.

Denke nicht, die Anja ist aber hart mit den Menschen, so ist das nicht, es sind allerdings meine gemachten Erfahrungen, mit sogenannten „guten Freunden" und der eigenen Familie. Ich schau mir die Menschen heute ganz genau an und ich höre auch sehr genau hin, was gesagt wird und wie sie es sagen.

Es gibt Menschen, dessen ganzer Lebensinhalt es ist, über die Geschichten anderer Menschen zu sprechen. Das häufig abfällig und urteilend. Menschen, die sich so verhalten, habe ich aus meinem Freundeskreis gestrichen, denn mir wurde klar, dass diese Menschen auch in meiner Abwesenheit so oder ähnlich über mich sprechen. Das brauche ich in meinem Leben nicht mehr.

Glaube nicht, dass mir das leicht gefallen ist. Ich habe viele Tränen vergossen, aber am Ende hat es mir nur gut getan.
Es ist ein ganz anderes Miteinander, wenn wirklich ehrlich miteinander umgegangen wird und man sich voll und ganz zeigen kann.

Höre einfach genau hin, was zu dir gesagt wird und wie diese Menschen sich dir gegenüber verhalten, wenn du in einer großen Herausforderung steckst.
Als mein Mann 2018 so schwer krank war und ich dachte, ich würde ihn verlieren und ich natürlich mit meinen Kräften und Nerven am Ende war, gab es von den vielen Menschen in meinem Umfeld genau drei, die mich mal gefragt haben, wie es mir eigentlich geht und ob sie irgendetwas für mich tun können.
Diese Erkenntnis hat mich wirklich schwer getroffen, zumal ich ein Mensch bin, der für jeden, der in Not ist, da ist und immer versuche zu helfen.

Wie du dir sicherlich denken kannst, habe ich mich von all den Menschen getrennt.

Ich bin niemanden böse, aber meine Zeit verbringe ich lieber mit den Menschen, wo ich weiß, die sind auch in meinen schwersten Stunden an meiner Seite.

Häufig hat mein Bauchgefühl mir schon viel früher ein Signal gesendet, doch ich habe das fast immer weggeschoben unter dem Motto, „das hat diese Person bestimmt nicht so gemeint", usw. Doch dieses Bauchgefühl hat sich immer bestätigt und heute versuche ich gleich darauf zu hören. Es gelingt mir leider noch nicht immer, aber immer häufiger.

Du kannst die Stimme in dir stärken, in dem Du in die Stille gehst und anfängst in dich hinein- zuhören. Das kann man wunderbar durch das Meditieren in der Stille üben und schärfen.

Mein Mann Alexander hat schon während un- serer Hochzeitsreise im- mer zu mir gesagt, ich müsse doch mal von meinem inneren Mülleimer gehen und den De- ckel öffnen, damit es mir dann auch wieder bessergehen kann und ich meine alten Dämonen loswerden kann.

Er wäre doch jetzt an meiner Seite und für mich und meine emotionalen Herausforderungen da. Er würde sich die größte Mühe geben, um mich aufzufangen, ich müsse mich nur endlich trauen.

Aber ich habe mich nicht getraut, weil ich sehr große Angst davor hatte, was mir dann alles um die Ohren fliegt und was für heftige Gefühle sich dann zeigen würden. Ich hatte Angst davor, diesen Dingen nicht gewachsen zu sein und meinem Mann wollte ich auch nicht noch mehr zumuten.

Wie schon gesagt, es hat noch über 20 Jahre gedauert, bis das passieren konnte.

In diesem Teil des Buches geht es jetzt weniger um mich, sondern um Dich und um die Verdeutlichung von bestimmten Zusammenhängen, damit Du vielleicht etwas positiv in deinem Leben ver-ändern kannst und/ oder bestimmte Zusammenhänge erkennen kannst. Was ich mir sehr für dich wünsche, denn dafür schreibe ich ja auch dieses Buch.

Ich habe es für alle Menschen geschrieben, aber in erster Linie für uns Frauen. Da ich so viele Ge-schichten von anderen Frauen kenne und es mich immer wieder unfassbar traurig macht, wieviele   Frauen es gibt, die lieber leiden, als etwas in ihrem Leben zu verändern.

Weil sie die Hoffnung aufgegeben haben und sich einfach nicht trauen die Masken fallen zu lassen und ganz zu sich kommen und ihr Leben in ihre Hände nehmen.

Persönliche Aufarbeitung:

Wir fangen jetzt einmal ganz am Anfang an, die Zeit deiner Schwangerschaft.

*Ist dir bekannt, wie die Schwangerschaft von Dir verlaufen ist?

Hat deine Mutter sich gefreut, mit dir schwanger zu sein oder warst Du sagen wir mal „nicht geplant und für deine Eltern eher eine Überraschung?"
Es ist so, wenn Du ein ungeplantes oder ungewolltes Kind deiner Eltern bist, hast Du dieses ungewollte Gefühl im Bauch deiner Mutter aufgenommen.
Das soll jetzt keine Schuldzuweisung sein, aber dieses macht sich negativ in deiner Gefühlswelt und in deinen Gedanken über dich bemerkbar.

Du hast dann nämlich häufig das Gefühl, nicht dazuzugehören, oder Du strengst dich immer sehr an, um anderen Menschen zu gefallen, weil Du Angst vor Ablehnung hast.
Du fühlst Dich häufig wertlos und in die Selbstliebe zu kommen ist für dich auch eine sehr große Hürde und häufig unmöglich.

Häufig verstehen wir gar nicht, warum wir so ticken, wie wir ticken, weil die Ursachen so tief in uns vergraben sind und uns auch häufig die Kenntnis dieser Dinge fehlen.

*Hatte deine Mutter in der Schwangerschaft viel mit Ängsten zu tun, nimmst Du diese Ängste auch in deinem System auf und somit bist Du mit hoher Wahrscheinlichkeit auch ein sehr ängstlicher Mensch.
Dazu kommt dann häufig auch noch, dass Du dir wenig zutraust, weil Dir auch dein Selbstwert fehlt. Du machst dich selber ständig klein und nieder.

Mache dir dann bewusst, dass es in Wirklichkeit gar nicht deine Ängste sind, sondern die übernommenen Ängste deiner Mutter.

Meine Tochter hat auch in meiner Schwangerschaft mit ihr alle meine Ängste aufgenommen und hat auch von klein auf an immer viel mit Überängstlichkeit zu tun gehabt.
Denn ich hatte die ganze Schwangerschaft Angst, wieder ein behindertes Kind zu bekommen.
Wir haben uns immer gefragt, warum unser kleines Kind so ängstlich war, da sie objektiv noch nichts Schlechtes erlebt hatte und sehr behütet aufgewachsen ist.
Heute wissen wir diesen Zusammenhang und so kann meine Tochter auch viel besser mit ihren Ängsten umgehen und sie hat mittlerweile auch deutlich weniger mit echten Ängsten zu tun.

* Hat deine Mutter in der Zeit eine glückliche Partnerschaft gehabt oder hatte sie da auch minderoptimale Erlebnisse ?

Viel Streit und das damit verbundene Ünglücklichsein deiner Mutter ist auch dann alles in dir abgelegt.
Du kannst das ja alles im Bauch deiner Mutter nicht erfassen und schon gar nicht verstehen und somit ist deine Welt von Anfang an gefährlich.

Alles das ist ganz tief in dir abgelegt und es macht sich in dir regelmäßig dein inneres Kind bemerkbar und möchte von dir gesehen und in den Arm genommen werden.

Doch was machen wir dann fast immer?
Wir drücken alle diese unangenehmen Gefühle so gut es geht weg.
Wir betäuben uns im Außen mit „haben wollen", oder irgendwelchen Suchtmitteln, nur um das nicht mehr zu fühlen. Wenn ich hier von Suchtmitteln spreche meine ich nicht unbedingt harte Drogen, sondern das

ein oder andere Glas Wein, die ein oder andere Zigarette, auch übermäßiges Essen und Naschen gehört dazu. Auch sich ständig „irgendetwas kaufen zu müssen" gehört dazu. Es sind alles nur Pflaster, um deine Wunden zu überdecken.

Ich möchte nicht gemein zu dir sein oder mit einem erhobenen Zeigefinger vor dir stehen, ich möchte nur dein Bewusstsein dafür sensibilisieren, da viele Menschen die Ursachen Ihrer minder-optimalen Dinge im Leben immer im Außen suchen und sich nicht mit ihrem Inneren beschäftigen. Doch die Ursachen liegen in dir und deshalb musst du genau dort hinschauen, um die Dinge verändern zu können.

Glaube mir, ich fand das auch ziemlich anstrengend und ich wollte die Probleme von mir im Außen regeln, da ich die Ursachen ja ins Außen abgegeben hatte. Das ist auch leider Opferdenken und hilft dir nicht einen Millimeter weiter in deinem Leben.
Nur Du hast die Macht über dein Leben und wenn du meinst, jemand im Außen könnte das alles für dich regeln oder trägt auch noch die Verantwortung für deinen Schmerz, dann gibst du die Selbstverantwortung für dich ab und bist somit auch gleichzeitig handlungsunfähig.
Ich habe genau dieses Muster 3 Jahrzehnte gelebt, also weiß ich, wovon ich hier spreche. Ich erzähle dir kein theoretisches Wissen, sondern alles aus gemachten minderoptimalen Lebenserfahrungen und dem Ausstieg daraus.
Ich will dir nichts Böses, sondern dir einfach mit diesem Buch weiterhelfen und dich antreiben, nicht aufzugeben.

Wenn deine Mutter noch lebt, dann versuche diese Fragen mit ihr zu klären, ohne Vorwurf natürlich!

Wenn Du deine Mutter nicht mehr fragen kannst und es auch keine weitere Person gibt, die noch da ist, die du fragen könntest, dann finde heraus: Welche negativen Gefühle begleiten dich schon seit der frühesten Kindheit?

Wenn du wirklich ganz ehrlich zu dir bist, bist du so in der Lage, diesen Dingen auf die Spur zu kommen.

Denn diese Dinge ziehen sich wie ein roter Faden durch dein Leben, ich bin mir sicher, du wirst etwas finden, was dir weiter hilft.

Das ist so wichtig, sich mit dem Ursprung, wo es herkommt, zu beschäftigen.

Als ich mir meine Schwangerschaft mit meiner Tochter genau angesehen habe, ist mir erstmal schlecht geworden, was sie da, von mir ungewollt, durch mich aufgenommen hat.

Ich habe alles, bis ins kleinste Detail aufgeschrieben und ich bin es dann Punkt für Punkt mit ihr durchgegangen, immer auch mit der Frage, was könnte das für negative Auswirkungen auf meine Tochter und ihre heutige Gefühlswelt haben.

Damit Du eine Ahnung bekommst, schreibe ich Dir das auch mal hier in dieses Buch.

* Zu Beginn ihrer Schwangerschaft, (da wusste ich noch nicht, dass ich schwanger bin) kam mein Sohn in eine Einrichtung und lebte nicht mehr mit mir zusammen. Da Sascha erst 9 Jahre alt war, habe ich mir wochenlang die schlimmsten Vorwürfe gemacht und sehr viel geweint. Ich war in meinen Augen eine Rabenmutter und unfähig, ein Kind ins Leben zu begleiten.

Ich war so verzweifelt, dass kannst Du mir glauben.

Was hat sie da aufgenommen ? Schuldgefühle, totale Verzweiflung und Trauer.

Das Gefühl von Machtlosigkeit und Unfähigkeit kommt da auch noch oben drauf.

* Im 3. Monat bekam ich Blutungen, so stark, dass ich schon für eine Ausschabung im Krankenhaus vorbereitet wurde, als die Ärztin per Ultraschall feststellte, dass ich doch keine Fehlgeburt hat-te und nach wie vor schwanger sei.
Aus Angst wollte ich sie dann trotzdem abtreiben, denn meine Angst vor einem zweiten behinderten Kind war einfach unfassbar groß.
Zu meinem Glück ist dieser Abbruch nicht passiert .

Was hat sie da aufgenommen ?

Ich bin nicht gewollt, Angst vor Ablehnung und Angst um ihr Leben.

* Den ganzen Rest der Schwangerschaft habe ich mich zwar sehr auf meine Tochter gefreut, doch ich hatte auch nach wie vor immer große Angst davor, wieder ein behindertes Kind zu bekommen.
Was hat sie da aufgenommen ?

Angst, Angst und nochmal Angst.

Wenn ich da heute so drüber nachdenke, tut mir das sehr weh, aber ich war damals so und das läßt sich nicht mehr rückgängig machen, auch wenn ich mir das noch so sehr wünsche.
Das Wissen über diese ganzen Dinge   hilft meiner Tochter aber, mit ihren Themen ganz anders um-zugehen. Sie erkennt viel leichter, was ist meins und was habe ich da von meiner Mutter übernom-men. Dadurch ist sie in der Lage, viel bewusster mit ihrem Innerem umzugehen und es aufzuarbei-ten.

Wir beide sprechen viel über diese Dinge und was mich besonders glücklich macht, ist, dass sie mir nicht böse ist.

Wenn Du dir über deine Entstehung im Bauch deiner Mutter Klarheit verschafft hast, geht es weiter in deine Kindheit.

Wenn Du jetzt denkst, „das ist aber anstrengend", kann ich dir das nur bestätigen, aber leider auch notwendig, wenn Du wirklich in die Veränderung gehen möchtest. Ich will hier niemanden quälen, aber leider ist es unumgänglich, einmal intensiv durch die ganzen Schmerzpunkte zu gehen, damit es dir anschließend besser geht und du dich und dein ganzes Sein besser verstehst.

Meine erste Frage an Dich, nach wessen Liebe und Aufmerksamkeit hast Du dich am meisten ge-sehnt in deiner Kindheit ?
Die von Mama oder Papa?

Platz für deine Notizen

Wer glaubtest Du sein zu müssen, um die Liebe und Aufmerksamkeit zu bekommen, die du dir damals gewünscht hast?

Platz für deine Notizen

Platz für deine Notizen

Was hat der Elternteil, nach dessen Liebe du dich so gesehnt hast, nicht getan, wie war das Verhalten dir gegenüber ?

Platz für deine Notizen.

Ich hoffe du hast dir ein paar Notizen gemacht. Ist es dir leicht gefallen, oder war es schwer für dich dorthin zu schauen?

Zur ersten Frage:

Es gibt meistens ein Elternteil, der sich, aus welchen Gründen auch immer, weniger um die Kinder kümmert oder kümmern kann.
Das hat meistens nichts mit dem Kind zu tun, sondern mit dem eigenem Leben von Vater oder Mutter.
Doch als Kinder verstehen wir vieles nicht und projizieren alles auf uns und fühlen uns dann fast immer auch noch schuldig.
Das liegt meiner Ansicht auch daran, dass die Eltern schlecht oder gar nicht mit den Kindern über diese Dinge sprechen. Warum hat Papa, oder Mama sowenig Zeit für dich ?

Als Kind fühlst Du nur, irgendetwas muss doch mit Dir falsch sein, wenn Papa oder Mama keine Zeit für dich haben.
Oder viel mit dir schimpfen oder dich vielleicht auch noch schlagen.
Du gibst dir vollkommen unbewusst die Schuld an allem, was sich dir da im Außen zeigt. Denn als Kind fehlt uns allen das Bewusstsein dafür, wo soll das denn auch herkommen, in so jungen Jahren ?
Wenn wir dann zusätzlich auch noch in schwierigen Elternhäuser aufwachsen und keine guten Vorbilder haben, kann sich da ja nichts Positives in dir abspielen und der Grundstein für Minderwertigkeit, keine Selbstliebe, Angst vor Ablehnung, ein Leben in der Aufopferung ist gelegt.

Es gibt noch ein anderes Beispiel, was Du vielleicht nicht für möglich hältst.
Nehmen wir einmal an, dein Papa hat dich in deiner Kindheit so überschwänglich geliebt und Du konntest machen was Du wolltest, Du warst immer seine Prinzessin. Es gab so gut wie keine Kritik in deine Richtung.

Damit hat dein Papa die Messlatte für deinen zukünftigen Partner so hoch gelegt, dass Du auch hier vielleicht Schwierigkeiten haben könntest, den für dich richtigen Partner zu finden, denn du hast ja deinen Prinzessinnen- Status abgespeichert und denkst, Du und alles was Du machst, ist auf jeden Fall richtig. Und das, was dein Partner vielleicht anzumerken hat, nimmst du gar nicht war und du stellst dich und deine Bedürfnisse gar nicht in Frage.

Das kann denn dazu führen, dass du keine dauerhafte Partnerschaft erleben kannst, weil du nicht dazu in der Lage bist, Kritik einzustecken und dich anzupassen. Das hält kein Partner auf die Dauer aus.

Vielleicht kennst Du aus dem Freundeskreis solche Partnerschaften, in dem die Frau die Diva ist und der Mann der „Arschwisch" der Familie, der immer nur damit beschäftigt ist, es seiner Frau irgendwie recht zu machen und alles, was er auch tut, reicht nicht aus, weil seine Frau niemals zufrieden ist oder nur kurzfristig zufrieden gestellt ist.

Und Du dich dann fragst, warum lässt dieser Mann das alles mit sich machen und wehrt sich nicht.

Das alles gibt es natürlich auch umgekehrt, dann hatte der Mann eine übereifrige Mutter, die ihren Sohn zu ihrem König gemacht hat.

Auch diese Eltern haben versucht, alles irgendwie richtig zu machen.

Meist ist ihr Hintergrund eine minderoptimale Kindheit und sie haben nur versucht, es irgendwie besser zu machen und sie sind dabei nur leider über das Ziel hinausgeschossen.

Was du jetzt allerdings auf keinen Fall tun solltest ist, deinen Eltern Schuldzuweisungen zu machen, oder sauer auf deine Eltern zu sein.

Deine Eltern habe Dir das Beste gegeben, was sie dir geben konnten, auch wenn es in deinen Augen nicht gereicht hat oder sie dich wirklich schlecht behandelt haben. Sie haben auch ihre Geschichten und waren nicht dazu in der Lage, es anders oder besser zu machen.

Das betrifft viele Eltern der Kriegs und Nachkriegsgeneration. Diese Menschen sind häufig von ihren Erlebnissen traumatisiert und die meisten haben das noch nicht einmal bemerkt, weil es für sie ein normaler Zustand war.

Die menschliche Seele ist doch erst in den letzten Jahren ein großes Thema geworden.
Ein bewusster Umgang mit den inneren Themen ist für viele Menschen immer noch nicht erstrebenswert und darum werden auch so viele Pflaster im Außen geklebt, damit der innere Schmerz möglichst lange Ruhe gibt.

Dazu kommt noch, dass dein Körper und dein ganzes System deine minderoptimalen Muster abgespeichert hat und gelernt hat, irgendwie damit klar zu kommen.
Wenn Du nun also anfängst die Dinge anzuschauen und daran zu arbeiten, dann ist das für deinen Körper und deine Seele absolutes Neuland und da sie dich ja beschützen wollen, damit du überlebst, kommen dann die ganzen Blockaden hoch und sie versuchen, dich daran zu hindern.
Die ganzen „Ja Aber, bei mir funktioniert das alles sowieso nicht. Ich steh halt auf der falschen Seite des Lebens", usw.

Was die meisten Menschen dann machen, ist, sie geben auf, weil ihnen diese unbekannten Gefühle Angst machen und so bleibt dann alles beim Alten und der ewige Kreislauf geht weiter und weiter.

Doch wenn Du so etwas viele Jahre gemacht hast, wirst Du mit hoher Wahrscheinlichkeit krank, am Körper und/ oder an deiner Seele.

Schau Dir dein Leben und die Muster genau an.

 Platz für deine Notizen

Welche Dinge ziehen sich wie ein roter Faden durch dein Leben, was wiederholt sich immer und immer wieder?

Z.B. Du ziehst immer wieder die falschen Partner in dein Leben.
Welchen gemeinsamen Nenner findest Du in allen vergangenen Beziehungen?

Ist das Thema:

Alkohol

Untreue

Zuviel oder zu wenig körperliche Nähe

Keine gute Kommunikation

Keine Wertschätzung usw.

Wenn du den gemeinsamen Nenner gefunden hast, dann frage dich, welchen Part du da hast. Es ist immer eine Co- Kreation und nie hat nur einer Schuld oder trägt die Verantwortung für das Scheitern einer Beziehung alleine.

Es ist wichtig, dir ganz genau deine Verhaltensweisen anzusehen und auch zu wissen, wo sie ent-standen sind.
Denn wir können nur einen einzigen Menschen ändern und das sind wir.
Wenn wir an uns arbeiten und unsere Themen bearbeitet und aufgelöst haben, dann ziehen wir auch andere, für uns besser passende Menschen in unser Leben.

Wenn Du vielleicht immer wieder Probleme am Arbeitsplatz hast z.B.:

» Du wirst immer von allen ausgenutzt, machst viele Überstunden und jeder lädt alles auf deinem Schreibtisch ab.

» Du wirst gemobbt und deine Kollegen und/ oder Chefs wertschätzen dich, deine Person und deine Arbeitsleistung nicht.

» Du bist der Arschwisch der Familie, kümmerst dich immer um alles, hätlst deinem Mann und deinen Kindern immer den Rücken frei, machst und tust immer alles für alle in deiner Familie.

» Dabei vergisst du aber dich völlig und Anerkennung und Wertschätzung erhält du von niemanden.

» Du bist das perfekte „Du" für alle um dich rum, aber ein schlechtes „ICH" für dich.

» Im Freundeskreis bist auch du immer die, oder der Freund, der für alle immer da ist und wenn du einmal Hilfe brauchst, ist niemand da.

Das sind alles Dinge, die auf die Dauer schwer zu ertragen sind und es macht dich auf die Dauer depressiv, traurig und auch hoffnungslos. Dein Leben fühlt sich dann einfach nur noch traurig und schwer an.

Was hat man dir in deiner Kindheit gesagt?

Musstest du z.B. immer das brave Mädchen sein, hübsch und angepasst? Wurdest Du mit all deinen Bedürfnissen wahrgenommen oder warst du halt nur das Kind, dass einfach nur großgezogen werden musste?

Was ist es denn ganz genau, was dir gefehlt hat und heute noch fehlt?

Wenn Du jetzt vor diesem Buch sitzt und denkst, was soll mir die ganze Anstrengung denn bringen, mir geht es doch schon so viele Jahre schlecht, ich glaube nicht mehr an Wunder usw.

Dann nimm trotzdem all deinen Mut zusammen und traue dich, in die Veränderung zu gehen.

Schau mal, ich bin auch fast 5 Jahrzehnte mit meinen Dämonen rumge-laufen und auch ich hatte keine Hoffnung mehr, dass sich auch nur an-satzweise etwas in mir und meiner Gefühlswelt und somit in meinem Leben verbessern könnte und doch hat es funktioniert.

Auch wenn Du jetzt vielleicht anzumerken hast, dass ich ja nach wie vor schwere Herausforderungen habe, kann ich jetzt deutlich besser damit umgehen, brauch Alkohol nicht mehr als Krücke und ich stürze nicht mehr emotional ins Bodenlose.

Was aber für mich das aller Wichtigste ist, ich liebe und wertschätze mich heute und somit verstecke ich mich auch nicht mehr. Ich bin davon emotional frei.

Ich hatte Menschen, Coaches und Trainer an meiner Seite, die mir immer wieder auf die Füße ge-treten haben, wenn ich mal wieder aufgeben wollte.

Ich bin auch kein Übermensch und auch ich habe es geschafft, da durch-zugehen.

Was ich kann, kannst auch du, ganz bestimmt.

Denn Du bist:

Du bist ein schlafender Riese.

Trau dich, dich der Welt zu zeigen, authentisch ganz genau so, wie du tief in dir bist.

Sei wieder neugierig, wie ein kleines Kind.

Kinder, die das Laufen lernen, fallen hin, doch sie stehen immer wieder auf, bis sie laufen können.

Da steht doch auch kein Elternteil vor seinem Kind und sagt: Ich glaube nicht, dass das Laufen etwas für dich ist, es wird wohl besser sein, wenn du durch dein Leben krabbelst.

Sondern, es wird geübt und geübt, bis das Kind laufen gelernt hat.

Egal wo du in deinem Leben geradestehst, du hast einen großartigen Job gemacht, denn du bist immer wieder aufgestanden und weitergegangen.

Du bist nicht falsch, auch wenn es Menschen in deinem Leben gab, oder gibt, die dir genau das vermittelt haben.

Deine Träume können sich verwirklichen, wenn du anfängst, wirklich an dich zu glauben und dranbleibst.

Tanze im Takt deines Lebens und erkläre dich nicht selber für falsch, nur weil du vielleicht in irgendwelche Ansichten von anderen nicht hineinpasst.

Du bist Du und solltest auch Du bleiben.

Wenn Du dein Sein von den Bewertungen anderer abhängig machst, steckst du dich und deine Persönlichkeit in eine enge Kiste und das fühlt sich überhaupt nicht gut an.

Du wirst es nie allen und jedem Recht machen können, dass ist doch auch gar nicht schlimm. Die Hauptsache ist doch, dass du es dir recht machst und sich dein Leben für dich gut anfühlt.

Das ist kein Egoismus, sondern Selbstliebe und wenn jeder Mensch so auf sich achten würde, hät-ten wir viel mehr glückliche Menschen auf dieser wundervollen Erde.

Fang an einer von ihnen zu sein und werde ein Vorbild für andere.

Einen kleinen Rat habe ich noch für Dich:

Frage Dich einmal ganz ehrlich, wie du dich fühlen möchtest, wenn du eines Tages von dieser Welt gehst.
Hast Du wirklich alles gegeben und dein Leben gelebt, oder hast du dich allen anderen angepasst ?
Wenn es sich nicht gut anfühlt, was sich dir bei dieser Frage zeigt, denke darüber nach:
Was muss sich in deinem Leben verändern, dass es zu deinem Leben wird ?
Es lohnt sich, denn es ist dein Leben.

Abspann und Resümee

Nun bist Du am Ende dieses Buches angekommen und ich hoffe sehr, dass ich dir etwas Mut machen konnte.

Das Leben hat immer Aufs und Abs und manchmal schleudert es Dich im Schleudergang vollkommen durcheinander, dass können wir nicht verhindern.

Aber je klarer Du in dir bist und je mehr Selbstliebe Du in dir trägst, desto besser kommst Du durch die Stürme deines Lebens.

Denke daran, dass die Herausforderungen dich nicht fertig machen wollen, sie sind der Schleifstein deines inneren Diamanten, wenn du es zulässt.

Vielleicht ist ja auch dein „anders sein" genau das, was unsere Welt gerade braucht.

Viel zu viele Menschen trauen sich einfach nicht, ihre Masken fallen zu lassen, weil sie große Angst davor haben, verletzt zu werden.

So ist es bei mir auch gewesen, aber ich durfte erfahren, je verletzlicher ich mich der Welt zeige, desto mehr Liebe und Wertschätzung erfahre ich.

Schau mal, in diesem Buch habe ich vor dir meine Hose runtergelassen. Du hast einen ganz intimen Einblick in mich und meine Seele bekommen. Du kennst meine gemachten Fehler und Schwächen, ganz ungeschminkt und aus tiefstem Herzen ehrlich Dir gegenüber.
Denkst Du jetzt schlecht von mir, oder verurteilst Du mich jetzt?

Wir haben alle so viele minderoptimale Glaubenssätze in unseren Köpfen und die versuchen uns immer daran zu hindern, unserer wahres Ich in die Welt zu transportieren und das sollte sich doch so langsam einmal verändern.
Alleine die Vorstellung, in Unmengen glücklicher Augen zu blicken, macht mich schon ganz kribbelig.

Stell Dir vor, Du bist eines Tages alt und schaust zurück auf dein Leben und kannst einfach nur sagen, es war vielleicht nicht immer leicht, aber ich habe mein Leben genauso gelebt, wie ich es wollte und ich habe mich ganz authentisch der Welt gezeigt.
Was könntest Du für ein Vorbild sein für die jüngere Generation, hast Du dich das einmal gefragt.
Ich habe heute keine Angst mehr davor, dass du mich jetzt ablehnst oder vielleicht verurteilst. Das ist dann deine Sicht auf die Dinge und hat mit mir doch gar nichts zu tun. Dann ist dieses Buch für dich einfach nicht das richtige Buch gewesen und weiter nichts.
Mein Leben war so, weil ich minderwertige Glaubenssätze und die damit verbundenen schlechten Gefühle und Gedanken in mir trug.

Ich hatte keine guten Vorbilder und Menschen in meinem Umfeld, die mir das deutlich gemacht haben. Ich bin mir sicher, dass es ganz vielen Menschen ganz genauso geht und darum hoffe ich, dass Dir dieses Buch weiterhelfen wird.

Wenn dieses Buch dazu führt, dass ich auch nur einem Menschen etwas Hoffnung und Mut machen konnte, dann macht mich das sehr glücklich.

Anja

Persönliches Coaching

Es gibt Situationen im Leben, da braucht man einfach einen erfahrenen Coach ....

Ich habe in meinem Leben auch oft Hilfe von außen angenommen in den Situationen, wo ich selbst nicht mehr weitergekommen bin.

Ein guter Coach hat in der Regel eine neutrale Position von außen und sieht Dinge, die Du nicht siehst, weil Du in Deinem „Hamsterrad" gefangen bist.

Meist hat er auch selbst diese Situationen schon erlebt und gemeistert, kann Dir also helfen, aus dem „Loch" herauszukommen.

Ich glaube, daß mein Leben auch deshalb so war, weil ich mich dadurch nun in andere Menschen, die in ähnlichen Situationen stecken, wie Ängsten, Überforderung, Süchten, Stress und Druck genau hineinfühlen kann.

Ich kann Dir die persönliche Aufarbeitung nicht abnehmen, das mußt Du selbst tun, aber ich kann Dir einen Weg und eine Abkürzung zeigen, diese Probleme zu lösen.

Wenn Du das möchtest, melde Dich einfach zu einem Erstgespräch an, wo wir uns näher kennnenlernen können.

Dieses ist kostenlos und unverbindlich und unterliegt natürlich auch der Schweigepflicht.

Hier geht's zu meiner Webseite:

https://www.anjaknebel.com/

In Liebe und Dankbarkeit
Anja

Haftungsausschluss

Impressum
© Autor Anja Knebel 2021
1. Auflage

Alle Rechte vorbehalten.
Nachdruck, auch auszugsweise, verboten.
Kein Teil dieses Werkes darf ohne schriftliche Genehmigung des Autors in irgendeiner Form reproduziert, vervielfältigt oder verbreitet werden.
Beratung, Lektorat und Illustrationen: Selbstverlag Uwe Rechenbach / Bad Dürkheim
Formatierung und Layout: Jana Schumann
Covergestaltung: Christina Reinwald
Bildmaterial: Pixabay
Kontakt: Anja Knebel / An der Horeburg 19 / 21079 Hamburg
Telefon: 0170-4058 669
Email: anja@knebel.li
Homepage: https://www.anjaknebel.com/